REGARDS

FRANÇAIS • 2ᵉ CYCLE DU SECONDAIRE • TROISIÈME ANNÉE

Carole Tremblay
Sophie Trudeau
Andrée Lacombe

D1471485

MANUEL DE L'ÉLÈVE • TOME 1

GRAFICOR

CHENELIÈRE ÉDUCATION

Regards
Français, 2e cycle du secondaire, 3e année

Manuel de l'élève

Carole Tremblay, Sophie Trudeau, Andrée Lacombe

© 2009 Chenelière Éducation inc.

GRAFICOR

CHENELIÈRE ÉDUCATION

7001, boul. Saint-Laurent
Montréal (Québec) Canada H2S 3E3
Téléphone : 514 273-1066
Télécopieur : 450 461-3834 / 1 888 460-3834
info@cheneliere.ca

TOUS DROITS RÉSERVÉS.
Toute reproduction, en tout ou en partie, sous quelque
forme et par quelque procédé que ce soit, est interdite sans
l'autorisation écrite préalable de l'Éditeur.

ISBN 978-2-7652-1185-3

Dépôt légal : 2e trimestre 2009

Imprimé au Canada

Membre du CERC

Membre de
l'Association nationale
des éditeurs de livres

ASSOCIATION
NATIONALE
DES ÉDITEURS
DE LIVRES

REGARDS

Français, langue d'enseignement • 5e secondaire

UN GUIDE D'ENSEIGNEMENT QUI N'OFFRE QUE DES PLUS !

- De nombreuses suggestions de planification de l'enseignement pour une plus grande flexibilité

- Des suggestions d'activités complémentaires pouvant servir à la différenciation ou à l'enrichissement

- Des pistes pour faciliter l'évaluation des apprentissages

- Des textes supplémentaires à ceux des manuels

- Des fiches reproductibles pour exploiter chacun des 250 textes des manuels, dont plus de 70 extraits de romans

- Des situations d'apprentissage et d'évaluation (SAÉ) supplémentaires à celles des manuels

- De nombreux textes à annoter

- Un DVD et les fiches d'activités correspondantes

- Plus de 150 fiches d'activités grammaticales pour régler les erreurs les plus fréquentes des élèves

- En plus des SAÉ, de nombreux autres outils d'évaluation tels que :

  - des grilles d'évaluation générales et spécifiques

  - des grilles d'autoévaluation et de coévaluation

  - des grilles descriptives d'observation

  - un test diagnostique

- Et bien plus encore !

REGARDS

Français, langue d'enseignement • 5e secondaire

DES RESSOURCES INTERNET QUI N'ONT PAS D'ÉGAL !

 VOUS DONNE ACCÈS À :

- Tous les documents reproductibles du guide d'enseignement en format modifiable pour vous permettre d'adapter le matériel à vos besoins et à ceux de vos élèves

- **Des textes argumentatifs constamment renouvelés pour garantir la pérennité du matériel**

- Des suggestions de sites à consulter dans Internet

- Des informations concernant tous les ateliers et les services pédagogiques offerts par Chenelière Éducation

- Et bien plus encore !

LES COMPOSANTES DE LA COLLECTION

Manuels de l'élève Tome 1 et Tome 2

Guide d'enseignement (DVD)

Cahier d'activités et son corrigé

(45830)16.04.09

7001, boul. Saint-Laurent, Montréal (Québec) Canada H2S 3E3
Tél.: 514 273-1066 ou 1 800 565-5531 • Téléc.: 514 276-0324 ou 1 800 814-0324
Service à la clientèle: 514 273-1066 ou 1 800 565-5531 • Téléc.: 450 461-3834 ou 1 888 460-3834
www.cheneliere.ca • clientele@cheneliere.ca

Les abréviations

Adj.	adjectif
Adv.	adverbe
Attr.	attribut
f.	féminin
Inf.	infinitif
m.	masculin
Modif.	modificateur
Part. prés.	participe présent
pers.	personne grammaticale
pl.	pluriel
Prép.	préposition
Pron.	pronom
Pron. rel.	pronom relatif
s.	singulier
Sub.	subordonnée
Sub. circ.	subordonnée circonstancielle
Sub. compl.	subordonnée complétive
Sub. corr.	subordonnée corrélative
Sub. rel.	subordonnée relative

Les symboles

C	complément
C de P	complément de phrase
C du N	complément du nom
CD du V	complément direct du verbe
CI du V	complément indirect du verbe
GAdj	groupe adjectival
GAdv	groupe adverbial
GInf	groupe infinitif
GN	groupe nominal
GPart	groupe participial
GPrép	groupe prépositionnel
GPron	groupe pronominal
GV	groupe verbal
N	nom
P	phrase
S	sujet
V	verbe
VAttr	verbe attributif

Les pictogrammes

⇢	renvoi à des pages de la section *Références*
⊘	forme incorrecte ou emploi non approprié
X	élément fautif
+	addition, ajout
↔	déplacement
✂	effacement, soustraction
[ ]	encadrement
>	réduction
↓	remplacement

Sujet de P

Prédicat de P

C de P

 document reproductible

 dossier d'apprentissage

 DVD

champ lexical

Les mots et expressions en gris, soulignés, renvoient à des notions répertoriées dans l'index. On y indique les pages à consulter pour trouver des explications relatives à ces notions.

Structure de la

MANUEL DE L'ÉLÈVE TOME 1
(496 pages)

MANUEL DE L'ÉLÈVE TOME 2
(448 pages)

Section 1
DOSSIERS

- Réunit des dossiers articulés autour d'une thématique et d'un univers (raconter, argumenter, informer, etc.).
- Offre des situations d'apprentissage qui permettent de développer spécifiquement les compétences en lecture, en écriture et en communication orale.
- Présente les hyperliens qui renvoient à la section **Références** : **Partie A – Connaissances** et **Partie B – Stratégies**.
- Offre des exercices de grammaire en contexte tout au long des dossiers.

MANUEL DE L'ÉLÈVE TOME 1
(200 pages)

Dossier 1
Irrésistibles fictions
Raconter

Dossier 2
Sujets à controverse
Argumenter : les outils de base

Dossier 3
Regards sur le monde
Informer

MANUEL DE L'ÉLÈVE TOME 2
(150 pages)

Dossier 4
Questions de société
Argumenter : approfondissement

Dossier 5
Invitation au voyage
Évoquer en poésie

Dossier 6
Jeux de rôles
Dialoguer au théâtre

Section 2
ACTIVITÉS ET EXERCICES DE GRAMMAIRE

- Présente des séries d'activités et d'exercices de grammaire organisées autour des erreurs les plus fréquentes. Ces séries sont aussi offertes en documents reproductibles.
- Offre des activités de préparation et d'autres de consolidation pour chaque série présentée en documents reproductibles.

MANUEL DE L'ÉLÈVE TOME 1
(32 pages)

1. Activités sur des difficultés liées à la construction de phrases
2. Activités sur des difficultés liées à la coordination et à la juxtaposition
3. Activités sur des difficultés liées à la subordination
4. Activités sur des difficultés liées au groupe prépositionnel
5. Activités sur des difficultés liées à l'accord dans le groupe du nom

MANUEL DE L'ÉLÈVE TOME 2
(32 pages)

6. Activités sur des difficultés liées à l'accord du verbe et de l'adjectif attribut
7. Activités sur des difficultés liées à l'accord du participe passé
8. Activités sur des difficultés liées à la ponctuation
9. Activités sur des difficultés liées à la cohérence textuelle

Section 3
RÉFÉRENCES

PARTIE A – CONNAISSANCES
(environ 90 pages)

- Présente l'ensemble des notions et des concepts pour le 2e cycle.
- Réunit les notions et les concepts de la grammaire du texte, de la grammaire de la phrase, du lexique et de la ponctuation.
- Offre le même contenu dans le tome 1 et le tome 2.

CONTENU DU 2e CYCLE

- Accord dans le groupe nominal
- Accord du participe passé d'un verbe pronominal
- Accord régi par le complément direct du verbe
- Accord régi par le sujet
- Classes de mots
- Cohérence textuelle
- Communication (Situation de)
- Discours rapporté
- Énonciation
- Figures de style
- Fonctions dans la phrase
- Fonctions dans les groupes
- Formation des mots
- Formes de la phrase
- Groupes de mots
- Jonction de groupes et de phrases
- Manipulations syntaxiques
- Organisateur textuel
- Phrase
- Phrase de base et phrase transformée
- Phrases à construction particulière
- Ponctuation
- Reprise de l'information
- Sens des mots et relations entre les mots
- Séquences textuelles
- Subordonnée circonstancielle
- Subordonnée complétive
- Subordonnée relative
- Système verbal
- Types de phrases
- Variétés de langue

PARTIE B – STRATÉGIES
(32 pages)

- Présente l'essentiel des stratégies en lecture, en écriture et en communication orale.
- Offre le même contenu dans le tome 1 et le tome 2.

CONTENU

- Comment faire de la recherche d'information
- Comment survoler un texte et tirer profit de ce survol
- Comment annoter un texte courant
- Comment noter des informations rapidement
- Comment prendre des notes au cours d'une écoute
- Comment vaincre le syndrome de la page blanche
- Comment citer des paroles et des idées à l'écrit
- Comment rédiger une référence bibliographique
- Comment resserrer un texte
- Comment varier son vocabulaire
- Comment réviser un texte
- Comment vérifier que les phrases sont bien construites

collection REGARDS

GUIDE D'ENSEIGNEMENT
(2000 pages)

CAHIER D'ACTIVITÉS ET SON CORRIGÉ
(192 pages chacun)

Section 4
RECUEIL DE TEXTES

- Présente une sélection de textes de longueur, de niveaux de difficulté et de genres variés :
  - des éditoriaux ;
  - des textes d'opinion ;
  - des extraits de romans ;
  - des articles explicatifs ;
  - des poèmes ;
  - des pièces de théâtre ;
  - etc.
- Est lié au contenu des dossiers.
- Offre des textes principaux et d'autres « en contrepoint » qui traitent d'un même sujet, mais qui sont de genres variés.
- Est soutenu par des activités d'exploitation offertes en documents reproductibles.

> ### RECUEIL DE TEXTES
> ### TOME 1 ET TOME 2
> (environ 120 pages chacun)

CONTIENT :

- un *fascicule d'introduction* qui précise les orientations de la collection ;
- des tableaux de planification *L'Essentiel* qui présentent les éléments incontournables ;
- un guide d'accompagnement pédagogique pas à pas pour chaque dossier ;
- environ 1000 pages de documents reproductibles :
  - des fiches d'apprentissage et d'évaluation,
  - des fiches qui contiennent des activités et des exercices liés aux familles de difficultés,
  - des situations d'apprentissage et d'évaluation supplémentaires (SAÉS),
  - des documents pour l'évaluation,
  - des outils de référence pour l'élève.

- un **DVD** qui sert de support à la communication orale.

Ce **cahier de grammaire** :

- propose un travail systématique sur la langue pour aider l'élève à écrire sans fautes ;
- constitue un outil de mise à niveau et de consolidation des apprentissages en grammaire ;
- peut être utilisé de façon autonome en classe ou en devoir.

SECTION 1 DOSSIERS

Ce tiré à part comprend les éléments tramés en jaune du dossier 1 et du dossier 2.

Essentiel des notions et concepts traités dans ce dossier

- Éléments de l'univers narratif
- Caractérisation des personnages
- Fonctions des personnages (schéma actantiel)
- Notions de héros, d'antihéros, de personnage type
- Intrigue et schéma narratif
- Narrateur

- Séquence narrative et séquences textuelles secondaires
- Ordre de présentation des événements
- Rythme du récit (sommaire, ellipse, etc.)
- Notions de patrimoine littéraire, de classique, d'œuvre marquante
- Grands courants littéraires en bref

Essentiel des notions et concepts traités dans ce dossier

- Caractère argumentatif d'un texte
- Stratégie argumentative
- Principaux genres argumentatifs
- Vocabulaire de base (séquence argumentative, thèse, contre-thèse, argument, etc.)

- Séquence argumentative
- Outils pour construire des arguments
- Marques d'énonciation
- Point de vue (marques de modalité)

DOSSIER 3 REGARDS SUR LE MONDE

Essentiel des notions et concepts traités dans ce dossier

- Séquence descriptive, modes d'organisation (par aspects ou étapes), procédés descriptifs (désignation, caractérisation, etc.)

- Séquence explicative, modes d'organisation (énumération de causes, enchaînement cause-conséquence), procédés explicatifs (définition, reformulation, etc.)

Dossiers figurant dans le tome 2

DOSSIER 4   **QUESTIONS DE SOCIÉTÉ**
Argumenter : approfondissement

DOSSIER 5   **INVITATION AU VOYAGE**
Évoquer en poésie

DOSSIER 6   **JEUX DE RÔLES**
Dialoguer au théâtre

Ce tiré à part comprend la première série d'activités et d'exercices de grammaire.

SECTION 2 ACTIVITÉS ET EXERCICES DE GRAMMAIRE

Ce tiré à part comprend quatre articles des connaissances et quatre stratégies.

SECTION 3 RÉFÉRENCES

Partie A – CONNAISSANCES

Partie B – STRATÉGIES

Ce tiré à part comprend une partie des textes associés au dossier 1 et tous les textes associés au dossier 2.

SECTION 4 RECUEIL DE TEXTES

Essentiel des notions et concepts traités dans ce dossier

- Procédé argumentatif
- Explication argumentative
- Réfutation
- Techniques de réfutation
(concession, disqualification, etc.)

- Organisation du texte d'opinion (introduction, développement, conclusion), organisateurs textuels
- Caractéristiques de la lettre ouverte, de l'article critique et de la lettre de sollicitation
- Caractéristiques du débat

PRÉSENTATION DU MANUEL

Dans chaque tome, trois dossiers de deux à cinq ateliers chacun.

▶ Les pages d'ouverture présentent le dossier et donnent un aperçu de la façon dont vous l'aborderez.

Le titre informe sur le thème du dossier et le sous-titre précise l'univers dans lequel les apprentissages s'inscrivent.

Le texte de présentation énonce le sujet du dossier et la problématique à laquelle vous serez invités à réfléchir au fil des ateliers.

Le **Sommaire** annonce le contenu du dossier et de chacun des ateliers.

Dans cette liste, on énumère les notions de grammaire abordées dans la rubrique **Grammaire en contexte** de chacun des ateliers.

▶ À l'étape de la **PRÉPARATION**, vous amorcez une réflexion sur vos apprentissages. Vous êtes amenés à faire un survol du dossier afin d'en prendre connaissance.

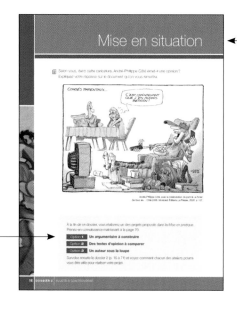

La page **Mise en situation** est consacrée à l'étape de la PRÉPARATION. Vous activez vos connaissances de l'univers sur lequel vous travaillerez dans le dossier.

Vous examinez aussi les projets à réaliser et le contenu des ateliers.

À l'étape de la **RÉALISATION**, vous développez vos compétences en lecture, en écriture et en communication orale, tout en utilisant vos connaissances et vos stratégies.

Un court préambule présente les textes de la **Lecture préparatoire** et donne l'intention de lecture.

La rubrique **Au fil du texte** vous amène à mieux comprendre certains mots ou expressions.

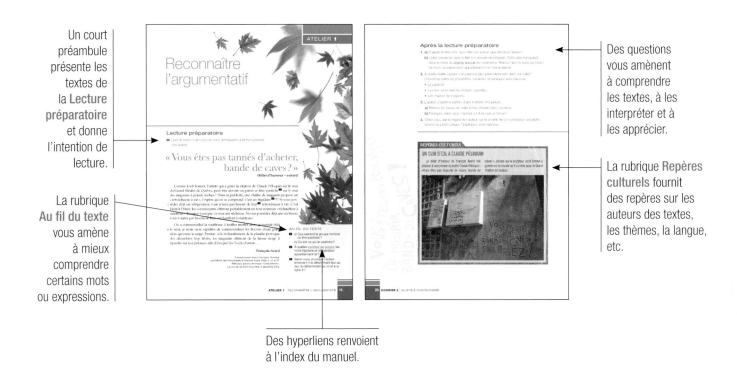

Des questions vous amènent à comprendre les textes, à les interpréter et à les apprécier.

La rubrique **Repères culturels** fournit des repères sur les auteurs des textes, les thèmes, la langue, etc.

Des hyperliens renvoient à l'index du manuel.

Les pages **Bloc théorique** exposent les notions et les concepts liés aux types et aux genres de textes ainsi qu'à la littérature.

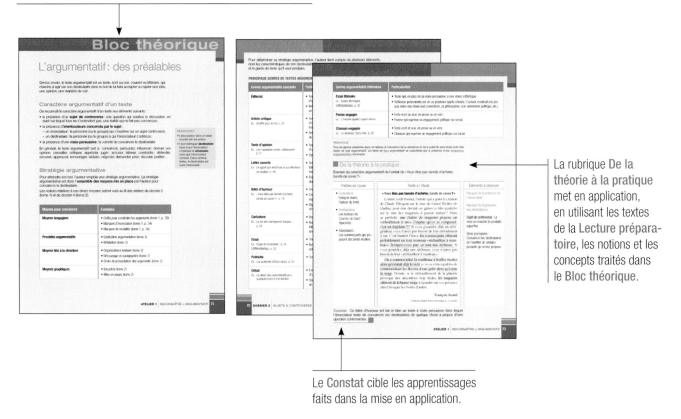

La rubrique **De la théorie à la pratique** met en application, en utilisant les textes de la **Lecture préparatoire**, les notions et les concepts traités dans le **Bloc théorique**.

Le **Constat** cible les apprentissages faits dans la mise en application.

Les pages **Activités** présentent des extraits de textes, accompagnés de questions et d'activités qui vous amènent à mettre en œuvre les notions et les concepts du **Bloc théorique**. Ces pages vous permettent aussi de comprendre, d'interpréter et d'apprécier les textes, d'acquérir des connaissances et de développer des stratégies.

Le picto **TEXTES EN RÉSEAU** signale une activité ou une question qui vous invite à mettre des textes en relation. Les mises en relation peuvent être faites entre des textes qui traitent du même sujet, entre des textes d'un même auteur et entre des textes d'un même univers ou d'univers différents.

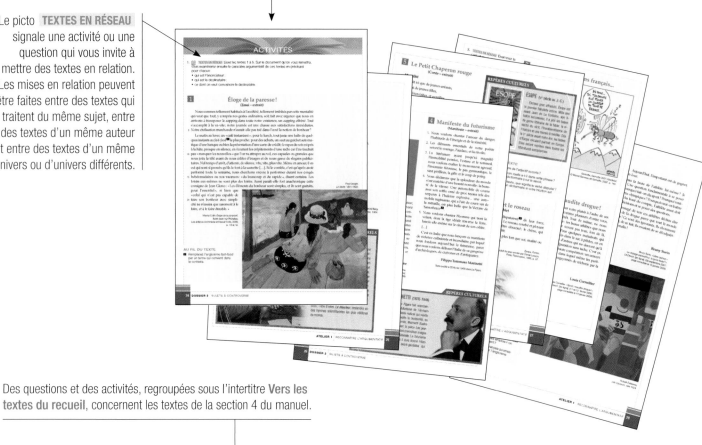

Des questions et des activités, regroupées sous l'intertitre **Vers les textes du recueil**, concernent les textes de la section 4 du manuel.

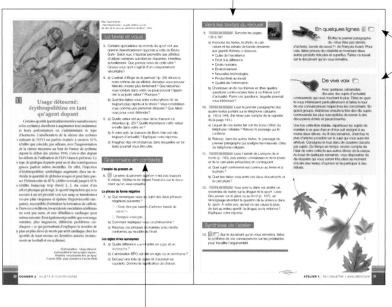

Les rubriques **En quelques lignes** et **De vive voix** comportent de courtes situations d'écriture et de communication orale qui sont liées aux apprentissages de l'atelier.

Des questions et des activités, regroupées sous l'intertitre **Grammaire en contexte**, vous amènent à faire des observations grammaticales dans les textes des pages **Activités** et dans les textes du **Recueil de textes**.

Les pages **Littérature +** présentent un contenu littéraire qui s'ajoute à celui traité dans les ateliers.

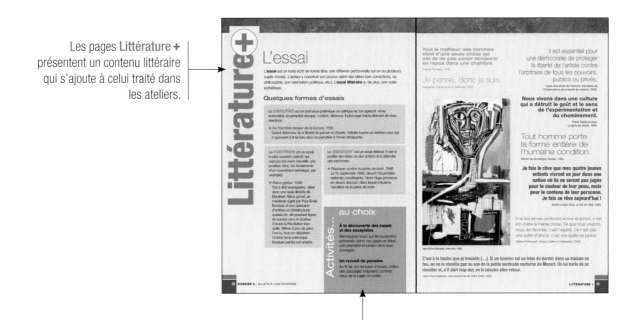

La rubrique **Activités… au choix** regroupe des activités à faire en enrichissement, soit individuellement, soit en équipe. Ces activités sont basées sur le contenu des pages **Littérature +**.

▶ À l'étape de l'**INTÉGRATION ET DU RÉINVESTISSEMENT**, vous réalisez un projet pour mettre à profit vos nouveaux apprentissages et vous prenez connaissance des propositions de lecture.

La page **Répertoire** vous invite à poursuivre vos lectures.

Dans la page **Mise en pratique**, un choix de trois projets correspondant à des productions écrites ou orales vous est proposé. Des pistes de travail sont également précisées. Des documents reproductibles sont offerts pour plusieurs de ces projets.

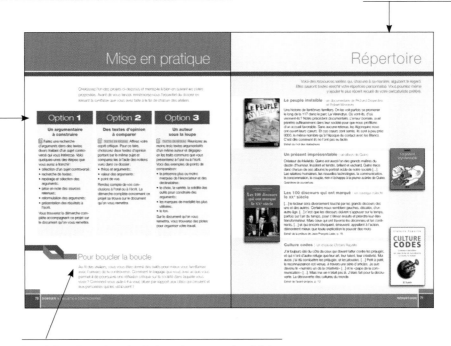

La rubrique **Pour boucler la boucle** vous amène à faire un retour sur le travail accompli dans tout le dossier et à jeter un nouveau regard sur la problématique de départ.

Neuf séries d'activités et d'exercices de grammaire réparties dans les deux tomes.

▶ La section **Activités et exercices de grammaire** regroupe des séries d'activités et d'exercices organisées autour des erreurs les plus fréquentes. Ces séries devraient vous amener à comprendre vos erreurs et vous aider à développer des réflexes d'autocorrection.

L'encadré **Connaissances à consulter, au besoin** désigne les articles de la partie « Connaissances » à consulter.

La première activité de chaque série vous amène toujours à faire le point sur votre habileté à reconnaître et à corriger un type d'erreur. Elle vous aidera à évaluer comment la série d'activités et d'exercices pourra vous être utile.

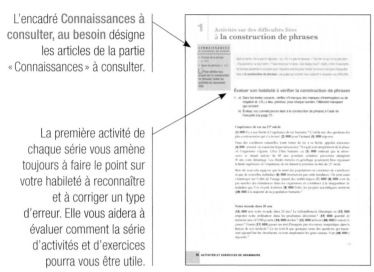

Le pictogramme indique qu'une fiche en lien avec la série d'activités et d'exercices est offerte dans les documents reproductibles.

▶ La partie A de cette section, les **Connaissances**, regroupe les notions au programme du 2e cycle du secondaire. C'est un outil d'apprentissage et une ressource à consulter, au besoin.

▶ La partie B de cette section, les **Stratégies**, regroupe les principales stratégies au programme. Ces stratégies constituent un outil d'apprentissage et une ressource à consulter, au besoin.

La capsule **Remarque** signale une difficulté particulière ou une mise en garde.

Les notions sont présentées dans l'ordre alphabétique.

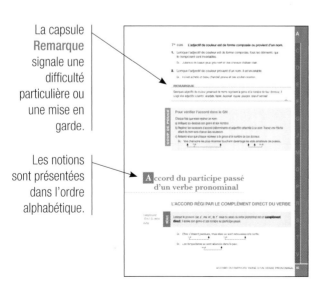

La capsule **Coup de pouce** propose une façon simple d'appliquer une règle.

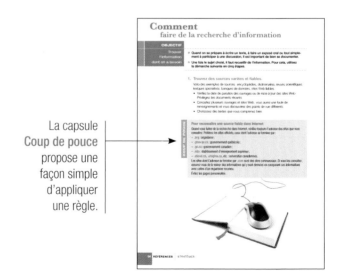

▶ La section **Recueil de textes** offre une sélection de textes de longueur différente, de genres et de degrés de difficulté variés. Les textes sont regroupés et liés à chacun des dossiers du manuel.

Des textes sont parfois accompagnés d'autres textes appelés **En contrepoint**. Ceux-ci traitent du même sujet, mais ils sont générale-ment de genres différents.

Les rubriques **Repères culturels** de cette section présentent toutes des notices biographiques d'écrivains.

Les textes de cette section sont de genres très variés : extrait de roman, extrait de BD, fable, lettre ouverte, billet d'humeur, texte documentaire, reportage, poésie, etc.

Irrésistibles fictions

Claude Le Sauteur, *L'énigme*, 2001.

Pourquoi lire des histoires, si ce n'est pour se faire bousculer dans ses certitudes, se laisser happer par d'autres imaginaires, se faire réveiller à grands coups de mots ? Les histoires avivent notre soif de comprendre et nous projettent hors de notre quotidien.

Les histoires, ces irrésistibles fictions, sont là pour nous faire naître au monde et à nous-mêmes.

SOMMAIRE

Notions de grammaire abordées dans l'atelier 1

La reprise de l'information
Le marqueur de restriction *ne... que*
La subordonnée corrélative

5

Mise en situation

 Testez vos connaissances sur le récit. Faites le jeu-questionnaire suivant sur le document qu'on vous remettra.

1. Monde créé dans un récit :
■■■V■■■ N■■■■■■F

2. Dans le schéma narratif, action finale, action qui met fin à l'histoire :
■É■■■EM■■■

3. Genre de récit se caractérisant par sa brièveté :
■■U■■■L■

4. Personnage principal d'un récit :
■■R■■

5. Personnage principal qui se distingue par son manque d'envergure :
■■■■I■É■■S

6. Technique qui consiste à insérer une histoire dans une autre :
■■CH■SSE■■NT

7. Celui qui raconte une histoire :
■■R■■T■■■

8. Procédé narratif qui sert à passer sous silence une portion de l'histoire :
■LL■■S■

9. Procédé narratif qui permet une accélération du rythme du récit :
■■■M■I■E

10. Narrateur qui sait tout :
■■■I■C■■N■

11. Dans le schéma actantiel, fonction du personnage qui aide :
■D■U■A■T

12. Récit d'un événement avant qu'il ne se produise :
AN■■CIP■■■■■

À la fin de ce dossier, vous réaliserez un des projets proposés dans la *Mise en pratique*. Prenez-en connaissance maintenant à la page XX.

Option 1 **Un roman à lire et à apprécier**

Option 2 **Un premier chapitre de roman à écrire**

Option 3 **Un roman dont on fait la critique oralement**

Survolez ensuite le dossier 1 (p. 5 à XX) et voyez comment chacun des ateliers pourra vous être utile pour réaliser votre projet.

Cerner l'univers narratif

Lecture préparatoire

▩ En lisant l'extrait de roman suivant, tentez de vous représenter le monde dans lequel le personnage de Jean-Baptiste Grenouille voit le jour.

Le parfum
Histoire d'un meurtrier

(Roman – extrait)

Au XVIIIᵉ siècle vécut en France un homme qui compta parmi les personnages les plus géniaux et les plus abominables de cette époque qui pourtant ne manqua pas de génies abominables. C'est son histoire qu'il s'agit de raconter ici. Il s'appelait Jean-Baptiste Grenouille et si son nom, à la différence de ceux d'autres scélérats **1** de
5 génie comme par exemple Sade, Saint-Just, Fouché, Bonaparte, etc., est aujourd'hui tombé dans l'oubli, ce n'est assurément pas que Grenouille fût moins bouffi d'orgueil, moins ennemi de l'humanité, moins immoral, en un mot moins impie **2** que ces malfaisants plus illustres, mais c'est que son génie et son unique ambition se bornèrent à un domaine qui ne laisse point de traces
10 dans l'histoire : au royaume évanescent **3** des odeurs.

À l'époque dont nous parlons, il régnait dans les villes une puanteur à peine imaginable pour les modernes que nous sommes. Les rues puaient le fumier, les arrière-cours puaient l'urine, les cages d'escalier puaient le bois moisi et la crotte de rat, les cuisines
15 le chou pourri et la graisse de mouton ; les pièces d'habitation mal aérées puaient la poussière renfermée, les chambres à coucher puaient les draps graisseux, les courtepointes moites et le remugle âcre des pots de chambre **4**. Les cheminées crachaient une puanteur de soufre, les tanneries la puanteur de leurs bains corrosifs **5**,
20 et les abattoirs la puanteur du sang caillé. Les gens puaient la sueur

AU FIL DU TEXTE

1 Qu'est-ce qu'un scélérat ?

2 a) Qu'est-ce qu'un impie ?
b) Trouvez au moins huit mots appartenant à la même famille de mots que le nom impie.

3 Pourquoi dit-on du royaume des odeurs qu'il est évanescent ?

4 Si les chambres puaient le remugle âcre des pots de chambre, que sentaient-elles ?

5 Qu'advient-il d'un objet plongé dans un bain corrosif ?

6 Qu'ont de particulier des tumeurs éruptives ?

7 Donnez un synonyme de l'adjectif *délétère*, qui convient dans le contexte.

8 Qu'est-ce qu'un charnier ? et un ossuaire ?

9 À quel événement historique l'auteur fait-il référence ?

10 Que sont les catacombes ?

REPÈRES CULTURELS

PATRICK SÜSKIND
(Écrivain allemand, né en 1949)

« Qui maîtrisait les odeurs, maîtrisait le cœur de l'humanité » : tel est le credo de l'un des personnages les plus marquants de la littérature mondiale, Jean-Baptiste Grenouille, héros du roman *Le parfum* de Patrick Süskind. Depuis sa parution en 1985, *Le parfum* a été traduit en 45 langues et vendu à plus de 150 millions d'exemplaires. Malgré cet immense succès, l'auteur n'accorde aucune entrevue et a refusé de nombreux prix. Patrick Süskind a également publié *Le pigeon* (1987), *Un combat et autres récits* (1996) et, plus récemment, un recueil d'essais intitulé *Sur l'amour et la mort* (2006).

---

et les vêtements non lavés ; leurs bouches puaient les dents gâtées, leurs estomacs puaient le jus d'oignons, et leurs corps, dès qu'ils n'étaient plus tout jeunes, puaient le vieux fromage et le lait aigre et les tumeurs éruptives **6**. Les rivières puaient, les places puaient, les églises puaient, cela puait sous les ponts et dans les palais. Le
25 paysan puait comme le prêtre, le compagnon tout comme l'épouse de son maître artisan, la noblesse puait du haut jusqu'en bas, et le roi lui-même puait, il puait comme un fauve, et la reine comme une vieille chèvre, été comme hiver. Car en ce XVIIIe siècle, l'activité délétère **7** des bactéries ne rencontrait encore aucune limite, aussi n'y avait-il aucune activité humaine, qu'elle fût constructive ou destructive, aucune manifestation
30 de la vie en germe ou bien à son déclin, qui ne fût accompagnée de puanteur.

Et c'est naturellement à Paris que la puanteur était la plus grande, car Paris était la plus grande ville de France. Et au sein de la capitale il était un endroit où la puanteur régnait de façon particulièrement infernale, entre la rue aux Fers et la rue de la Ferronnerie, c'était le cimetière des Innocents. Pendant huit cents ans, on avait transporté là les
35 morts de l'Hôtel-Dieu et des paroisses circonvoisines, pendant huit cents ans, on y avait jour après jour charroyé les cadavres par douzaines et on les y avait déversés dans de longues fosses, pendant huit cents ans, on avait empli par couches successives charniers et ossuaires **8**. Ce n'est que plus tard, à la veille de la Révolution **9**, quand certaines de ces fosses communes se furent dangereusement effondrées et que la puanteur de ce
40 cimetière débordant déclencha chez les riverains non plus de simples protestations, mais de véritables émeutes, qu'on finit par le fermer et par l'éventrer, et qu'on pelleta des millions d'ossements et de crânes en direction des catacombes **10** de Montmartre, et qu'on édifia sur les lieux une place de marché.

Or c'est là, à l'endroit le plus puant de tout le royaume, que vit le jour, le 17 juillet
45 1738, Jean-Baptiste Grenouille. C'était l'une des journées les plus chaudes de l'année. La chaleur pesait comme du plomb sur le cimetière, projetant dans les ruelles avoisinantes son haleine pestilentielle, où se mêlait l'odeur des melons pourris et de la corne brûlée.

Patrick Süskind, *Le parfum : Histoire d'un meurtrier*, traduit de l'allemand par Bernard Lortholary, Paris, Librairie Arthème Fayard, 1986, p. 9 à 11.

Après la lecture préparatoire

1. À la ligne 5, le personnage de Jean-Baptiste Grenouille est associé à quatre personnages célèbres ayant réellement existé. En vous aidant du contexte, expliquez ce qui permet cette association. Faites ensuite une brève recherche pour étoffer votre réponse.

2. Expliquez, dans vos mots, pourquoi toute activité humaine est accompagnée de puanteur dans la France du XVIIIe siècle décrite dans cet extrait.

3. Dans le monde de Jean-Baptiste Grenouille, cela pue « sous les ponts et dans les palais » (ligne 24).

    a) Que signifie cette image ? Pour pouvoir répondre à cette question, demandez-vous qui, vraisemblablement, dort sous les ponts et qui dort dans les palais.

    b) Quelle <u>figure de style</u> l'auteur a-t-il utilisée pour construire cette image ? Expliquez votre réponse.

4. a) Quelle figure de style s'impose dans cet extrait ?

    b) À votre avis, pourquoi l'auteur a-t-il recours à cette figure de style ?

L'univers créé dans un texte narratif

Tout texte narratif (ou récit) raconte une histoire d'une certaine manière. Les romans, les nouvelles littéraires, les contes, les légendes, les fables, les bandes dessinées sont des exemples de textes narratifs.

L'histoire racontée dans un récit est ancrée dans un univers donné, un cadre fictif (même s'il rappelle parfois le monde réel). L'exploration de cet univers passe notamment par l'examen des lieux, de l'époque et de tous les autres aspects qui façonnent les personnages.

Éléments de l'univers narratif	Indices révélateurs
Lieux	• Noms de lieux • Précisions relatives à la géographie (relief, cours d'eau, climat, végétation, etc.) • Description d'éléments architecturaux, de couleurs, d'odeurs, de bruits, d'éléments d'ambiance, etc.
Époque	• Dates • Informations sur des événements et des personnages historiques • Précisions relatives aux objets, aux vêtements, aux moyens de transport, aux développements technologiques et scientifiques, etc.
Autres aspects (contextes social, politique, religieux, etc.)	• Informations relatives au modèle familial, à la condition sociale, aux pratiques religieuses, aux conditions économiques, à l'organisation politique, aux valeurs, etc.

La mise en place d'un univers narratif va bien au-delà de la simple mention d'une date et d'un lieu. En effet, elle suppose qu'on caractérise l'époque, les lieux, les divers aspects de l'univers dans lequel évoluent les personnages, qu'on exploite des thèmes, que tout cela soit mis au service du développement des personnages. En lecture, un univers narratif bien construit donne au lecteur l'impression d'être là et aide à cerner les personnages. En écriture, la construction de l'univers narratif doit être soigneusement planifiée de manière à assurer l'intérêt et la cohérence de l'œuvre.

UNIVERS NARRATIF ET GENRES DE RÉCITS

Conte merveilleux Fable	Roman historique	Roman ou nouvelle dont l'action est contemporaine	Roman de science-fiction
Les lieux sont peu définis (une forêt, un château, etc.); l'époque est indéterminée (un passé lointain).	Les lieux sont minutieusement décrits; l'époque est cernée avec précision à l'aide d'une foule de détails.	L'auteur peut ne pas décrire en détail l'univers narratif.	Les lieux (un ailleurs inconnu) et l'époque (le futur) font l'objet de descriptions fouillées.
• Pour mettre l'accent sur la leçon à retenir plutôt que sur l'histoire elle-même. Ex.: *Cendrillon*.	• Pour renforcer l'illusion que l'histoire racontée s'insère parfaitement dans l'Histoire. Ex.: *Les filles tombées*, p. 110.	• Pour renforcer l'illusion que cet univers s'apparente à celui des lecteurs. Ex.: *Né de l'homme et de la femme*, p. 125.	• Pour donner l'impression que l'univers créé existe bel et bien. Ex.: *Dune*, Frank Herbert.

De la théorie à la pratique

Examen de passages révélant l'univers narratif dans l'extrait du *Parfum*

Passages décrivant le monde dans lequel naît Jean-Baptiste Grenouille	Éléments de l'univers narratif révélés
À l'époque dont nous parlons, il régnait dans les villes une puanteur à peine imaginable pour les modernes que nous sommes. Les rues puaient le fumier, les arrière-cours puaient l'urine, les cages d'escalier puaient le bois moisi et la crotte de rat, les cuisines le chou pourri et la graisse de mouton ; les pièces d'habitation mal aérées puaient la poussière renfermée, les chambres à coucher puaient les draps graisseux, les courtepointes moites et le remugle âcre des pots de chambre. Les cheminées crachaient une puanteur de soufre, les tanneries la puanteur de leurs bains corrosifs, et les abattoirs la puanteur du sang caillé. Les gens puaient la sueur et les vêtements non lavés ; leurs bouches puaient les dents gâtées, leurs estomacs puaient le jus d'oignons, et leurs corps, dès qu'ils n'étaient plus tout jeunes, puaient le vieux fromage et le lait aigre et les tumeurs éruptives. Les rivières puaient, les places puaient, les églises puaient, cela puait sous les ponts et dans les palais. Le paysan puait comme le prêtre, le compagnon tout comme l'épouse de son maître artisan, la noblesse puait du haut jusqu'en bas, et le roi lui-même puait, il puait comme un fauve, et la reine comme une vieille chèvre, été comme hiver. Car en ce XVIIIᵉ siècle, l'activité délétère des bactéries ne rencontrait encore aucune limite, aussi n'y avait-il aucune activité humaine, qu'elle fût constructive ou destructive, aucune manifestation de la vie en germe ou bien à son déclin, qui ne fût accompagnée de puanteur.	• Thème : la puanteur
	• Époque de puanteur : le XVIIIᵉ siècle
	• Lieu de puanteur : tous les espaces (la ville, les espaces publics, les espaces privés, les espaces de travail, les espaces naturels, les espaces construits)
	• Objet de puanteur : le corps
	• Classes sociales générant de la puanteur : toutes
	• Activités humaines et manifestations de la vie générant de la puanteur : toutes
Et c'est naturellement à Paris que la puanteur était la plus grande, car Paris était la plus grande ville de France. Et au sein de la capitale il était un endroit où la puanteur régnait de façon particulièrement infernale, entre la rue aux Fers et la rue de la Ferronnerie, c'était le cimetière des Innocents. […]	• Lieu de la puanteur extrême : le cimetière des Innocents, à Paris
Or c'est là, à l'endroit le plus puant de tout le royaume, que vit le jour, le 17 juillet 1738, Jean-Baptiste Grenouille.	
Patrick Süskind, *Le parfum : Histoire d'un meurtrier*, p. 9 à 11.	

Constat Le thème de la puanteur s'impose d'entrée de jeu. L'univers narratif présenté dans cet extrait est remarquablement homogène : tous les lieux et tous les gens se ressemblent, ils puent. À cause de cette puanteur généralisée, il n'y a pas d'opposition entre le dedans et le dehors, la ville et la campagne, les riches et les pauvres, les nobles et les paysans.

C'est dans ce monde, caractérisé par une puanteur extrême, que Jean-Baptiste Grenouille voit le jour. Il naît dans un lieu où règnent la mort et la pourriture. Toute sa vie sera conditionnée par cet univers d'odeurs et de mort. Grenouille devra y faire sa place, soit en s'y intégrant, soit en s'y opposant.

■ Lisez le paragraphe suivant sur lequel s'ouvrent tous les albums de la série des Astérix.

Astérix le Gaulois
(Bande dessinée – extrait)

Nous sommes en 50 avant Jésus-Christ. Toute la Gaule est occupée par les Romains… Toute? Non! Un village peuplé d'irréductibles Gaulois résiste encore et toujours à l'envahisseur. Et la vie n'est pas facile pour les garnisons de légionnaires romains des camps retranchés de Babaorum, Aquarium, Laudanum et Petitbonum…

René Goscinny et Albert Uderzo, *Astérix le Gaulois*, Paris, © 2009, Les Éditions Albert Uderzo/Goscinny-Uderzo.

1. Quels éléments de l'univers narratif ce paragraphe expose-t-il?

2. Bien que le texte soit court, il s'en dégage tout de même des thèmes. Nommez-en deux.

3. a) Dans l'univers narratif de la série des Astérix, pourquoi un Gaulois du village ne pourrait-il pas avoir d'amis parmi les légionnaires romains?

b) Si les Gaulois du village fraternisaient avec les Romains, quelle règle de cohérence textuelle cela enfreindrait-il?

■ Vous découvrirez, dans l'extrait suivant de *Bonheur d'occasion*, deux univers fondamentalement différents. Observez ces différences au fil de votre lecture.

Bonheur d'occasion
(Roman – extrait)

Depuis une grande heure Rose-Anna marchait en direction de la montagne. Elle avançait à pas lents et tenaces, le visage baigné de sueur, et enfin, arrivée à l'avenue des Cèdres, elle n'osa de suite l'attaquer **1**. Taillée à même le roc, la voie montait en pente rapide. Au-dessus brillait le soleil d'avril. Et, de-ci de-là, entre les fentes
5 humides de la pierre, jaillissaient des touffes d'herbe déjà verdissantes.

Rose-Anna, s'étant arrêtée pour souffler un peu, laissa filer son regard autour d'elle. Une haute clôture se dressait à sa gauche sur un terrain vague. Entre les tiges de fer, au loin, toute la ville basse se précisait: d'innombrables clochers s'élançaient vers le ciel; des rubans de fumée prolongeaient les cônes gris des cheminées d'usines; des enseignes
10 suspendues coupaient l'horizon en morceaux de noir et de bleu; et, se disputant l'espace dans cette ville de prière et de travail, les toits descendaient par étages, et se faisaient de plus en plus resserrés jusqu'à ce que leur monotone assemblage cessât brusquement à la bordure du fleuve. Une légère brume, vers le milieu des eaux moirées **2**, brouillait le lointain.

15 Rose-Anna contempla le spectacle à travers sa fatigue pendant qu'elle reprenait haleine; elle n'eut même pas l'idée de chercher au loin l'emplacement de sa maison. Mais, d'un coup d'œil, elle mesura ce qui restait à gravir avant d'arriver à l'hôpital des enfants qu'on lui avait dit situé tout au haut de l'avenue des Cèdres.

Daniel y avait été transporté peu de temps après le voyage à Saint-Denis.

20 Un soir, en le dévêtant, Rose-Anna avait découvert de grandes taches violettes sur ses membres. Le lendemain, elle l'installa dans son petit traîneau et le conduisit à un jeune médecin de la rue du Couvent, chez qui elle avait fait des ménages autrefois. Le reste s'était accompli si vite qu'elle se le rappelait mal. Le docteur avait tout de suite emmené le petit à l'hôpital. Rose-Anna ne se souvenait que d'un détail précis: l'enfant n'avait
25 point pleuré, point protesté. Se confiant dans l'excès de sa débilité **3** à cet inconnu qui

AU FIL DU TEXTE
1 Qu'est-ce que le pronom *l'* reprend?

2 Quel aspect une surface moirée a-t-elle?

3 Que signifie le nom *débilité* dans le contexte?

l'emportait, qui était fort et qui paraissait bon, il avait agité sagement au hasard sa main qui était déjà décharnée **4**.

Rose-Anna se remit en marche.

30　Du mont Royal, s'allongeant jusqu'au-dessus de Saint-Henri, elle ne connaissait que l'oratoire **5** Saint-Joseph et le cimetière où les gens d'en bas vont comme ceux d'en haut mettre leurs morts en terre. Et voici que dans la
35　maladie les enfants des bas quartiers venaient aussi habiter cette montagne ouverte au flot salubre **6** et protégée de la fumée, de la suie et du halètement des usines qui, dans les tristes creux, s'épandent autour des maisons basses
40　comme une grande haleine de bête, tendue au travail. Cela lui parut de mauvais augure.

Le grand luxe des hôtels particuliers **7**, qu'elle entrevoyait au fond des parcs, l'étonnait. À plusieurs reprises, elle ralentit, se murmurant
45　à elle-même : « Mon Dieu, c'est bien riche, bien beau ! Comment se fait-il qu'ils ont emmené Daniel ici ? »

Elle ne songeait pas à se réjouir de ce que l'enfant eût trouvé l'air pur et abondant. Au contraire, à mesure qu'elle allait, elle se l'imaginait isolé, tout petit, et regrettant dans ce grand silence le passage des trains qui ébranlaient
50　leur logis à Saint-Henri.

Gabrielle Roy, *Bonheur d'occasion*,
Montréal, Éditions du Boréal,
coll. « Boréal compact », 1993, p. 225 et 226.
© Fonds Gabrielle-Roy.

Miyuki Tanobe,
*La maison de Jean Lévesque
(Bonheur d'occasion)*, 1983.

AU FIL DU TEXTE

4 Qu'a de particulier une main décharnée ?

5 Qu'est-ce qu'un oratoire ?

6 L'auteure décrit l'air comme un flot salubre. Que veut dire l'adjectif *salubre* ?

7 Qu'est-ce qui distingue un hôtel particulier d'un hôtel ?

REPÈRES CULTURELS

GABRIELLE ROY (1909-1983)

Gabrielle Roy est l'une des grandes romancières canadiennes de langue française. En 1939, jeune journaliste, elle s'établit à Montréal. Elle y écrit *Bonheur d'occasion*, le roman qui la révèle au grand public en 1945. Cette histoire d'une famille ouvrière du quartier Saint-Henri à Montréal revêt une importance particulière dans notre littérature : pour la première fois, le roman quitte la campagne et s'installe en ville. Gabrielle Roy poursuit son œuvre dans *Rue Deschambault* (1955), *La petite poule d'eau* (1950), *Ces enfants de ma vie* (1978). Dans *La détresse et l'enchantement*, récit autobiographique posthume, les lecteurs retrouvent une dernière fois l'humanité, la tendresse et la sensibilité qui marquent son œuvre.

4. Son fils Daniel ayant été hospitalisé, Rose-Anna se rend à son chevet. Elle part de chez elle, à Saint-Henri. Où se rend-elle ? Situez cet endroit très précisément à l'aide des indices fournis dans le texte.

5. Pour cerner l'univers narratif de cet extrait, examinez plus en détail les lieux et montrez que Saint-Henri et le mont Royal s'opposent en tous points.

   a) Commencez par l'**emplacement** des deux quartiers.
   – Citez deux passages évoquant l'emplacement de Saint-Henri.
   – Citez deux passages évoquant l'emplacement du mont Royal.

   b) Continuez avec les **conditions socio-économiques**.
   – Citez deux passages évoquant celles qui prévalent à Saint-Henri.
   – Citez deux passages évoquant celles qui prévalent sur le mont Royal.

   c) Terminez avec la **qualité de l'environnement** (atmosphérique, sonore, visuel).
   – Citez au moins trois passages décrivant l'environnement de Saint-Henri.
   – Citez au moins trois passages décrivant l'environnement du mont Royal.

   d) Synthétisez vos observations dans un tableau comme le suivant. Pour chaque aspect examiné précédemment (emplacement, conditions socio-économiques, qualité de l'environnement), caractérisez le lieu désigné à l'aide d'un groupe nominal ou d'un groupe adjectival.

Aspects examinés	Saint-Henri	Mont Royal
Emplacement	▬	▬
Conditions socio-économiques	▬	▬
Qualité de l'environnement	▬	▬

6. Rose-Anna appartient à l'univers de Saint-Henri. Cela influence ce qu'elle est et ce qu'elle fait.

   a) Donnez deux exemples illustrant le fait que Rose-Anna est issue d'un milieu social défavorisé.

   b) Montrez qu'il existe un fossé infranchissable, pour Rose-Anna, entre son monde (celui de Saint-Henri) et celui qu'elle découvre (celui du mont Royal).

■ Lisez le début du roman québécois *Bestiaire* en tentant de vous représenter l'univers dans lequel le narrateur et sa sœur ont grandi.

Bestiaire
(Roman – extrait)

Juillet 1976. Montréal. Jeux de la XXIᵉ olympiade. Une petite gymnaste roumaine salue la foule, debout sur un tapis de sol. Pendant une trentaine de secondes, elle voltige entre deux barres de bois en narguant **8** les lois de la gravité. Son atterrissage est parfait. Elle trouve même le moyen de sourire et s'éloigne du tapis bleu en
5 gambadant comme si rien d'extraordinaire ne s'était passé. Sous les yeux du monde entier, elle obtient une note parfaite. Dix. Nadia Comaneci, l'enfant à qui l'on ne donnait pour toute pitance **9** qu'un œuf par jour, révélait à la métropole québécoise **10** la possibilité de l'apesanteur. De cette impressionnante démonstration de grâce, de courage et d'agilité, l'Histoire allait surtout retenir son sourire,
10 c'est-à-dire la chose pour laquelle elle ne s'était pas entraînée et qui lui venait naturellement. Aujourd'hui, si vous errez du côté du Stade olympique de Montréal, vous trouverez un monument érigé à la mémoire des athlètes médaillés aux Jeux olympiques de Montréal. Vous ne pouvez pas le manquer. Il est juste à l'entrée du Biodôme. Vous
15 chercherez le nom de Nadia parmi tous les autres noms. En levant les yeux, vous apercevrez aussi le drapeau de la Roumanie. Que je me souvienne de ça.

Cet été-là, la Société Radio-Canada avait modifié sa grille horaire pour nous permettre de regarder l'ange roumain **11** voltiger sous les
20 flashs des journalistes. En 1976, on donna à des milliers de petites Québécoises le nom de Nadia en souvenir du passage de la grâce à

AU FIL DU TEXTE

8 Donnez un synonyme du verbe *narguer*, qui convient dans le contexte.

9 a) Que signifie le nom *pitance* ?
   b) À quelle <u>famille de mots</u> ce nom appartient-il ?

10 Plutôt que de nommer la ville dont il est question, l'auteur parle de *métropole québécoise*. Quelle <u>figure de style</u> emploie-t-il alors ?

11 a) Quelle figure de style permet d'associer Nadia Comaneci à un ange ?
   b) Expliquez son fonctionnement.

Montréal. La sainteté était vêtue d'un maillot blanc orné de deux bandes latérales bleues. De l'autre côté de l'écran, à 450 kilomètres à l'est de Montréal,
25 vautrés dans la chaleur d'une moquette à longs poils orange et jaune, ma sœur et moi regardions Nadia accomplir sous nos yeux des prouesses que nous allions répéter plus tard sur nos deux barres asymétriques personnelles : notre père et notre
30 mère. Au commencement, donc, était ce petit chat roumain.

Que je vous dise encore que notre mère, la barre basse, aimait ses enfants, Elvis Presley et les chats ; de ces derniers, elle eut un nombre impressionnant.
35 Notre père, la barre haute, aimait ses enfants, Jacques Brel et les femmes ; de ces dernières, il eut un nombre impressionnant. J'ai su très jeune que *Love Me tender* et *Ne me quitte pas* n'étaient que deux versions différentes de la même chanson. Notre
40 mère arrive à trouver l'intelligence dans les aboiements d'un chien. Notre père soupçonne la bêtise chez toute chose vivante. Notre mère consulte les oracles 🔢 pour connaître l'avenir. Notre père fait régulièrement table rase 🔢 du passé. Contrairement à notre mère, notre père
45 affectionne le conflit. Dans un village majoritairement fédéraliste, il hissait le drapeau fleurdelisé au bout d'un mât juste devant notre maison. Pendant la visite paroissiale, il *attendait* le prêtre de pied ferme, pour le chasser de la manière la plus insolente. Il essayait de faire pousser des tomates en Gaspésie. Dans la fiction espagnole, on l'aurait vu à dos d'âne, livrant un combat mortel à des moulins à vent. Ma mère
50 conjugue au passé les verbes que mon père ne connaît qu'au futur. Mes parents représentaient, dans les années 70, l'épitomé 🔢 de toute la société québécoise. La sédentarité et le nomadisme. Le *yin* et le *yang*. D'abord indissociables, puis en alternance l'une de l'autre, ces barres asymétriques, une fois scindées par la scie à chaîne du Tribunal de la famille, ne se rencontreraient plus jamais. Ma sœur et moi,
55 les deux enfants condamnés à voltiger entre ces deux barres, avons offert au monde un admirable numéro de gymnastique familiale.

Eric Dupont, *Bestiaire*, Montréal,
© Marchand de feuilles, 2008, p. 9 à 11.

Alfred Pellan,
Le bestiaire n° 23, 1981.

AU FIL DU TEXTE

🔢 Qu'est-ce qu'un oracle ?

🔢 Que signifie l'**expression figée** *faire table rase* ?

🔢 Que veut dire le nom *épitomé* ?

REPÈRES CULTURELS

ERIC DUPONT (né au Québec en 1970)

Une enfance gaspésienne marquée, selon ses propres mots, par la « Grande Épouvante » (le divorce de ses parents) et le « Grand Dérangement » (le remariage de son père) aura donné naissance à un auteur unique : Eric Dupont. Dès l'âge de seize ans, l'écrivain quitte sa Gaspésie natale pour étudier en Autriche et en Allemagne. Il vit ensuite en Ontario et s'installe enfin à Montréal, où il enseigne la traduction et écrit trois romans étonnants : *Voleurs de sucre* (2004), *La logeuse* (2006) et *Bestiaire* (2008). Eric Dupont y dévoile un imaginaire baroque et une surprenante habileté à conjuguer faits historiques et figures de fable. Celui qui dit souffrir d'« hyperactivité intellectuelle » a trouvé dans le roman le remède idéal.

INTERTEXTUALITÉ
QUAND UN TEXTE EN CACHE UN AUTRE

Il arrive souvent qu'un texte fasse allusion à un autre texte ou le cite. Ce phénomène se nomme **intertextualité**. L'extrait de *Bestiaire* en présente un exemple. En effet, le héros de fiction espagnole auquel on fait allusion aux lignes 48 et 49 est Don Quichotte. Le narrateur de *Bestiaire* compare son père à ce célèbre personnage de l'écrivain espagnol Miguel de Cervantès.

Paul Hardy,
Les aventures de Don Quichotte, 1911.

7. a) Le début de *Bestiaire* s'ouvre sur une histoire secondaire, celle de la petite gymnaste roumaine. Dans quel lieu et à quelle époque cette histoire secondaire se déroule-t-elle?

b) L'histoire principale de *Bestiaire*, celle du narrateur et de sa sœur, se déroule ailleurs. Où exactement?

8. Explorez d'autres aspects de l'univers narratif mis en place dans ce début de roman.

a) Quelle information fournit-on sur le contexte politique?

b) Quelle information fournit-on sur le contexte religieux?

9. a) Les parents du narrateur sont des personnages contrastés. Qu'est-ce qui les distingue?

b) Examinez le modèle familial dans lequel le narrateur grandit. En vous basant sur les indices fournis dans le texte, dites comment ce modèle familial évolue.

10. Le narrateur et sa sœur vivent dans un cadre familial particulier. Pourquoi est-il important de mettre ce cadre familial en place?

11. TEXTES EN RÉSEAU L'extrait de *Bonheur d'occasion* et celui de *Bestiaire* ont en commun un même thème: l'opposition. Expliquez comment cette opposition se traduit dans chacun de ces exraits.

Vers les textes du recueil

12. Lisez attentivement l'extrait du roman *Les filles tombées* de Micheline Lachance (p. 110), puis reconstituez l'univers narratif dans lequel évoluent les personnages.

a) À quel endroit l'histoire racontée se passe-t-elle? Donnez le nom de cet endroit, sa situation géographique et ses principales caractéristiques.

b) Quand l'histoire se déroule-t-elle? Fournissez la date et au moins trois précisions relatives aux vêtements et aux moyens de transport de l'époque.

c) Certains comportements sont révélateurs de l'époque et de ses valeurs. Relisez les lignes 3 à 18, 92 à 126, 217 à 297 et 364 à 394, puis rapportez, dans vos mots, cinq de ces comportements.

d) À quoi ce bref examen de quelques éléments de l'univers narratif de l'extrait vous a-t-il servi?

13. TEXTES EN RÉSEAU À la page 106, lisez *Au fond…*, une histoire en bande dessinée mettant en vedette l'inénarrable Achille Talon. Quel lien établissez-vous entre cette histoire et le contenu notionnel du présent atelier?

Le texte et vous

14. TEXTES EN RÉSEAU Parmi les extraits du *Parfum*, de *Bonheur d'occasion*, de *Bestiaire* et des *Filles tombées*, lequel avez-vous préféré? Expliquez votre choix en utilisant deux critères parmi les suivants:

- l'originalité de l'univers narratif dépeint dans l'extrait;
- l'intérêt des thèmes abordés;
- le style de l'auteur (écriture imagée, rythme suscité par la longueur des phrases, choix des mots, etc.);
- les émotions ressenties à la lecture de l'extrait.

Grammaire en contexte

La reprise de l'information

15. a) Dans le deuxième paragraphe de l'extrait de *Bestiaire*, relevez tous les groupes nominaux reprenant « Nadia Comaneci ».

b) À quoi servent ces reprises ? Expliquez votre réponse.

Le marqueur de restriction *ne... que*

16. Montrez que la phrase suivante, tirée des *Filles tombées*, est une phrase de forme positive malgré la présence du mot *ne*.

Nous n'admettons que celles qui se repentent de leurs fautes.

La subordonnée corrélative

17. a) Entre les lignes 233 et 253 et 356 et 381 de l'extrait *Les filles tombées* (p. 110), relevez deux phrases contenant une <u>subordonnée corrélative</u>.

b) Dans chacune des phrases relevées, soulignez la subordonnée corrélative. Surlignez ensuite le <u>subordonnant corrélatif</u> et l'<u>adverbe</u> avec lequel il est en relation.

c) Donnez la fonction de chacune de ces subordonnées corrélatives.

d) Ces subordonnées corrélatives expriment-elles la comparaison ou la conséquence ? Expliquez votre réponse.

Une rue de Montréal, milieu du XIXe siècle.

Synthèse de l'atelier

18.  Sur le document qu'on vous remettra, faites la synthèse de vos connaissances sur l'univers narratif.

En quelques lignes

TEXTES EN RÉSEAU Sur le document qu'on vous remettra, faites un pastiche du paragraphe d'ouverture des albums de la série des *Astérix*. Pour cela, vous conserverez une structure semblable à celle du texte de départ, mais vous changerez les principaux éléments du texte : l'époque, le lieu, l'envahisseur, les jeux de mots. Voici des idées d'« envahisseurs » possibles : un pays, un clan, une tribu, un groupuscule, un adversaire politique, des membres de la parenté ou du voisinage, un commerce ou une entreprise, une espèce végétale ou animale.

De vive voix

Comment les écrivains procèdent-ils pour construire leurs univers narratifs ? Alors que certains puisent davantage dans leur imaginaire et dans leur réservoir d'expériences vécues, d'autres consultent abondamment une variété de documents. Écoutez quelques écrivains vous confier leurs secrets. Sur le document qu'on vous remettra, gardez des traces de l'essentiel de leurs propos. Pour cela, la stratégie *Comment prendre des notes au cours d'une écoute* (p. XXX) vous sera particulièrement utile.

Le dossier complet
(ateliers, Littérature+, etc.)
suivra dans le manuel.

2

Sujets à controverse

Albert Laforêt, *Une soirée tumultueuse à la maison de la culture*, 1937.

Pourquoi lire des textes d'opinion de toutes sortes ? Pour ouvrir des fenêtres sur la complexité du monde qui vous entoure ? Pour confronter vos idées avec celles des autres ? Pour remettre en question certaines valeurs établies ? Pour tenter de discerner le vrai du faux ? Les sujets à controverse tissent votre quotidien, votre actualité, votre personnalité.

SOMMAIRE

Notions de grammaire abordées dans ce dossier

L'emploi du pronom *on*
La phrase de forme négative
Les sigles et les acronymes
L'accord du verbe
L'accord de l'adjectif ou du participe passé
L'évocation d'un discours
Les discours rapportés
L'insertion de séquences textuelles variées

19

34

51

📄 Selon vous, dans cette caricature, André-Philippe Côté émet-il une opinion ?
Expliquez votre réponse sur le document qu'on vous remettra.

André-Philippe Côté, avec la collaboration du journal *Le Soleil*,
De tous les… Côté 2005, Montréal, Éditions La Presse, 2005, p. 127.

À la fin de ce dossier, vous réaliserez un des projets proposés dans la *Mise en pratique*.
Prenez-en connaissance maintenant à la page 70.

Option 1 **Un argumentaire à construire**

Option 2 **Des textes d'opinion à comparer**

Option 3 **Un auteur sous la loupe**

Survolez ensuite le dossier 2 (p. 16 à 71) et voyez comment chacun des ateliers pourra
vous être utile pour réaliser votre projet.

Reconnaître l'argumentatif

Lecture préparatoire

■ Lisez le texte ci-dessous en vous demandant quel but poursuit son auteur.

« Vous êtes pas tannés d'acheter, bande de caves ? »

(Billet d'humeur – extrait)

Comme Jordi Bonnet, l'artiste qui a gravé la citation de Claude Péloquin sur le mur du Grand Théâtre de Québec, peut-être devrait-on graver ce titre-pastiche **1** sur le mur des magasins à grande surface ? Dans sa publicité, une chaîne de magasins propose un « refroidisseur à vin ». J'espère qu'on se comprend : c'est un frigidaire **2** !!! Si vous pos-
5 sédez déjà un réfrigérateur, vous n'avez pas besoin de leur **3** refroidisseur à vin. C'est bientôt l'hiver, les commerçants offriront probablement un tout nouveau « réchauffeur à manteau ». Trompez-vous pas : ce sera une sécheuse. Si vous possédez déjà une sécheuse, vous n'aurez pas besoin de leur « réchauffeur à manteau ».

On a commercialisé la souffleuse à feuilles mortes alors qu'existait déjà
10 le vent, je nous crois capables de commercialiser les flocons d'eau gelée alors qu'existe la neige. Promis : si le réchauffement de la planète provoque des décembres trop tièdes, les magasins offriront de la fausse neige à épandre sur nos pelouses afin d'évoquer les Noëls d'antan…

François Avard

François Avard, *Avard chronique*, Montréal,
Les Éditions des Intouchables et François Avard, 2008, p. 31 et 32.
Billet paru dans la chronique « Carte blanche »,
Le courrier de Saint-Hyacinthe, 8 décembre 2004.

AU FIL DU TEXTE

1 a) Que reprend le groupe nominal *ce titre-pastiche* ?

b) Qu'est-ce qu'un pastiche ?

2 À quelles <u>variétés de langue</u> les mots *frigidaire* et *réfrigérateur* appartiennent-ils ?

3 Selon vous, pourquoi l'auteur emploie-t-il le déterminant *leur* au lieu du déterminant *ce*, ici et à la ligne 8 ?

Après la lecture préparatoire

1. a) D'après le titre-choc qui coiffe son article, que dénonce l'auteur?

   b) L'idée annoncée dans le titre est ensuite développée. Cette idée transparaît dans le choix du <u>champ lexical</u> du commerce. Relevez dans le texte au moins six mots ou expressions appartenant à ce champ lexical.

2. À quelle réalité l'auteur s'en prend-il plus particulièrement dans son billet? Choisissez parmi les possibilités suivantes et expliquez votre réponse.

   - La publicité
   - La mise sur le marché d'objets superflus
   - Les chaînes de magasins

3. L'auteur s'exprime parfois d'une manière moqueuse.

   a) Relevez les traces de cette forme d'ironie dans son texte.

   b) Pourquoi, selon vous, l'auteur a-t-il recours à l'ironie?

4. Diriez-vous que le regard de l'auteur sur la société de consommation est plutôt amusé ou plutôt critique? Expliquez votre réponse.

REPÈRES CULTURELS

UN CLIN D'ŒIL À CLAUDE PÉLOQUIN

Le billet d'humeur de François Avard fait allusion à une phrase du poète Claude Péloquin: «Vous êtes pas écœurés de mourir, bande de caves!», phrase que le sculpteur Jordi Bonnet a gravée sur la murale qu'il a créée pour le Grand Théâtre de Québec.

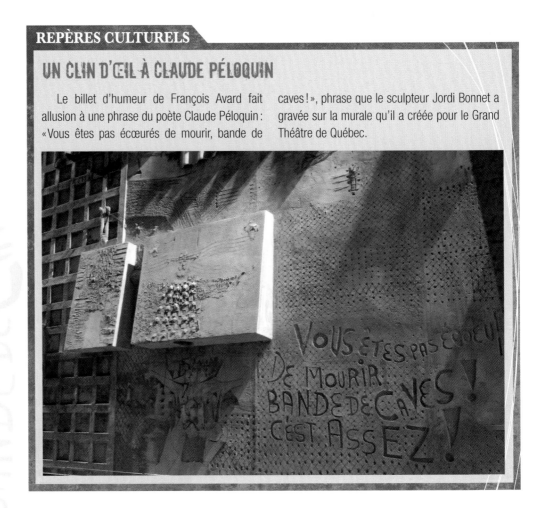

L'argumentatif : des préalables

Grosso modo, le texte argumentatif est un texte, écrit ou oral, courant ou littéraire, qui cherche à agir sur son destinataire dans le but de lui faire accepter ou rejeter une idée, une opinion, une manière de voir.

Caractère argumentatif d'un texte

On reconnaît le caractère argumentatif d'un texte aux éléments suivants :

- la présence d'un **sujet de controverse** : une question qui soulève la discussion, un sujet sur lequel tous ne s'entendent pas, une réalité qui ne fait pas consensus ;

- la présence d'**interlocuteurs concernés par le sujet** :
  - un énonciateur : la personne (ou le groupe) qui s'exprime sur un sujet controversé,
  - un destinataire : la personne (ou le groupe) à qui l'énonciateur s'adresse ;

- la présence d'une **visée persuasive** : la volonté de convaincre le destinataire.

En général, le texte argumentatif sert à : convaincre, persuader, influencer ; donner son opinion, conseiller, critiquer, apprécier, juger ; accuser, blâmer, combattre ; défendre, excuser ; approuver, encourager, séduire ; négocier, demander, prier ; discuter, justifier…

> **REMARQUES**
> - L'énonciateur dans un texte courant est son auteur.
> - Il faut distinguer **destinataire** (celui à qui l'énonciateur s'adresse) et **adversaire** (celui que l'énonciateur combat). Dans certains textes, le destinataire est aussi l'adversaire.

Stratégie argumentative

Pour atteindre son but, l'auteur emploie une stratégie argumentative. La stratégie argumentative est donc l'**ensemble des moyens mis en place** par l'auteur pour convaincre le destinataire.

Les notions relatives à ces divers moyens seront vues au fil des ateliers du dossier 2 (tome 1) et du dossier 4 (tome 2).

Moyens pour convaincre	Exemples
Moyens langagiers	• Outils pour construire les arguments (tome 1, p. 39) • Marques d'énonciation (tome 1, p. 54) • Marques de modalité (tome 1, p. 56)
Procédés argumentatifs	• Explication argumentative (tome 2) • Réfutation (tome 2)
Moyens liés à la structure	• Organisateurs textuels (tome 2) • Découpage en paragraphes (tome 2) • Ordre de présentation des arguments (tome 2)
Moyens graphiques	• Encadrés (tome 2) • Mise en pages (tome 2)

Pour déterminer sa stratégie argumentative, l'auteur tient compte de plusieurs éléments, dont les caractéristiques de son destinataire (âge, connaissances, intérêts, notoriété, etc.) et le genre de texte qu'il veut produire.

PRINCIPAUX GENRES DE TEXTES ARGUMENTATIFS

Genres argumentatifs courants	Particularités
Éditorial	• Texte publié dans les pages éditoriales d'un journal, d'un magazine, d'une revue ou d'un site Internet. • Réflexion, prise de position ou commentaire exprimé par la direction de la publication ou du site Internet ; traite des grandes questions d'actualité.
Article critique Ex. : *Souffrir pour écrire*, p. 26	• Texte publié dans une rubrique culturelle (ou autre) d'un journal, d'un magazine, d'une revue ou d'un site Internet ; texte oral présenté dans une chronique culturelle (ou autre) radiophonique ou télévisuelle. • Article dans lequel on présente et apprécie une œuvre ou une manifestation relevant du domaine culturel (ou autre) : livre, film, CD, spectacle, exposition, festival, salon, etc.
Texte d'opinion Ex. : *Les «soutanes vertes» débarquent*, p. 51	• Texte publié habituellement dans les pages *Idées*, *Libre opinion*, *Tribune libre*, etc., d'un journal, d'un magazine, d'une revue ou d'un site Internet. • Opinions, commentaires des lecteurs sur des questions d'actualité.
Lettre ouverte Ex. : *Un appel aux électrices et aux électeurs du Québec*, p. 46	• Texte d'opinion (voir ci-dessus) rédigé sous forme de lettre à l'intention d'un destinataire précis (ministre, président ou présidente d'entreprise, groupe de citoyens, etc.), mais communiqué publiquement ; traite des grandes questions d'actualité. • Énonciateur : simple citoyen ou personne reconnue pour ses compétences dans un domaine donné.
Billet d'humeur Ex. : *« Vous êtes pas tannés d'acheter, bande de caves ? »*, p. 19	• Texte publié habituellement dans les pages éditoriales d'un journal ou d'un magazine. • Chronique dans laquelle un journaliste fait part de ses états d'âme à l'égard d'un sujet, le plus souvent lié à l'actualité. • Style du billet d'humeur : très libre et personnel. Contrairement à l'éditorial, le billet d'humeur n'engage que son auteur.
Caricature Ex. : *La vie des maringouins français…*, p. 28	• Dessin publié habituellement dans les pages éditoriales d'un journal ou d'un magazine. • Représentation humoristique qui, le plus souvent, met l'accent sur le ridicule d'une idée, d'une situation, d'une décision, d'un personnage connu (souvent un homme ou une femme politique), etc.
Essai Ex. : *Éloge de la paresse !*, p. 24 **Littérature⊕**, p. 32	• Texte de forme libre. • Réflexion personnelle sur un ou plusieurs sujets choisis ; l'auteur construit son propos selon ses idées (ses convictions, sa philosophie, son orientation politique, etc.).
Publicité Ex. : *Les publicités d'Éduc'alcool*, p. 50	• Texte écrit ou oral qui fait la promotion d'un produit, d'un service, d'une idée.
Débat Ex. : *Le débat des chefs télédiffusé à quelques jours d'une élection*	• Face-à-face au cours duquel des personnes ayant des opinions divergentes débattent d'une ou de plusieurs questions controversées. • Quand il est diffusé à la télévision ou à la radio, le débat est habituellement régulé par un modérateur.

Genres argumentatifs littéraires	Particularités
Essai littéraire Ex. : *Essais*, Montaigne **Littérature⊕**, p. 32	• Texte qui, en plus de sa visée persuasive, a une visée esthétique. • Réflexion personnelle sur un ou plusieurs sujets choisis ; l'auteur construit son propos selon ses idées (ses convictions, sa philosophie, son orientation politique, etc.).
Poésie engagée Ex. : *L'homme rapaillé*, Gaston Miron	• Texte écrit ou oral, en prose ou en vers. • Poème qui exprime un engagement politique ou social.
Chanson engagée Ex. : *Le déserteur*, Boris Vian, p. 25	• Texte écrit et oral, en prose ou en vers. • Chanson qui exprime un engagement politique ou social.

REMARQUE

Tous les genres présentés dans ce tableau (à l'exception de la caricature et de la publicité sans texte) sont des textes de type argumentatif. Un texte de **type** argumentatif se caractérise par la présence d'une **séquence argumentative** dominante.

▌ De la théorie à la pratique

Examen du caractère argumentatif de l'extrait de « *Vous êtes pas tannés d'acheter, bande de caves ?* »

Parties en cause	Texte à l'étude	Éléments à observer
• Énonciateur : François Avard, l'auteur du texte. • Destinataires : Les lecteurs du *Courrier de Saint-Hyacinthe*. • Adversaires : Les commerçants qui proposent des biens inutiles.	**« Vous êtes pas tannés d'acheter, bande de caves ? »** Comme Jordi Bonnet, l'artiste qui a gravé la citation de Claude Péloquin sur le mur du Grand Théâtre de Québec, peut-être devrait-on graver ce titre-pastiche sur le mur des magasins à grande surface ? Dans sa publicité, une chaîne de magasins propose un « refroidisseur à vin ». J'espère qu'on se comprend : c'est un frigidaire !!! Si vous possédez déjà un réfrigérateur, vous n'avez pas besoin de leur refroidisseur à vin. C'est bientôt l'hiver, les commerçants offriront probablement un tout nouveau « réchauffeur à manteau ». Trompez-vous pas : ce sera une sécheuse. Si vous possédez déjà une sécheuse, vous n'aurez pas besoin de leur « réchauffeur à manteau ». On a commercialisé la souffleuse à feuilles mortes alors qu'existait déjà le vent, je nous crois capables de commercialiser les flocons d'eau gelée alors qu'existe la neige. Promis : si le réchauffement de la planète provoque des décembres trop tièdes, les magasins offriront de la fausse neige à épandre sur nos pelouses afin d'évoquer les Noëls d'antan… François Avard François Avard, *Avard chronique*, p. 31 et 32.	Marques de la présence de l'énonciateur Marques de la présence des destinataires Sujet de controverse : La mise en marché de produits superflus. Visée persuasive : Convaincre les destinataires de l'inutilité de certains produits qu'on leur propose.

Constat   Ce billet d'humeur est bel et bien un texte à visée persuasive dans lequel l'énonciateur tente de convaincre ses destinataires de quelque chose à propos d'une question controversée.

1. **TEXTES EN RÉSEAU** Lisez les textes 1 à 6. Sur le document qu'on vous remettra, vous examinerez ensuite le caractère argumentatif de ces textes en précisant pour chacun :

- qui est l'énonciateur ;
- qui est le destinataire ;
- ce dont on veut convaincre le destinataire.

1   Éloge de la paresse !
(Essai – extrait)

Nous sommes tellement habitués à l'accéléré, tellement imbibés par cette mentalité qui veut que tout, y compris nos gestes ordinaires, soit fait avec urgence que nous en arrivons à transposer le zapping dans toute notre existence, un zapping effréné. Tout s'accomplit à la va-vite ; notre journée est une chasse aux satisfactions immédiates.
5 Notre civilisation marchande n'aurait-elle pas tué dans l'œuf la notion de bonheur ?

Le matin au lever, un « café instantané » ; pour le lunch, tout juste une halte de quelques instants au *fast-food* **1** le plus proche ; pour des achats, un saut au guichet automatique d'une banque ou bien la présentation d'une carte de crédit ; le repas du soir est pris à la hâte, presque en silence, en écoutant les crépitements d'une radio car il ne faudrait
10 pas « manquer les nouvelles » que l'on va attraper au vol, ces capsules ou granules que nous jette la télé avant de nous cribler d'images et de nous gaver de slogans publicitaires. Nul temps d'arrêt, d'attente, de silence ; vite, vite, plus vite. Même en amour, il en est qui sont si pressés qu'ils le font à la sauvette […]. Et le comble, c'est qu'après avoir performé toute la semaine, nous cherchons encore à performer durant nos congés
15 hebdomadaires ou nos vacances : « du beaucoup et du rapide », disent certains. Les loisirs eux-mêmes ne sont plus des loisirs. Aussi paraît-elle fort anachronique cette consigne de Jean Giono : « Les éléments du bonheur sont simples, et ils sont gratuits, pour l'essentiel », si bien que « celui qui n'est pas capable de
20 faire son bonheur avec simplicité ne réussira que rarement à le faire, et à le faire durable. »

Marcel Colin, *Éloge de la paresse !*,
Saint-Jean-sur-Richelieu,
Les éditions Archimède et Marcel Colin, 2000,
p. 15 et 16.

Paul Gaugin,
La sieste, 1891-1892.

AU FIL DU TEXTE

1 Remplacez l'anglicisme *fast-food* par un terme qui convient dans le contexte.

2

Le déserteur
(Chanson)

Monsieur le Président,
Je vous fais une lettre
Que vous lirez peut-être
Si vous avez le temps.
5 Je viens de recevoir
Mes papiers militaires **2**
Pour partir à la guerre
Avant mercredi soir.
Monsieur le Président,
10 Je ne veux pas la faire,
Je ne suis pas sur terre
Pour tuer de pauvres gens.
C'est pas pour vous fâcher,
Il faut que je vous dise,
15 Ma décision est prise,
Je m'en vais déserter **3**.

Depuis que je suis né,
J'ai vu mourir mon père,
J'ai vu partir mes frères
20 Et pleurer mes enfants.
Ma mère a tant souffert
Qu'elle est dedans sa tombe
Et se moque des bombes
Et se moque des vers.
25 Quand j'étais prisonnier,
On m'a volé ma femme,
On m'a volé mon âme
Et tout mon cher passé.
Demain de bon matin,
30 Je fermerai ma porte
Au nez des années mortes
J'irai sur les chemins.

Je mendierai ma vie
Sur les routes de France,
35 De Bretagne en Provence,
Et je dirai aux gens :
Refusez d'obéir,
Refusez de la faire,
N'allez pas à la guerre,
40 Refusez de partir.
S'il faut donner son sang,
Allez donner le vôtre,
Vous êtes bon apôtre,
Monsieur le Président.
45 Si vous me poursuivez,
Prévenez vos gendarmes
Que je n'aurai pas d'armes
Et qu'ils pourront tirer.

Paroles de Boris Vian, musique de Boris Vian et Harold Berg,
© Éditions Djanick Music, 1964.

AU FIL DU TEXTE

2 Que signifie *recevoir ses papiers militaires* ?

3 a) Dans le contexte, que veut dire le verbe *déserter* ?

b) Puisque la désertion est considérée comme un crime grave, que risquent les déserteurs ?

REPÈRES CULTURELS

BORIS VIAN (1920-1959)

C'est en se faisant passer pour le traducteur de Vernon Sullivan, un auteur américain parfaitement imaginaire, que Boris Vian fait une entrée remarquée sur la scène littéraire en 1946. *J'irai cracher sur vos tombes*, récit cru et violent sur la condition des Noirs aux États-Unis, fait scandale et est condamné pour outrage aux mœurs. Entre-temps, Vian se fait traducteur d'authentiques romans policiers et de science-fiction américains. Il publiera de plus une dizaine de romans, dont le fabuleux *L'écume des jours* en 1947. Trompettiste et chroniqueur de jazz, Vian écrira par ailleurs des centaines de chansons ; l'une d'elles, *Le déserteur*, deviendra un des hymnes antimilitaristes les plus célèbres du monde.

3 Souffrir pour écrire
Jeunauteur, tome 1
de Stéphane Dompierre et Pascal Girard
(Article critique – extrait)

BD – Le premier fait un malheur en librairie avec ses romans inventifs et bien de leur temps ; le second est
5 l'un des meilleurs coups de crayon de la jeune BD québécoise. En conjuguant leurs talents, Stéphane Dompierre et Pascal Girard signent un
10 album sympa comme tout, aboutissement d'un projet que Dompierre avait ébauché sur son blogue, il y a quelques années (il réalisait alors le
15 dessin lui-même, à l'aide d'un modeste logiciel). Le *Jeunauteur*, c'est un peu son alter ego, écrivain en herbe scotché devant son ordinateur et habité par tous les doutes et les petits inconforts liés à l'œuvre naissante. Pannes d'inspiration, hésitations syntaxiques, envies soudaines de tout abandonner, mais aussi
20 pépins informatiques ou fauteuil récalcitrant... Vingt minutes suffisent à avaler ces polaroïds volontairement dénudés dans lesquels Girard fait mouche. L'un des passages les plus réussis est celui évoquant la période où l'apprenti écrivain doit se passer de son portable, en réparation, et redécouvre l'écriture
25 à la main, cette «technologie moderne». Sans prétention, un peu vain parfois, souvent amusant et parfois profond, ce tome 1 a, au final, tous les parfums du succès.

Tristan Malavoy-Racine

Tristan Malavoy-Racine,
«Jeunauteur, tome 1 : Souffrir pour écrire», *Voir*, [en ligne].
(18 septembre 2008 ; page consultée le 24 février 2009)

4 Manifeste du futurisme
(Manifeste – extrait)

1. Nous voulons chanter l'amour du danger, l'habitude de l'énergie et de la témérité.

2. Les éléments essentiels de notre poésie seront le courage, l'audace, et la révolte.

3. La littérature ayant jusqu'ici magnifié l'immobilité pensive, l'extase et le sommeil, nous voulons exalter le mouvement agressif, l'insomnie fiévreuse, le pas gymnastique, le saut périlleux, la gifle et le coup de poing.

4. Nous déclarons que la splendeur du monde s'est enrichie d'une beauté nouvelle : la beauté de la vitesse. Une automobile de course avec son coffre orné de gros tuyaux tels des serpents à l'haleine explosive... une automobile rugissante, qui a l'air de courir sur de la mitraille, est plus belle que la Victoire de Samothrace **4**.

5. Nous voulons chanter l'homme qui tient le volant, dont la tige idéale traverse la Terre, lancée elle-même sur le circuit de son orbite.

   [...]

C'est en Italie que nous lançons ce manifeste de violence culbutante et incendiaire, par lequel nous fondons aujourd'hui le futurisme, parce que nous voulons délivrer l'Italie de sa gangrène d'archéologues, de cicérones et d'antiquaires.

Filippo Tommaso Marinetti

Texte publié le 20 février 1909 dans *Le Figaro*.

AU FIL DU TEXTE

4 Expliquez ce qu'est la *Victoire de Samothrace*.

REPÈRES CULTURELS

FILIPPO TOMMASO MARINETTI (1876-1944)

Le 20 février 1909, la une du *Figaro* fait scandale : on peut y lire le *Manifeste du futurisme* de l'écrivain italien Filippo Tommaso Marinetti, texte radical qui rejette brutalement l'art académique et exalte la modernité, sa vitesse et sa violence. La même année, Marinetti illustre en fiction ses théories futuristes avec la pièce *Les poupées électriques* (où apparaît l'une des premières images du robot) et le roman *Mafarka le futuriste*. Le futurisme connaîtra une existence brève, mais il aura donné l'élan premier à tous les mouvements avant-gardistes qui marqueront le XXe siècle.

5 Le Petit Chaperon rouge
(Conte – extrait)

Moralité

On voit ici que de jeunes enfants,

Surtout de jeunes filles,

Belles, bien faites, et gentilles,

5 Font très mal d'écouter toutes sortes de gens,

Et que ce n'est pas chose étrange,

S'il en est tant que le loup mange.

Je dis le loup, car tous les loups

Ne sont pas de la même sorte :

10 Il en est d'une humeur accorte **5**,

Sans bruit, sans fiel et sans courroux,

Qui, privés, complaisants et doux

Suivent les jeunes demoiselles,

Jusque dans les maisons, jusque dans les ruelles **6**.

15 Mais hélas ! qui ne sait que ces loups doucereux,

De tous les loups sont les plus dangereux ?

Charles Perrault, *Histoires ou contes du temps passé*, 1697.

REPÈRES CULTURELS

ÉSOPE (VIᵉ siècle av. J.-C.)

Esclave grec affranchi, Ésope est le premier fabuliste connu. Mille ans avant Jean de La Fontaine, son illustre successeur, il a jeté les bases du genre littéraire de la fable : la vivacité du récit, l'invraisemblance de l'histoire et une morale à méditer. Dès le Vᵉ siècle avant notre ère, les fables d'Ésope circulent partout en Europe. Elles seront reprises dans toutes les littératures européennes.

AU FIL DU TEXTE

5 Quel est le sens de l'adjectif *accorte* ?

6 Quel sens le nom *ruelle* a-t-il dans cette phrase ? Consultez un dictionnaire pour le savoir.

7 D'après le contexte, que signifie le verbe *disputer* ? Vérifiez dans un dictionnaire si votre intuition est bonne.

6 Le chêne et le roseau
(Fable)

Le chêne et le roseau disputaient **7** de leur force, lorsqu'un vent violent se leva. Le roseau, courbé et ployant sous les tourbillons, évita d'être déraciné ; le chêne, qui voulut résister, le fut, et s'abattit.

La fable montre que face à plus fort que soi, rivalité ou résistance ne sont pas de mise.

Ésope, *Fables*,
traduit du grec ancien par Daniel Loayza,
Paris, Flammarion, 1995, p. 97.

2. **TEXTES EN RÉSEAU** Examinez la caricature ci-contre, puis lisez les extraits 8 à 11. Bien que ces cinq productions traitent de dopage dans le sport, elles abordent ce sujet de manières différentes.

a) À quel genre appartient chacune de ces productions ?

b) Classez ces productions en deux catégories :
- les productions à visée informative ;
- les productions à visée persuasive.

c) Justifiez votre classement. Pour chaque production à visée persuasive, précisez ce dont on veut convaincre les destinataires.

7 La vie des maringouins français...

Garnotte, *Garnotte 2007*, Montréal,
Les Éditions des Intouchables, © Michel Garneau dit Garnotte, 2007, p. 144.

8 Jeanson avoue

« J'en ai pris. À Hamilton, sur le mont Royal, presque à l'année longue. T'as juste à ne pas en prendre cinq jours avant, pis t'es correct. »

Geneviève Jeanson, l'un des plus beaux joyaux
5 du cyclisme canadien, s'est bel et bien dopée **8**... à l'érythropoïétine (EPO), la drogue la plus communément utilisée dans le monde du cyclisme. Et ce, dès l'âge de seize ans.

Ces révélations-chocs, la Québécoise de vingt-
10 six ans les a faites à mon collègue Alain Gravel à l'émission *Enquête* diffusée jeudi soir.

« Je savais que ce n'était pas bien. Je me suis fait prendre dans l'engrenage. Je ne savais pas quoi faire, je ne savais pas comment m'en sortir », avoue
15 Jeanson qui vit maintenant à Phoenix, en Arizona.

[...]

Manon Gilbert

Manon Gilbert, « Jeanson avoue »,
Radio-Canada, [en ligne]. (27 septembre 2007 ;
page consultée le 8 janvier 2009)

9 Sport : maudite drogue !

Je ne veux pas gâcher votre plaisir à l'aube de ces Jeux olympiques que, comme plusieurs d'entre vous, je regarderai avec intérêt. Tout de même, ne nous racontons pas d'histoire : les beaux athlètes que nous
5 y verrons à l'œuvre ne seront pas tous, loin de là, blancs comme neige. Pour quelques maladroits qui se feront prendre la main dans le sac à pilules, on en comptera des centaines d'autres qui ne devront qu'à leurs manœuvres leur réputation sans tache. C'est ça,
10 aujourd'hui, le sport de haute compétition : un univers gangrené par le dopage dans lequel même les participants honnêtes sont soupçonnés de tricherie par la faute des défoncés.

[...]

Louis Cornellier

Louis Cornellier, « Sport : maudite drogue ! »,
Le Devoir, [en ligne]. (11 et 12 février 2006 ;
page consultée le 15 janvier 2009)

10 Le dopage aujourd'hui : à qui la faute ?

C'est drôle, chaque fois qu'il y a des cas de dopage dans le monde du sport, on est nombreux à vouloir recueillir mes commentaires. […] Dernièrement, on a voulu mon avis quand Geneviève Jeanson a avoué
5 s'être dopée depuis l'âge de seize ans.

Depuis, les gens s'amusent à montrer du doigt les responsables de son malheur. Certains disent qu'elle est la seule responsable de ses déboires. D'autres prétendent que c'est la faute de son entraîneur et de ses
10 parents. La question que je me pose depuis longtemps – et que, à ma grande surprise, personne n'a abordée – est la suivante : n'est-ce pas la faute de la société ?

N'est-ce pas la faute des spectateurs ? Je réponds oui. Les gens aujourd'hui veulent voir des sprinteurs
15 courir 100 mètres en 9,7 secondes, sinon ils restent sur leur appétit. […]

N'est-ce pas la faute des journalistes ? Je réponds oui. Si les athlètes ne performent pas à toutes les compétitions, on les rabaisse, on les traite de *loser* **9**.

20 N'est-ce pas la faute de l'argent ? Je réponds oui. Le sport aujourd'hui n'est qu'un *business*. Le sport amateur n'existe plus, l'argent a pris le dessus. […] En athlétisme aujourd'hui, il existe
25 des compétitions Grand Prix où les athlètes peuvent bien gagner leur vie. On est loin du temps de Pierre de Coubertin, où l'important était

de participer. Aujourd'hui, l'important est de gagner,
30 sinon tu es un *loser*.

N'est-ce pas la faute de l'athlète lui-même ? Je réponds oui. Une question fondamentale à se poser est celle-ci : pourquoi fait-on du sport ? Pourquoi veut-on aller aux Jeux olympiques ? Pourquoi veut-on battre
35 des records ? Au bout du compte, l'athlète aussi doit prendre des décisions et se poser des questions.

Je suis découragé de voir ces athlètes déchus dire qu'ils ont pris de la drogue parce que tout le monde le fait. Foutaise ! Ce sont des ignorants. Ils choisissent
40 la voie facile et, de ce fait, ils essaient de se déculpabiliser… Pas trop malin !

[…]

Bruny Surin

Bruny Surin, «Libre opinion –
Le dopage aujourd'hui : à qui la faute ?»,
Le Devoir, [en ligne]. (28 septembre 2007;
page consultée le 15 janvier 2009)

Robert Delaunay,
Les coureurs, vers 1924.

AU FIL DU TEXTE

8 a) À quelle langue le verbe *se doper* est-il emprunté ? Trouvez un mot de la même famille utilisé dans cette série de textes.

b) Cet **emprunt** est surtout utilisé dans le domaine du sport. Quel verbe français emploie-t-on habituellement ?

9 Par quel mot français pourriez-vous remplacer l'anglicisme *loser* ?

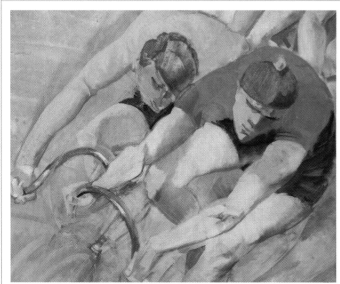

Max Oppenheimer,
*« Sechstagerennen », la jadis célèbre course
de vélo de six jours au vélodrome de Berlin*, 1929.

11 Usage détourné : érythropoïétine en tant qu'agent dopant

Certains sportifs (particulièrement les marathoniens et les cyclistes) cherchent à augmenter leur endurance et leurs performances en s'administrant ce type d'hormone. L'amélioration de la vitesse des cyclistes
5 utilisant de l'EPO est parfois évaluée à environ 10 % (chiffre qui coïncide, par ailleurs, avec l'augmentation de la vitesse moyenne au Tour de France de cyclisme depuis le début des années 1990, c'est-à-dire depuis les débuts de l'utilisation de l'EPO dans le peloton). Ce
10 type de pratique dopante peut avoir des conséquences graves, parfois même mortelles. En effet, l'injection d'érythropoïétine synthétique augmente chez un individu la quantité de globules rouges et peut faire passer l'hématocrite de 45 % (chiffre normal) jusqu'à 65 %
15 (chiffre beaucoup trop élevé) [...]. Au cours d'un effort physique prolongé, le sportif imprudent qui a eu recours à un tel procédé voit son sang se transformer en une pâte visqueuse et épaisse (hyperviscosité sanguine), susceptible d'entraîner la formation de caillots.
20 Dans ces conditions, les accidents vasculaires cérébraux ne sont pas rares, et une défaillance cardiaque peut même survenir. Il est également possible que son usage entraîne, plus largement, différents problèmes cardiaques – ce qui permettrait d'expliquer le nombre de
25 plus en plus élevé de morts par arrêt cardiaque chez les sportifs de haut niveau ces dernières années (notamment en football et en cyclisme).

« Érythropoïétine – Usage détourné :
érythropoïétine en tant qu'agent dopant »,
Wikipédia, l'encyclopédie libre, [en ligne].
(7 janvier 2009 ; page consultée le 8 janvier 2009)

Le texte et vous

3. Certains spécialistes du monde du sport ont une opinion diamétralement opposée à celle de Bruny Surin. Selon eux, il faudrait permettre aux athlètes d'utiliser certaines substances dopantes, interdites actuellement. Que pensez-vous de cette idée ? Croyez-vous qu'il s'agit là d'un comportement sécuritaire ?

4. a) L'extrait d'*Éloge de la paresse !* (p. 24) dénonce notre rythme de vie effréné. Aimeriez-vous pouvoir faire les choses plus lentement ? Que laisseriez-vous tomber dans votre vie pour pouvoir l'apprécier à sa juste valeur ? Pourquoi ?

   b) Quel lien faites-vous entre notre rythme de vie toujours plus rapide et le stress ? Vous considérez-vous comme une personne stressée ? Que faites-vous pour vous détendre ?

5. a) Quelle valeur est au cœur de la chanson *Le déserteur* (p. 25) ? Quelle importance cette valeur a-t-elle dans votre vie ?

   b) À votre avis, la chanson de Boris Vian est-elle toujours d'actualité ? Expliquez votre réponse.

   c) Imaginez des circonstances dans lesquelles un tel texte pourrait vous être utile.

Grammaire en contexte

L'emploi du pronom *on*

6. 📄 Le sens du pronom sujet *on* n'est pas toujours le même. Vérifiez-le en faisant l'exercice sur le document qu'on vous remettra.

La phrase de forme négative

7. a) Que remarquez-vous au sujet des deux phrases négatives suivantes ?

   1) « Vous êtes pas tannés d'acheter, bande de caves ? »

   2) Trompez-vous pas…

   b) Comment expliquez-vous ce phénomène ?

   c) Récrivez ces phrases de manière à les rendre conformes au modèle de l'écrit.

Les sigles et les acronymes

8. a) Quelle différence y a-t-il entre un **sigle** et un **acronyme** ?

   b) L'abréviation EPO est-elle un sigle ou un acronyme ?

   c) Dressez une liste de sigles et d'acronymes courants. Donnez la signification de chacun.

Vers les textes du recueil

9. **TEXTES EN RÉSEAU** Survolez les pages 138 à 167.

  a) Associez les textes, la photo, la caricature et les extraits de bande dessinée aux grands thèmes ci-dessous.
- Culte de l'excellence
- Droit à la différence
- Droits humains
- Environnement
- Nouvelles technologies
- Productivité au travail
- Qualité de l'information

  b) Choisissez un de ces thèmes et dites quelles questions controversées liées à ce thème sont d'actualité. Parmi ces questions, laquelle pourrait vous intéresser?

10. **TEXTES EN RÉSEAU** Lisez le premier paragraphe des quatre textes portant sur le téléphone cellulaire (p. 140 à 144). (Ne tenez pas compte de la vignette de la page 143.)

  a) Lequel de ces textes fait voir les bons côtés du téléphone cellulaire? Relevez le passage qui le confirme.

  b) Relevez, dans les autres textes, le passage du premier paragraphe qui souligne les mauvais côtés du téléphone cellulaire.

11. **TEXTES EN RÉSEAU** Lisez l'extrait de *L'empire de la honte* (p. 160), puis prenez connaissance de la photo et de la caricature présentées en contrepoint.

  a) Quel sujet controversé est commun au texte et à la photo?

  b) Quel lien faites-vous entre ces deux documents et la caricature?

12. **TEXTES EN RÉSEAU** Vous avez lu dans cet atelier un ensemble de textes sur la drogue et le sport. Lisez *Des jeunes sur la glace ou au front* (p. 167), un témoignage abordant la question de la violence dans le sport. À votre avis, qu'est-ce qui cause le plus de tort au milieu sportif: la drogue ou la violence? Expliquez votre réponse.

Synthèse de l'atelier

13. Sur le document qu'on vous remettra, faites la synthèse de vos connaissances sur les préalables pour travailler l'argumentatif.

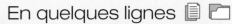

En quelques lignes

Étoffez le premier paragraphe de «*Vous êtes pas tannés d'acheter, bande de caves?*» de François Avard. Pour cela, faites preuve de créativité en inventant deux autres produits ridicules et superflus. Faites ce travail sur le document qu'on vous remettra.

De vive voix

Avec quelques camarades, discutez des sujets d'actualité controversés qui vous touchent le plus. Dites en quoi ils vous intéressent particulièrement et faites le tour de vos connaissances respectives les concernant. En grand groupe, établissez ensuite la liste des dix sujets controversés les plus susceptibles de mener à des discussions riches et passionnantes.

Une fois cette liste établie, répartissez les sujets de manière à ce que chacun d'eux soit assigné à au moins deux élèves. Au fil des semaines, cherchez le plus d'articles possible sur le sujet qui vous aura été attribué. Consignez le tout dans dix dossiers classés par sujets. De temps en temps, rendez compte de l'état de votre collecte aux autres élèves de la classe. Au bout de quelques semaines, vous disposerez de dix dossiers qui vous seront très utiles au moment d'écrire des textes d'opinion et de participer à des débats.

Littérature+

L'essai

L'**essai** est un texte écrit de forme libre, une réflexion personnelle sur un ou plusieurs sujets choisis. L'auteur y construit son propos selon ses idées (ses convictions, sa philosophie, son orientation politique, etc.). L'**essai littéraire** a, de plus, une visée esthétique.

Quelques formes d'essais

Le **pamphlet** est un bref essai polémique ou satirique au ton agressif. Arme redoutable, le pamphlet attaque, combat, dénonce. Il provoque habituellement de vives réactions.

❖ *De l'horrible danger de la lecture*, 1765
Grand défenseur de la liberté de penser et d'écrire, Voltaire tourne en dérision ceux qui s'opposent à la lecture dans ce pamphlet à l'ironie décapante.

Le **manifeste** est un essai, le plus souvent collectif, qui expose une vision nouvelle, une position-choc, les fondements d'un mouvement (artistique, par exemple).

❖ *Refus global*, 1948
Tiré à 400 exemplaires, offert dans une seule librairie de Montréal, *Refus global*, un manifeste signé par Paul-Émile Borduas et une quinzaine d'artistes et d'intellectuels québécois, fait pourtant figure de bombe dans le Québec d'avant la Révolution tranquille. Même si peu de gens l'ont lu, tous en débattent. Victime de la polémique, Borduas perdra son emploi.

Le **plaidoyer** est un essai défensif. Il sert à justifier des idées ou des actions et à défendre des personnes.

❖ *Plaidoyer contre la peine de mort*, 1848
Le 15 septembre 1848, devant l'Assemblée nationale constituante, Victor Hugo prononce un vibrant discours dans lequel il réclame l'abolition de la peine de mort.

Activités... au choix

À la découverte des essais et des essayistes

Renseignez-vous sur les essayistes présentés dans ces pages et faites une première incursion dans leurs ouvrages.

Un recueil de pensées

Au fil de vos lectures d'essais, notez des passages inspirants comme ceux de la page ci-contre.

Tout le malheur des hommes vient d'une seule chose qui est de ne pas savoir demeurer en repos dans une chambre.

Pascal, *Pensées*, 1670.

Je pense, donc je suis.

Descartes, *Discours de la méthode*, 1637.

Il est essentiel pour une démocratie de protéger la liberté de l'artiste contre l'arbitraire de tous les pouvoirs, publics ou privés.

Ligue des droits de l'homme, *Manifeste de l'Observatoire de la liberté de création*, 2003.

Nous vivons dans une culture qui a détruit le goût et le sens de l'expérimentation et du cheminement.

Pierre Vadeboncœur,
La ligne du risque, 1963.

Tout homme porte la forme entière de l'humaine condition.

Michel de Montaigne, *Essais*, 1580.

Je fais le rêve que mes quatre jeunes enfants vivront un jour dans une nation où ils ne seront pas jugés pour la couleur de leur peau, mais pour le contenu de leur personne. Je fais ce rêve aujourd'hui !

Martin Luther King, *Je fais un rêve*, 1963.

Il ne faut jamais confondre amour et justice, c'est loin d'être la même chose. Ce que nous voulons, nous, les femmes, c'est l'égalité. Ce n'est pas une quête d'amour, c'est une quête de justice.

Hélène Pedneault, *Amour, colère et indignation*, 2008.

Jean-Michel Basquiat, sans titre, 1982.

C'est à la hache que je travaille […]. Si un homme est en train de dormir dans sa maison en feu, on ne le réveille pas au son de la petite sérénade nocturne de Mozart. On lui hurle de se réveiller et, s'il dort trop dur, on le taloche aller-retour.

Jean-Paul Desbiens, *Les insolences du Frère Untel*, 1960.

Se familiariser avec les concepts essentiels

Lecture préparatoire

■ Lisez le texte ci-dessous en tentant de suivre la logique de l'énonciateur.

Petite révolution et occasion ratée

(Texte d'opinion – extrait)

Je dois avouer que c'est avec une certaine admiration et un ravissement étonné que j'observe depuis un mois les étudiants monopoliser la rue et les manchettes **1***. [...] Ce qui m'émerveille, c'est non seulement la détermination dans la durée, la participation massive, mais surtout l'éclosion surprenante d'une nouvelle génération de jeunes ci-
5 toyens décidés à prendre place et parole dans la société. Nous assistons en fait à une petite révolution qui augure bien pour l'avenir du Québec.

Les gens de ma génération se lamentaient à propos de la jeunesse. On la croyait unanimement et irrémédiablement tarée par les jeux vidéo, le heavy metal, la vulgarité radiophonique et toutes les téléréalités de la planète. On disait les jeunes apolitiques **2**,
10 hédonistes **3** et égoïstes. Ils avaient déserté en masse les partis politiques et leur partici-
pation aux élections était en chute. Une génération perdue, disait-on.

Non, cette génération ne refusait pas la politique, mais la politique que leur propo-
saient les principaux partis au Québec, cette politique partisane **4** et élitiste, ce paradis de la langue de bois **5** et de la manipulation des esprits. J'en ai déjà parlé ici : au fur et à
15 mesure qu'ils se détournaient de la politique classique, ces jeunes entraient dans la poli-
tique de la solidarité internationale, dans la contestation de l'ordre mondial symbolisé par la globalisation marchande ou par la guerre contre l'Irak. Les premiers signes de cette autre politisation, on les a constatés lors du Sommet des Amériques à Québec en 2001 et encore plus lors des manifestations massives contre la guerre en Irak durant l'hiver 2003.

* En février 2005, les étudiants québécois ont déclenché un mouvement de grève qui a duré environ deux mois.

AU FIL DU TEXTE

1 Quelles manchettes les étudiants monopolisent-
ils ?

2 a) Expliquez la <u>formation</u> du mot *apolitique*.

b) Que signifie cet adjectif ?

3 Quelle valeur un hédoniste privilégie-t-il ?

4 Que peut-on reprocher à une politique partisane ?

5 Qu'est-ce que la langue de bois ?

20   On les disait également incapables de s'exprimer, de développer des raisonnements politiques. Or , depuis plus d'un mois maintenant, on entend non seulement des leaders, mais aussi des élèves de la base prononcer un discours cohérent et faire preuve d'une conscience politique. Il y a aussi quelque chose de réjouissant à voir se joindre au mouvement des élèves des dernières années du secondaire, qui expliquent calmement
25   et intelligemment que c'est leur avenir qui est en jeu. Voilà dans la pratique des heures de grève qui feront plus pour leur éducation citoyenne que tous les cours de civisme qu'on pourra leur donner.

Gil Courtemanche

Gil Courtemanche, « Petite révolution et occasion ratée »,
Le Devoir, [en ligne]. (2 et 3 avril 2005 ;
page consultée le 19 janvier 2009)

AU FIL DU TEXTE

6 Le **coordonnant** *Or* permet de lier les idées entre les deux phrases. Expliquez comment.

7 En quoi consiste l'éducation citoyenne ?

Après la lecture préparatoire

1. Ce texte d'opinion est signé par le journaliste Gil Courtemanche. De quelle crédibilité celui-ci jouit-il ? Pour découvrir ce journaliste, faites une brève recherche dans Internet.

2. a) Quels sentiments l'auteur manifeste-t-il au début du texte à l'égard des revendications des jeunes ?

   b) Dans le premier paragraphe, relevez les mots qui traduisent ces sentiments.

   c) Donnez quatre raisons pour lesquelles les jeunes suscitent de tels sentiments chez lui.

3. a) L'auteur partage-t-il l'image qui est donnée des jeunes dans le deuxième paragraphe ? Expliquez votre réponse.

   b) Selon l'auteur, quelles valeurs gouvernent l'action des jeunes grévistes de l'époque ? Nommez-en deux.

4. Vous reconnaissez-vous dans le portrait des jeunes brossé dans le deuxième paragraphe ? Expliquez votre réponse.

5. Sur le document qu'on vous remettra, repérez quelques moyens langagiers (vocabulaire connoté, phrase emphatique, accumulation) faisant partie de la stratégie argumentative de l'auteur.

Le vocabulaire de base

Notions	Définitions	Exemples dans *Le déserteur*, p. 25
Sujet controversé	**Sujet qui suscite la discussion.** **Synonymes :** sujet qui prête à controverse, question controversée, objet de la controverse, objet de la discussion, objet du débat.	L'obligation de faire la guerre
Thèse	**Opinion de l'énonciateur sur le sujet controversé, ce qu'il défend, ce dont il veut convaincre le destinataire.** **Synonymes :** prise de position, position, opinion et conclusion. (Attention : ne pas confondre *conclusion* au sens de « thèse » et *conclusion* au sens de « fin d'un texte ».) **Pour repérer la thèse**, on pose la question suivante : *quelle opinion soutient-on dans ce texte ?* La réponse constitue la thèse.	Il ne faut pas faire la guerre.
Argument	**Raison que l'énonciateur donne pour appuyer sa thèse.**	• On ne vit pas pour tuer des gens. • La guerre n'apporte que des souffrances. • La guerre détruit tout.
Contre-thèse	**Opinion adverse, thèse contraire à la thèse de l'énonciateur.** **Pour repérer la contre-thèse**, on pose la question suivante : *quelle opinion combat-on dans ce texte ?* La réponse constitue la contre-thèse.	Les conscrits doivent faire la guerre.
Contre-argument	**Argument qui soutient la contre-thèse.**	La désertion est passible de la peine de mort.
Séquence argumentative	**Séquence qui contient, à la base :** • **une thèse,** • **une argumentation (l'ensemble des arguments au service de la thèse),** • **parfois la reformulation de la thèse.** **Remarque** Un texte argumentatif peut contenir une ou plusieurs séquences argumentatives de même qu'une ou plusieurs séquences secondaires d'un autre type.	

REMARQUE

Une thèse (un argument, une contre-thèse ou un contre-argument) **explicite** est clairement énoncée dans le texte. Une thèse (un argument, une contre-thèse ou un contre-argument) **implicite** est suggérée, sous-entendue ; on doit la déduire.

De la théorie à la pratique

Analyse de l'extrait de *Petite révolution et occasion ratée*

Texte argumentatif à l'étude	Analyse

Petite révolution et occasion ratée

Introduction Je dois avouer que c'est avec une certaine admiration et un ravissement étonné que j'observe depuis un mois les étudiants monopoliser la rue et les manchettes. […] Ce qui m'émerveille, c'est non seulement la détermination dans la durée, la participation massive, mais surtout l'éclosion surprenante d'une nouvelle génération de jeunes citoyens décidés à prendre place et parole dans la société. Nous assistons en fait à une petite révolution qui augure bien pour l'avenir du Québec.

Développement Les gens de ma génération se lamentaient à propos de la jeunesse. [On la croyait unanimement et irrémédiablement tarée par les jeux vidéo, le heavy metal, la vulgarité radiophonique et toutes les téléréalités de la planète. On disait les jeunes apolitiques, hédonistes et égoïstes. Ils avaient déserté en masse les partis politiques et leur participation aux élections était en chute. Une génération perdue, disait-on.]

[Non, cette génération ne refusait pas la politique, mais la politique que leur proposaient les principaux partis au Québec, cette politique partisane et élitiste, ce paradis de la langue de bois et de la manipulation des esprits. J'en ai déjà parlé ici : au fur et à mesure qu'ils se détournaient de la politique classique, ces jeunes entraient dans la politique de la solidarité internationale, dans la contestation de l'ordre mondial symbolisé par la globalisation marchande ou par la guerre contre l'Irak. Les premiers signes de cette autre politisation, on les a constatés lors du Sommet des Amériques à Québec en 2001 et encore plus lors des manifestations massives contre la guerre en Irak durant l'hiver 2003.]

[On les disait également incapables de s'exprimer, de développer des raisonnements politiques.] [Or, depuis plus d'un mois maintenant, on entend non seulement des leaders, mais aussi des élèves de la base prononcer un discours cohérent et faire preuve d'une conscience politique.] [Il y a aussi quelque chose de réjouissant à voir se joindre au mouvement des élèves des dernières années du secondaire, qui expliquent calmement et intelligemment que c'est leur avenir qui est en jeu.] Voilà dans la pratique des heures de grève qui feront plus pour leur éducation citoyenne que tous les cours de civisme qu'on pourra leur donner.

Gil Courtemanche

Gil Courtemanche, « Petite révolution et occasion ratée ».

Analyse

Sujet controversé (implicite) :
L'engagement politique des jeunes.

Séquence argumentative

Thèse : Une nouvelle génération de jeunes s'engage dans la société et cela est bien.

Contre-thèse : La jeunesse est désolante.

[Contre-argument 1] : La jeunesse est tarée, apolitique, hédoniste, égoïste.

[Argument 1] : Les jeunes s'engagent dans la politique de la solidarité internationale plutôt que dans la politique partisane.

[Contre-argument 2] : Les jeunes ne savent ni s'exprimer ni construire une réflexion politique.
[Argument 2] : Les jeunes grévistes s'expriment bien et sont engagés politiquement.
[Argument 3] : Les plus jeunes aussi s'expriment bien et sont engagés.

Constat Dans l'introduction de son texte, l'énonciateur présente une thèse (une nouvelle génération de jeunes s'engage dans la société et cela est bien) qu'il soutient dans son développement à l'aide de trois arguments ; ce faisant, il combat une contre-thèse (la jeunesse est désolante), qu'il invalide en réfutant deux contre-arguments.

La **séquence argumentative** de l'extrait de *Petite révolution et occasion ratée* peut être représentée dans un schéma comme le suivant :

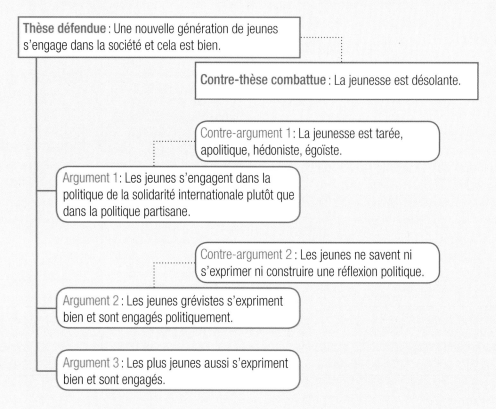

Thèse défendue : Une nouvelle génération de jeunes s'engage dans la société et cela est bien.

Contre-thèse combattue : La jeunesse est désolante.

Contre-argument 1 : La jeunesse est tarée, apolitique, hédoniste, égoïste.

Argument 1 : Les jeunes s'engagent dans la politique de la solidarité internationale plutôt que dans la politique partisane.

Contre-argument 2 : Les jeunes ne savent ni s'exprimer ni construire une réflexion politique.

Argument 2 : Les jeunes grévistes s'expriment bien et sont engagés politiquement.

Argument 3 : Les plus jeunes aussi s'expriment bien et sont engagés.

Bloc théorique 2

La construction des arguments

On peut distinguer l'**énoncé** d'un argument et le **développement** de cet argument.

- L'**énoncé** de l'argument est l'idée de base qui soutient la thèse.
- Le **développement** de l'argument est ce qui étoffe l'idée de base de manière à la rendre plus convaincante.

Le plus souvent, l'énoncé de l'argument précède son développement.

Thèse	Les Américains éprouvent une fascination stupéfiante pour la nourriture.
Argument Énoncé de l'argument Développement de l'argument	Pour certains, manger – bâfrer pourrait-on écrire – est presque devenu une occupation à plein temps. Quel que soit le lieu (19 % des repas sont consommés en voiture), le moment (la presque totalité des chaînes de *fast-food* restent ouvertes 24 heures sur 24), l'Américain éprouve le besoin de satisfaire les exigences de son estomac.

William Reymond, *Toxic : Obésité, malbouffe, maladie : enquête sur les vrais coupables*, Paris, Flammarion, coll. « Enquête », 2007, p. 36.

Toutefois, il arrive que le développement de l'argument soit placé avant son énoncé.

Thèse	Les Américains éprouvent une fascination stupéfiante pour la nourriture.
Argument Développement de l'argument Énoncé de l'argument	Deux comportements sont révélateurs : les Américains mangent n'importe où (19 % des repas sont consommés en voiture) et à toute heure du jour et de la nuit (la plupart des chaînes de *fast-food* restent ouvertes 24 heures sur 24). Pour certains, manger – bâfrer pourrait-on écrire – est presque devenu une occupation à plein temps. D'après William Reymond, *ibid.*

Les outils pour construire des arguments

Pour énoncer ou développer un argument (ou un contre-argument), on se sert de différents outils. Selon le contexte dans lequel on les utilise, ces outils sont plus ou moins intéressants, crédibles, réfutables. Il importe donc de toujours évaluer la qualité des arguments qu'on lit ou qu'on entend.

Outils	Exemples	Pistes pour analyser la qualité des arguments
Référence à une autorité, c'est-à-dire à une personne, à une association ou à une institution reconnue pour sa compétence, sa notoriété ou son prestige	On devrait interdire l'exploitation de restaurants offrant de la malbouffe à proximité des écoles. En effet, selon Flore Boucher, diététiste et fondatrice de la coalition Bien manger, leur présence nuit considérablement aux efforts de chacun et chacune pour développer de saines habitudes alimentaires.	• La compétence de la personne, de l'association ou de l'institution est-elle vraiment reconnue ? La personne se prononce-t-elle dans son domaine de compétence ? Est-elle en conflit d'intérêts ? • Les idées mentionnées ou les propos rapportés sont-ils vraiment attribuables à l'autorité à laquelle on se réfère ? La personne est-elle citée correctement ? Est-elle citée hors contexte ?
Utilisation de faits, de données scientifiques, historiques, statistiques, etc.	Aux États-Unis, les adolescents ingurgitent en moyenne 34 cuillères à café de sucre quotidiennement, dont 15 proviennent des deux boissons gazeuses qu'ils boivent. Mais ces chiffres ne disent pas tout. L'étude ne tient pas compte des sucres présents dans les boissons énergisantes.	• Les faits rapportés sont-ils pertinents dans le contexte ? Sont-ils vérifiables, observables ou admis par tous ? • Les chiffres avancés sont-ils vraisemblables ? Les a-t-on suffisamment mis en contexte pour qu'ils aient du sens ? Ex. : « Les Québécois consomment en moyenne trois hamburgers. » Cette donnée n'a aucune valeur parce qu'on ignore s'il s'agit de leur consommation quotidienne, hebdomadaire, mensuelle ou annuelle.
Recours à la définition, à l'étymologie	Ne l'oublions pas, dans le mot *malbouffe*, on retrouve *mal* et *bouffe*. Difficile d'être plus clair : la malbouffe est de la mauvaise nourriture. Mauvaise pour ceux qui la consomment, mauvaise pour ceux qui la produisent et mauvaise pour l'environnement.	• La définition que l'on donne à l'appui provient-elle d'une source fiable (un dictionnaire, par exemple) ?
Rapprochement de deux réalités pour faire ressortir des ressemblances ou des différences	Nous vivons dans une société qui crée pour les chiens de la nourriture équilibrée, bonne pour le poil, les dents et le système digestif. Dans cette même société, on laisse les enfants manger de la malbouffe à l'école.	• Les réalités rapprochées ont-elles suffisamment de points de comparaison pour être mises en parallèle ?

Outils	Exemples	Pistes pour analyser la qualité des arguments
Établissement d'un rapport de cause à conséquence La cause est l'origine d'un phénomène ; la conséquence en est le résultat.	Mal manger a des effets désastreux sur le cerveau : les connexions neuronales se font plus difficilement.	• Le lien entre une cause et une conséquence est-il plausible, solide ?
Présentation d'avantages ou d'inconvénients	Le bilan est catastrophique : la consommation d'aliments trop gras et trop sucrés favorise le diabète, l'hypertension et l'hypercholestérolémie, trois tueurs silencieux.	• Les faits présentés comme des avantages ou des inconvénients sont-ils vraiment perçus ainsi dans le contexte ?
Appel aux valeurs (tradition, nouveauté, qualité, quantité, etc.)	On laisse les enfants manger de la malbouffe à l'école. Nous avons un problème. Un gros. Nos enfants ne méritent-ils pas ce qu'il y a de mieux ?	• Dans le contexte, l'invocation d'une valeur donnée est-elle pertinente ?
Exposé d'une expérience personnelle	Le bannissement de la malbouffe à l'école se répercute jusqu'à la maison. Il y a deux jours, j'étais à l'épicerie avec mon fils et j'ai déposé un sac de croustilles dans le panier. Mon fils l'a pris, a lu les informations nutritives et m'a regardé d'un air réprobateur : «Tu ferais mieux de grignoter des bébés carottes. Tu serais moins gros ! » m'a-t-il dit. Je n'en suis pas encore tout à fait revenu…	• L'expérience personnelle relatée a-t-elle de la pertinence dans le contexte ? Ce qui est propre à soi peut-il avoir de la valeur pour les autres dans ce cas précis ?
Utilisation d'énoncés de sagesse populaire (adages, proverbes, maximes, dictons)	Puisqu'on ne sait pas encore quels sont les effets sur la santé de ces produits alimentaires, il est préférable de s'abstenir d'en consommer. Prudence est mère de sûreté.	• À un énoncé de sagesse populaire, peut-on en opposer un autre de sens contraire ? Ex.: À *Prudence est mère de sûreté* on pourrait opposer *Qui ne risque rien n'a rien.*
Appel au clan, c'est-à-dire à l'opinion d'un groupe de personnes ayant les mêmes goûts ou les mêmes intérêts que soi	Bannir la pizza des écoles n'est pas une solution. Dans mon entourage, nous sommes plusieurs à penser qu'il serait plus intelligent de proposer des pizzas santé moins grasses et moins salées. De plus, il nous semble incontournable de mieux éduquer les jeunes : de la pizza à l'occasion, c'est bon ; de la pizza chaque midi, c'est une tragédie.	• Le groupe dont on adopte les idées a-t-il une opinion valable et pertinente ?
Appel à la norme, c'est-à-dire présentation d'une chose comme étant normale, évidente, acceptée par tous	Trois milliards de sandwichs servis jusqu'à maintenant ! Tout le monde en mange, faites-le donc !	• Que tout le monde fasse ou pense une chose, est-ce un gage d'intelligence, de bon sens ?
Appel aux sentiments (compassion, empathie, indulgence, etc.)	Je suis responsable de la cantine de l'école depuis dix-sept ans. J'aimerais qu'on se mette à notre place. Il n'est pas facile de faire à manger à des ados qui critiquent tout le temps. C'est un travail stressant. Et puis, nous faisons notre possible avec le peu d'argent que nous avons.	• Pourquoi fait-on appel à ces sentiments ? Est-ce pertinent dans le contexte ?
Exploitation de préjugés, d'idées toutes faites, de partis pris, de clichés, de lieux communs	«Les gros manquent de volonté. S'ils le voulaient vraiment, ils pourraient maigrir. Les régimes amaigrissants, c'est fait pour ça. » Voilà un préjugé fort répandu, comme l'a si bien rappelé la conférencière, lundi dernier.	• Une telle affirmation n'est-elle pas qu'un simple préjugé facilement réfutable ?

De la théorie à la pratique

Analyse de la construction d'un argument de *Petite révolution et occasion ratée*

Parties de l'argument	Argument à analyser	Outils utilisés pour construire l'argument
Énoncé Développement	Non, cette génération ne refusait pas la politique, mais la politique que leur proposaient les principaux partis au Québec. […]. [Outil 1] J'en ai déjà parlé ici : au fur et à mesure qu'ils se détournaient de la politique classique, ces jeunes entraient dans la politique de la solidarité internationale, dans la contestation de l'ordre mondial symbolisé par la globalisation marchande ou par la guerre contre l'Irak. // [Outil 2] Les premiers signes de cette autre politisation, on les a constatés lors du Sommet des Amériques à Québec en 2001 et encore plus lors des manifestations massives contre la guerre en Irak durant l'hiver 2003. Gil Courtemanche, « Petite révolution et occasion ratée ».	Outil 1 : Référence à une autorité (ici, le journaliste se positionne comme une autorité ; sa compétence l'y autorise). Outil 2 : Utilisation de faits.

Constat Le journaliste ne se contente pas d'énoncer son argument : pour lui donner du poids, il le développe à l'aide d'outils de qualité difficilement contestables. D'une part, Gil Courtemanche étant un journaliste chevronné, on peut donner du crédit à ses observations et à ses conclusions. D'autre part, les faits qu'il rapporte ont pu être observés par tous.

ACTIVITÉS

1. Pour chacun des cinq sujets controversés ci-dessous, formulez :

   a) une thèse à défendre ;

   b) l'énoncé de deux arguments pour soutenir cette thèse ;

   c) l'énoncé de deux arguments pour rejeter cette thèse.

   1) L'obligation de porter un uniforme dans les écoles secondaires.

   2) La non-mixité dans les écoles secondaires.

   3) Le droit de vote à seize ans.

   4) L'utilisation de la motomarine sur les lacs du Québec.

   5) Le dévoilement de l'identité des donneurs de sperme.

2. Voici une thèse à défendre : on devrait encourager le texto, cette langue abrégée et modifiée des messages texte, des courriels et des séances de clavardage.

   Sur le document qu'on vous remettra, vous réfléchirez aux arguments pouvant soutenir cette thèse. Vous vous pencherez aussi sur la contre-thèse et sur les contre-arguments qu'on pourrait opposer à cette thèse.

3. **TEXTES EN RÉSEAU** Exercez-vous à développer des arguments à partir des thèses qu'on vous fournira. Pour mener à bien cette tâche, vous devrez lire deux textes informatifs dans lesquels vous puiserez des renseignements essentiels au développement de vos arguments. Vous trouverez le nécessaire sur le document qu'on vous remettra.

4. Lisez les trois textes ci-dessous.

a) Formulez en vos mots la thèse défendue par l'énonciateur de chacun de ces textes.

b) Dites à quelles lignes se situe la thèse dans chacun des textes.

c) Comment avez-vous fait pour trouver la thèse?

Le Petit Poucet
(Conte – extrait)

On ne s'afflige point d'avoir beaucoup d'enfants
Quand ils sont beaux, bien faits et bien grands,
Et d'un extérieur qui brille;
Mais si l'un deux est faible, on ne dit mot,
On le méprise, on le raille, on le pille **1**;
Quelquefois, cependant, c'est ce petit marmot
Qui fera le bonheur de toute la famille.

Charles Perrault, *Histoires ou contes du temps passé*, 1697.

Le chat et les poules
(Fable)

Un chat avait appris que les poules d'une ferme étaient malades: déguisé en médecin et muni des instruments de l'art **2**, il se présenta à la porte, d'où il leur demanda comment elles allaient. «Très bien, répondirent-elles, pourvu que tu t'en ailles.»

De même, les gredins **3** ont beau jouer l'honnêteté de leur mieux, les hommes sensés les percent à jour **4**.

Ésope, *Fables*, traduit du grec ancien par Daniel Loayza, Paris, Flammarion, 1995, p. 47 et 49.

Le renard et les raisins
(Fable)

Un renard affamé aperçut des grappes qui pendaient d'une vigne grimpante et voulut les cueillir, mais n'y parvint pas. Il s'éloigna donc en murmurant à part soi: «Ils sont trop verts **5**.»

De même certains hommes, quand leur propre faiblesse les empêche d'arriver à leurs fins **6**, s'en prennent aux circonstances.

Ibid., p. 55.

5. À l'aide des questions que vous trouverez sur le document qu'on vous remettra, poursuivez cette activité de repérage dans les fables suivantes.

Le rossignol et l'épervier
(Fable)

Un rossignol perché sur un chêne élevé chantait comme à son ordinaire. Un épervier l'aperçut; n'ayant rien à manger, il fondit sur lui et s'en empara. Se voyant en danger de mort, sa victime lui demanda
5 de la relâcher, alléguant **7** qu'elle ne suffirait pas à remplir à elle seule un ventre d'épervier: il lui fallait, s'il manquait de nourriture, s'en prendre à de plus gros oiseaux. «Mais je serais fou, répondit l'épervier, de lâcher la pâture que je tiens dans mes serres pour
10 chasser celle que je ne vois pas encore.»

De même chez les hommes: il est déraisonnable, dans l'espoir de plus grands biens, de laisser filer entre ses doigts ce que l'on tient.

Ibid., p. 45.

Le cochon et les moutons
(Fable)

Un cochon s'était joint à un troupeau de moutons et paissait **8** avec eux. Un beau jour, le berger chercha à s'emparer de lui; mais le cochon résistait en criant. Comme les moutons, lui reprochant ses hurlements,
5 lui disaient: «Nous, il ne cesse de nous attraper, et nous ne crions pas pour autant», le cochon leur répliqua: «C'est que votre capture et la mienne ne se comparent pas: s'il vous court après, c'est pour votre laine ou votre lait, mais moi, c'est à ma viande qu'il en veut.»
10 La fable montre qu'ont raison de gémir ceux qui risquent non leurs biens, mais leur vie.

Ibid., p. 109 et 111.

Le paon et le geai
(Fable)

Les oiseaux délibéraient pour se choisir un roi, et le paon se jugeait digne d'être élu en raison de sa beauté. Déjà les oiseaux se rangeaient à son avis, lorsqu'un geai s'écria: «Mais si, sous ton règne, l'aigle nous pourchasse, quel secours nous apporteras-tu?»

La fable montre que les chefs doivent se distinguer non par leur beauté, mais par leur puissance.

Ibid., p. 209.

6. Travaillez maintenant l'extrait ci-contre, un lai de Marie de France inspiré de la légende de Tristan et Yseult.

- **a)** De qui les <u>paroles rapportées</u> directement sont-elles ? Relevez les mots qui vous le signalent.

- **b)** À qui ces paroles sont-elles destinées ? Relevez les mots qui l'indiquent.

- **c)** Ces paroles rapportées directement contiennent la thèse. Formulez-la en vos mots.

- **d)** À quels vers l'argument qui appuie la thèse se trouve-t-il ?

- **e)** L'argument est construit sur le rapprochement de deux réalités. Quelles sont ces réalités que l'on compare ?

AU FIL DU TEXTE

1 Donnez un synonyme du verbe *piller* qui convient dans le contexte.

2 a) À quel art fait-on référence ? Servez-vous du contexte pour le déduire.
b) Par conséquent, quels sont ces instruments ?

3 Qu'est-ce qu'un gredin ? Déduisez-le du contexte.

4 Que fait-on lorsqu'on *perce quelqu'un à jour* ?

5 Formulez autrement le reproche du renard, à savoir que les raisins sont trop verts.

6 Que signifie l'expression *arriver à ses fins* ?

7 Donnez un synonyme du verbe *alléguer*.

8 Quel est l'infinitif du verbe *paissait* ? S'il y a lieu, aidez-vous du contexte pour le trouver.

9 Qu'est-ce qu'un coudrier ?

Le chèvrefeuille
(Lai – extrait)

Séparé de la reine, Tristan erre tristement jusqu'au jour où il apprend que le cortège royal passera par la forêt. L'amant grave alors sur une branche de coudrier ces vers que la reine ne pourra manquer de lire.

D'eux deux il allait de même

Comme du chèvrefeuille

Qui s'attachait au coudrier **9**

Une fois qu'il s'y est attaché et enlacé,

5 Et qu'il s'est enroulé tout autour du tronc,

Ils peuvent bien vivre longtemps ensemble,

Mais si quelqu'un veut les séparer,

Le coudrier meurt très vite,

Et le chèvrefeuille aussi.

10 « Belle amie, ainsi est-il de nous :

Ni vous sans moi, ni moi sans vous. »

Marie de France, « Le chèvrefeuille », *Lais*,
traduit de l'anglo-normand par Anne Berthelot.

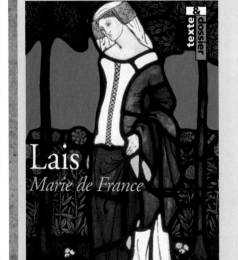

Lais
Marie de France

La bibliothèque **Gallimard**

REPÈRES CULTURELS

MARIE DE FRANCE (XIIe siècle)

« J'ai pour nom Marie, et je viens de France. » Ainsi se présente celle qui est considérée comme la première femme écrivain de la francophonie. C'est en adaptant en français des légendes bretonnes que Marie de France est passée à la postérité. Ses *Lais* (1160-1175), courts récits versifiés dont l'amour est le thème principal, sont aujourd'hui considérés comme les ancêtres de la nouvelle. Marie de France a également adapté des fables d'Ésope et imaginé un voyage dans l'au-delà intitulé *L'espurgatoire de saint Patrice*.

■ Lisez le texte d'opinion suivant, publié dans un quotidien. Vous aurez à analyser la thèse qui y est défendue et le début de l'argumentation.

Gagner une paire de seins, à quel prix ?
(Texte d'opinion – extrait)

[…] Une publicité pleine page en novembre 2008, dans un journal local des Laurentides, invitait les demoiselles à un concours amical de danseuses en lingerie : « Vos performances ou plus encore, à votre discrétion. » […]

Et quel est le prix de ce concours au goût plus que douteux ? La « chanceuse se
5 méritera une augmentation mammaire », rien de moins ! Depuis quand fait-on tirer au sort des chirurgies au Québec ? Cette pratique est-elle légale, courante, acceptable ? Ce n'est certainement pas éthique ni responsable puisque sont connus les risques pour la santé d'une telle chirurgie.

Faire un tirage banalise un acte médical qui devrait pourtant
10 être considéré avec le plus grand sérieux. Il y a, entre autres, des risques anesthésiques, hémorragiques, infectieux, cicatriciels, pour ne nommer que ceux-là. Un médecin a déjà dit, pour dénoncer ce genre de pratique : « Un corps humain n'est pas une auto de luxe dont on change les morceaux comme bon nous semble. » Saviez-
15 vous que lorsqu'une femme opte pour ce genre de chirurgie, elle risque par le fait même de subir une série d'opérations puisqu'elle devra retourner sous le bistouri tous les dix ou quinze ans ?

Chantal Dubois, CALACS – Laurentides

Ont aussi signé ce texte : le Regroupement québécois des CALACS, le Réseau québécois d'action pour la santé des femmes (RQASF), la Coalition nationale contre les publicités sexistes (CNCPS), la Concertation des luttes contre l'exploitation sexuelle (CLES), le Regroupement des organismes communautaires des Laurentides (ROCL), le Réseau des femmes des Laurentides (RFL) et plusieurs centres de femmes du Québec.

Chantal Dubois, « Gagner une paire de seins, à quel prix ? »,
Le Devoir, [en ligne]. (19 décembre 2008 ;
page consultée le 20 janvier 2009)

Pablo Picasso, *La lecture*, 1932.

7. a) Selon vous, pourquoi l'énonciatrice mentionne-t-elle qu'elle écrit pour un organisme ?

   b) À quoi servent les nombreuses autres signatures qui accompagnent ce texte d'opinion ?

8. a) Quel événement a conduit les signataires de ce texte à écrire pour donner leur opinion ? Autrement dit, sur quel sujet controversé se prononcent-ils ?

   b) Dites à quelles lignes la thèse des signataires est formulée, puis donnez-la en vos mots.

9. Le premier argument soutenant la thèse se situe au troisième paragraphe.

   a) Quel en est l'énoncé ?

   b) En combien de points cet argument est-il développé ? Donnez les premiers et les derniers mots de chacun de ces points.

   c) À l'aide de quels outils l'argument est-il développé ? Précisez-le pour chaque point développé.

La publicité, déchet culturel
(Essai – extrait)

Le commerce avec son bras communicationnel, la publicité d'image, réussit si bien que les 10 % de la population de la terre dont nous faisons partie consomment 90 % de ses ressources. Nous consumons les ressources naturelles des pays pauvres où adultes et enfants besognent comme esclaves sous-
5 payés pour que nous consommions des biens qui aboutissent à des montagnes de détritus… que nous cherchons à exporter dans ces mêmes pays en échange de quelques dollars.

La publicité est manipulatrice. La publicité est insignifiante. La publicité est grotesque. La publicité est envahissante. Est-ce vraiment le cas ? C'est un
10 point de vue bien personnel car […] le grand public aime la publicité : les trois quarts des Québécois apprécient fortement la publicité québécoise. Oui, « les gens » aiment, mais moi, je hais la publicité. Suis-je un mésadapté social ? Pourquoi haïr la publicité ? Parce qu'elle est insistante, me débusque  où que je sois, me harcèle en me rabâchant mille fois le même message, me fait de l'appel de la cuisse comme
15 une putain, bref, elle ternit mon bonheur actuel en me promettant des plaisirs à venir.

La publicité échafaude un monde virtuel pour les yeux du quidam ⑪, un monde de l'apparence quand ce n'est pas un monde du faux-semblant. Un directeur artistique de mes amis, Denis Ducharme, a fait une carrière écourtée mais prolifique. Il avait des idées à revendre, et un coup de crayon magique. Artiste comme il était, il avait digéré son en-
20 vironnement et il portait un jugement sévère sur le monde de la publicité : « *Fake area !* » allait-il répétant dans son mauvais anglais.

Le journaliste André Pratte de *La Presse* explique dans son ouvrage critique, *Les oiseaux de malheur*, comment les médias se nourrissent de sang, de sexe et de sport… dans une perspective à courte vue. Les publicitaires jouent en contrepoint le rôle d'« oiseaux de
25 bonheur ». Pratte (2000) l'admet explicitement : « Les médias ont toujours mis l'accent sur les mauvaises nouvelles, sur les drames, les scandales, les échecs. C'est non seulement inévitable mais aussi nécessaire. D'autres personnes – les publicitaires, les relationnistes – sont payées pour diffuser les bonnes nouvelles. » La publicité ne diffuse que la « partie bonne nouvelle » de la réalité : « Fumez et savourez ! – et oubliez l'ombre de la
30 mort qui se cache derrière chaque inhalation. »

Le monde que présente la publicité est un monde de facilité : il suffit d'acheter un objet pour obtenir le bonheur, claironne-t-elle. Ce genre de lavage de cerveau, le consommateur le subit à répétition *ad nauseam* ⑫, si bien que le monde réel apparaît bien dur à plusieurs. Les plus fragiles s'esquivent et s'enferment dans « le monde
35 virtuel », se cramponnant à leur petit écran. On pense que le monde virtuel est à venir, mais il est déjà là ; il est de plus en plus présent depuis que les médias de masse sont devenus omniprésents, en particulier depuis que les téléviseurs sont plus nombreux que les personnes dans les foyers.

Dans les médias de masse, il n'y aura bientôt plus de démarcation entre contenu édi-
40 torial et publicité. Déjà, nous sommes submergés par des formes hybrides qui servent à masquer le contenu persuasif à la solde des commerçants. On connaît déjà l'*infomercial*, cette publicité longue de trente ou soixante minutes qui se déguise en émission-concours avec participants enthousiastes (stimulés par un chef de claque !) et témoignages d'acheteurs satisfaits (triés sur le volet !). Ou l'*advertorial*, ces cahiers spéciaux
45 insérés dans les quotidiens ou les périodiques et qui ne sont qu'une publicité travestie en document journalistique. Et le *publireportage*, cette publicité à peine déguisée, rédigée par les journalistes d'un périodique et présentée sous mise en pages éditoriale. Et que

Jacob Lawrence,
Télévision, 1945.

AU FIL DU TEXTE
⑩ Trouvez un synonyme du verbe *débusquer* convenant au contexte.

⑪ Qu'est-ce qu'un quidam ?

⑫ Que signifie la locution latine *ad nauseam* ?

dire de ces échanges dans les forums Internet où des intervenants sont payés par les commerçants pour intervenir comme de simples usagers qui émettent des opinions
50 « objectives » sur un sujet ? Ou de ces envois de courriels dans lesquels un correspondant suggère un produit comme s'il était un pair du destinataire, alors que le message a originalement été mis au point par un rédacteur publicitaire ?

La publicité est en train de convaincre les jeunes que le virtuel est plus gratifiant que le réel. Prenons par exemple l'apprentissage du piano : jouer pour vrai prend trois ans
55 – pour pouvoir pianoter un peu ! – alors qu'un clavier arrangeur à 150 $ donne déjà sans temps ni effort l'impression d'être un artiste. Si bien que, grâce à la publicité, chaque jeune s'imagine qu'il sera encore meilleur si le clavier qu'il achète coûte 1500 $ au lieu de 150 $ – même s'il ne connaît rien au solfège. *Avoir* un clavier donne désormais plus de satisfaction qu'*être* musicien. [...]

60 Seuls quelques rares saints (ou artistes !) peuvent survivre à la pression des médias de masse envahissants, de la publicité astucieuse et de la masse des consommateurs silencieux. [...] Voltaire se trompait : ce n'est pas la religion qui est l'opium du peuple, qui gèle les esprits ; ce sont les biens vantés par la publicité.

Claude Cossette, *La publicité, déchet culturel*, Sainte-Foy,
Éditions de l'IQRC : Presses de l'Université Laval, 2001, p. 203 à 206.

10. Qui est Claude Cossette, le signataire de l'essai *La publicité, déchet culturel* ? Faites une recherche pour le savoir.

11. Reconstituez la séquence argumentative de l'extrait de *La publicité, déchet culturel*.

   a) Quelle thèse Claude Cossette défend-il dans cet extrait ? Formulez-la dans vos mots.

   b) Pour soutenir sa thèse, l'auteur énonce et développe cinq arguments. Donnez ces arguments dans vos mots, en respectant leur ordre d'apparition dans le texte.

12. Pour développer son quatrième argument, Claude Cossette s'appuie sur cinq faits.

   a) Quels sont ces faits ?

   b) Par quel <u>organisateur textuel</u> chacun de ces faits est-il annoncé ?

■ Lisez le texte suivant. Vous vous exercerez ensuite à le marquer de manière à faire ressortir le raisonnement de son auteur.

Un appel aux électrices et aux électeurs du Québec
(Lettre ouverte)

[...] Dans quelques jours, les électrices et les électeurs du Québec auront à exercer leur droit de vote afin d'élire leurs représentants à l'Assemblée nationale. Le contexte de cette élection est particulier, en ce qu'elle constitue la première élection québécoise en situation de gouvernement minoritaire et, de ce fait, arrive avant l'intervalle habituel de
5 quatre ans. En raison aussi du fait qu'elle survient juste après les élections fédérales, certains parlent de lassitude électorale et vont même jusqu'à mettre en cause la pertinence et l'opportunité d'aller voter.

Des indices, de même que des sondages effectués auprès de l'électorat ces derniers jours, laissent effectivement craindre que ce scrutin puisse donner lieu à l'un des plus
10 faibles, voire au plus bas taux de participation électorale de l'histoire moderne du Québec.

En tant que directeur général des élections du Québec, je ne peux rester indifférent à la situation. J'estime qu'il est de mon devoir de rappeler aux Québécoises et aux Québécois l'importance et la portée de l'exercice du droit de vote, l'un des plus précieux de tous les droits.

15   En appeler à l'abstention sous le prétexte que ces élections ne seraient pas opportunes m'apparaît irresponsable. Ce serait oublier le long et parfois pénible chemin parcouru par nos prédécesseurs pour l'obtention du suffrage universel , pour l'égalité des citoyens devant la loi et pour la justice. En effet, au tournant du XXe siècle, à peine 15 % de la population bénéficiait du « privilège » de voter car à cette époque, voter
20 ne constituait pas encore un droit.

    Au Québec, on oublie peut-être trop rapidement que, dans un passé pas si lointain, les électeurs devaient faire preuve de courage et parfois même affronter des fiers-à-bras pour aller voter. On a peut-être aussi trop vite oublié qu'il y a quelques décennies, les élections étaient financées à même des caisses « occultes » et que nos parents et
25 nos grands-parents ont trimé dur pour éliminer la corruption et le trafic d'influence politiques.

    Dans les États démocratiques, les élections jouent un rôle fondamental : elles incarnent à la fois la liberté d'expression, la liberté d'opinion et la liberté d'association. L'éventail des partis autorisés au Québec n'a jamais été aussi varié que maintenant. Les
30 élections permettent à l'électeur d'exprimer une opinion, même marginale. Elles rendent possible l'appui à des courants et à des idées différents, et offrent la possibilité d'en débattre publiquement. Les élections visent aussi à conférer autorité et légitimité aux élus. Elles contribuent, enfin, à rapprocher le citoyen de sa collectivité, à créer chez lui ce sentiment d'appartenance à sa communauté, si nécessaire en démocratie.

35   La démocratie est un système où le pouvoir découle de l'autorité du peuple et se fonde sur sa participation. Elle ne saurait exister sans participation des citoyennes et des citoyens. La démocratie est une chose fragile. Elle n'est jamais acquise. L'histoire montre que des démocraties parfois plus que centenaires ont vu leur situation politique basculer en bien peu de temps. Chacune des générations doit donc reconquérir la démocratie,
40 la nourrir et contribuer à l'améliorer.

    À quelques jours des élections générales, je tiens à transmettre un message à mes concitoyennes et à mes concitoyens qui hésitent à aller voter. Chacune et chacun doit contribuer, en se rendant aux urnes, à façonner une société à son image, une société qui reflète ses valeurs, qui réponde à ses aspirations. On ne peut laisser les autres décider de
45 notre propre destinée.

    Il importe, à travers l'exercice de son vote, de réaffirmer aux élus qu'ils ne sont pas les propriétaires de l'État. L'exercice du droit de vote par une très forte proportion de l'électorat permet de le leur rappeler.

    Il est trop facile d'être cynique face à la chose politique et de se dire que voter ne
50 changera rien. Sans cette nécessaire contribution à la démocratie, comment pourrait-on ensuite reprocher quoi que ce soit aux élus ?

    Dans les pays, car il y en a, malheureusement, où voter peut mettre en danger sa sécurité, on peut comprendre que certaines personnes puissent faire le choix de l'abstention. Mais au Québec, une société qui fait l'envie de nombreux peuples qui
55 vivent les affres de régimes totalitaires ou dictatoriaux, comment pourrait-on justifier, par quelque raisonnement qui se tienne, la décision de s'abstenir de voter ?

    J'invite donc chacune des électrices et chacun des électeurs à exercer son droit de vote, à s'exprimer le 8 décembre prochain.

    Le directeur général des élections du Québec et
60 président de la Commission de la représentation électorale,
Marcel Blanchet

« Un appel aux électrices et aux électeurs du Québec »,
© *Directeur général des élections du Québec*, 2009, [en ligne].
(28 novembre 2008 ; page consultée le 14 janvier 2009)
Texte légèrement modifié à des fins pédagogiques.

AU FIL DU TEXTE

13 Qu'est-ce que le suffrage universel ?

14 Expliquez ce que sont ces caisses « occultes », qu'on appelle habituellement des *caisses noires*.

15 Si une opinion est marginale, comment est-elle ?

16 Donnez un synonyme du nom *affres*.

13. a) Qui est l'auteur de cette <u>lettre ouverte</u>? Donnez son nom et ses titres de fonction.

b) Où ces renseignements sont-ils fournis?

c) À qui s'adresse cette lettre ouverte? Recherchez tous les appels aux destinataires contenus dans cette lettre.

14. 📄 📁 Sur le document qu'on vous remettra, reconstituez la séquence argumentative de cette lettre ouverte.

Le texte et vous

15. **TEXTES EN RÉSEAU** Vous avez lu dans cet atelier deux extraits traitant d'engagement : *Petite révolution et occasion ratée* et *Un appel aux électrices et aux électeurs du Québec*. Vous considérez-vous comme une personne engagée? Si oui, quelles causes vous tiennent à cœur? Comment se manifeste votre engagement? Sinon, qu'est-ce qui vous retient de vous engager?

16. Utilisez-vous le texto? Êtes-vous d'accord avec l'opinion selon laquelle le texto est condamnable? Justifiez votre réponse.

Grammaire en contexte

L'accord du verbe

17. Justifiez l'accord des verbes suivants :

a) Dans *Petite révolution et occasion ratée* : proposaient (ligne 12).

b) Dans *Le Petit Poucet* : méprise (ligne 5).

c) Dans *Le cochon et les moutons* : disaient (ligne 5).

d) Dans *Un appel aux électrices et aux électeurs du Québec* : laissent (ligne 9).

L'accord de l'adjectif ou du participe passé

18. Justifiez l'accord des mots suivants :

a) Dans *Petite révolution et occasion ratée* : tarée (ligne 8) ; déserté (ligne 10) ; constatés (ligne 18).

b) Dans *Gagner une paire de seins, à quel prix ?* : connus (ligne 7).

c) Dans *La publicité, déchet culturel* : payées (ligne 28) ; triés (ligne 44).

d) Dans *Un appel aux électrices et aux électeurs du Québec* : politiques (ligne 26) ; différents (ligne 31).

L'évocation d'un discours

19. Relisez le passage ci-après, tiré de *Petite révolution et occasion ratée*. Il comporte des exemples de <u>discours évoqué</u>.

Les gens de ma génération se lamentaient à propos de la jeunesse. On la croyait unanimement et irrémédiablement tarée par les jeux vidéo, le heavy metal, la vulgarité radiophonique et toutes les téléréalités de la planète. On disait les jeunes apolitiques, hédonistes et égoïstes. Ils avaient déserté en masse les partis politiques et leur participation aux élections était en chute. Une génération perdue, disait-on.

a) Dans ce passage, Gil Courtemanche cède la parole à d'autres énonciateurs. Qui sont-ils?

b) Les propos rapportés sont des généralisations. Montrez-le.

c) Relevez dans le dernier paragraphe de *Petite révolution et occasion ratée* un autre exemple de généralisation attribuable aux mêmes énonciateurs.

Vers les textes du recueil

20. Lisez l'extrait de *L'art de la sieste* de Thierry Paquot (p. 138).

a) Sur quel sujet controversé l'essayiste s'exprime-t-il?

b) Reconstituez la séquence argumentative de ce texte.

- Relevez le premier passage dans lequel la contre-thèse est formulée.
- Donnez en vos mots les quatre arguments des tenants de la contre-thèse.
- Relevez la thèse défendue par l'énonciateur.
- Relevez la reformulation de la thèse.

c) Schématisez cette séquence argumentative en vous inspirant de celle présentée à la page 38. Notez vos réponses en vos mots.

d) **TEXTES EN RÉSEAU** En quoi les idées avancées dans cet extrait rejoignent-elles celles émises dans l'extrait d'*Éloge de la paresse !* que vous avez lu dans l'atelier?

21. **TEXTES EN RÉSEAU** L'extrait de *L'art de la sieste* est si court que les arguments de l'auteur en faveur de la sieste n'y apparaissent pas. Toutefois, on peut lire de tels arguments dans le premier paragraphe du texte *Dors, je le veux* (p. 139), présenté en contrepoint.

a) Le premier argument souligne une amélioration de l'efficacité des travailleurs. Énumérez trois bienfaits de la sieste pour le corps et deux pour les fonctions intellectuelles.

b) Quel est l'énoncé du deuxième argument ? Par quel organisateur textuel est-il introduit ?

c) Quel est l'énoncé du troisième argument ? Par quel organisateur textuel est-il annoncé ?

d) À quel type de séquence textuelle correspond le dernier paragraphe de *Dors, je le veux* ?

22. **TEXTES EN RÉSEAU** Vous avez vu dans cet atelier l'importance d'évaluer la qualité des arguments. Pour continuer à développer votre esprit critique, lisez *Quelques stratégies pour entretenir une attitude critique par rapport aux médias* (p. 148) et les deux textes du même auteur offerts en contrepoint (p. 149 et 150).

Synthèse de l'atelier

23. Sur le document qu'on vous remettra, faites la synthèse de vos connaissances sur les concepts essentiels liés à l'argumentatif.

En quelques lignes

Ce dessin de Quino met en scène un enfant qui se heurte au conformisme de ses parents. Énoncez et développez deux arguments que cet enfant pourrait avancer pour justifier son désir de sortir des sentiers battus. Vous exercerez ainsi votre créativité et votre jugement critique.

Quino, *Qui est le chef?*, Grenoble, Éditions Glénat, coll. «Glénat Humour», 2005, p. 23.

ET GLOU ET GLOU ET GLOU ET GLOU ET GLOU ET GLOU
ET GLOU ET GLOU ET GLOU ET GLOU ET GLOU ET GLOU
ET GLOU ET GLOU ET GLOU ET GLOU ET GLOU ET GLOU
ET GLOU ET GLOU ET GLOU ET GLOU ET GLOU ET GLOU
ET GLOU ET GLOU ET GLOU ET GLOU ET GLOU ET GLOU
ET GLOU ET GLOU ET GLOU ET GLOU ET GLOU ET GLOU
ET GLOU ET GLOU ET GLOU ET GLOU ET GLOU ET GLOU
ET GLOU ET GLOU ET GLOU ET GLOU ET GLOU ET GLOU
ET GLOU ET GLOU ET GLOU ET GLOU ET GLOU ET GLOU
ET GLOU ET GLOU ET GLOU ET GLOU ET GLOU ET GLOU
ET GLOU ET GLOU ET GLOU ET GLOU ET GLOU ET GLOU
ET GLOU ET GLOU ET GLOU ET GLOU ET GLOU ET GLOU
ET GLOU ET GLOU ET GLOU ET GLOU ET GLOU ET GLOU
ET GLOU ET GLOU ET GLOU ET GLOU ET GLOU ET GLOU
ET GLOU ET GLOU ET GLOU ET GLOU ET GLOU ET GLOU
IL N'EST PLUS DES NÔTRES, IL A CALÉ COMME LES AUTRES.

ALEXANDRE RAIL-VAILLANCOURT
1982-2001

Éduc'alcool
La modération a bien meilleur goût.

**GUILLAUME.
GRAND GAGNANT
DU CONCOURS
DE CALAGE.**

Éduc'alcool
La modération a bien meilleur goût.

Publicité d'Éduc'alcool. Publicité d'Éduc'alcool.

 De vive voix

Avec quelques camarades, réfléchissez au pouvoir des mots et à la force des images.

- Observez attentivement les deux publicités sociétales ci-dessus, puis faites-en l'analyse. Dégagez d'abord la thèse mise en évidence dans chacune, puis dites sur quel argument chacune s'appuie. Expliquez aussi à l'aide de quel moyen chaque argument est développé.

- Quel effet ce type de publicité a-t-il sur vous? Y êtes-vous sensible? Si vous aviez des comportements à risque, les modifieriez-vous après avoir vu un de ces messages publicitaires? Pourquoi? Discutez-en avec vos camarades.

- Observez ci-contre la vignette du Chat, un personnage de Philippe Geluck. Elle véhicule un message semblable à celui des publicités. Toutefois, le bédéiste passe par l'absurde pour étayer sa thèse. Ce type d'argument vous touche-t-il davantage? Expliquez vos réactions face à ce message.

- Si vous aviez à créer une publicité contre la vitesse au volant, que proposeriez-vous?

Philippe Geluck, *Le Quatrième Chat*,
Tournai, Casterman, 1991, p. 48.

Cerner l'énonciateur et son point de vue

Lecture préparatoire

■ Lisez le texte d'opinion ci-dessous. Vous vous questionnerez ensuite sur les caractéristiques de sa signataire et sur l'essentiel de la séquence argumentative.

Les « soutanes vertes » débarquent

Lettre ouverte à tous les citoyens ordinaires soucieux d'environnement

Comme la majorité d'entre vous, j'ai envie de participer aux divers projets favorisant la sauvegarde de l'environnement, mais lorsque certains écolos cherchent à me culpabiliser, je décroche.

Les écolos intégristes culpabilisateurs de citoyens se manifestent de plus en plus, et
5 leur détestable attitude me hérisse. De passage chez des amis à Matane, j'ai vu récemment un segment d'émission télévisée d'ici dans lequel une équipe de soi-disant■ écolos analysait la consommation d'une petite famille et faisait des suggestions vertes. Jusque-là, ça allait, mais tout a basculé quand la mère de famille a fini par avouer un gros péché : elle faisait sécher des vêtements à la sécheuse.
10 Ensuite, on a montré en gros plan le visage de la dame, sur lequel on a superposé en rouge le mot « coupable ». Qu'est-ce que c'est que cela ? Après les soutanes noires■, on a maintenant les soutanes… vertes■ ? HORREUR ! ! !

Qui suis-je pour oser être dégoûtée par une telle attitude ? Une anti-
15 verte ? Une progaspillage ? Non, une simple citoyenne qui fait son possible au quotidien pour l'environnement. Je réutilise et recycle tout ce que je peux, je baisse les thermostats à 18 °C la nuit, je mange de moins en moins de viande et de plus en plus de légumineuses, j'apporte toujours mes sacs

AU FIL DU TEXTE

■ a) Que signifie *soi-disant* ?

   b) Expliquez en quoi ce terme ajoute une <u>connotation négative</u> au mot *écolos*.

■ Dans cette phrase, *soutanes noires* est mis à la place de *curés*. Quelle <u>figure de style</u> permet de remplacer un terme par un autre terme qui a un lien logique avec lui ?

■ Dans le contexte, qui sont les *soutanes vertes* ?

de coton à l'épicerie, je lave à l'eau froide avec des détersifs bio, je lis mon journal sur
Internet, je conduis le moins souvent possible ma voiture, qui consomme peu d'essence
et n'a pas de démarreur à distance. En somme, je suis plutôt croyante et pratiquante **4**…

Cela dit, à mon humble avis, l'extrémisme de certains écolos pourrait faire déraper
le message vert. Dans un article publié dans *La Presse* du 20 janvier 2008*, le biologiste
Jean Lemire, observateur privilégié des changements climatiques, fournit un bel exemple
de dérapage : « On sait depuis longtemps que la production du bœuf contribue de façon
importante à l'augmentation des gaz à effet de serre sur la planète. Un récent rapport
publié par Greenpeace a permis de chiffrer le coût environnemental du bifteck dans notre
assiette. Exercice intéressant et important pour bien comprendre l'impact d'un geste,
pourtant banal, de notre quotidien. La nouvelle a rapidement été reprise dans les médias, et nous avons assisté à une incroyable dérive de l'information **5**. Au lieu d'informer
adéquatement la population sur les effets de l'élevage du bœuf et de demander aux
consommateurs de diminuer progressivement leur consommation de viande rouge
– une recommandation pourtant présente dans la plupart des guides sur les actions
à mener pour diminuer notre empreinte écologique –, certains écolos ont profité des
conclusions du rapport pour promouvoir le végétarisme. »

Maintenant, plus que jamais, le message vert risque d'être récupéré par n'importe
qui (en plus des écolos hystériques, il y a les politiciens que ça arrange, les dirigeants
d'entreprises qui flairent la bonne affaire, les commerçants sans scrupules qui en profitent, etc.). Amis de l'environnement, veillons au grain **6**, ne laissons pas les extrémistes ni les opportunistes embrouiller ou détourner le message vert. Du même
souffle, invitons les écologistes avisés et éclairés à nous soutenir dans nos efforts et
à nous informer toujours **plus** et **mieux**.

Nadine Vachon

Nadine Vachon, « Les "soutanes vertes" débarquent », site Web de l'auteure,
[en ligne]. (décembre 2008 ; page consultée le 3 février 2009)

AU FIL DU TEXTE

4 Quelle image d'elle-même l'auteure donne-t-elle en se présentant comme une personne croyante et pratiquante ?

5 Expliquez de quelle dérive il s'agit.

6 Que signifie l'expression figée *veiller au grain* ?

* Jean Lemire, « L'écolo se servira saignant en 2008 », *La Presse*, 20 janvier 2008, section Forum, p. A11.

Après la lecture préparatoire

1. a) Qui est l'<u>énonciatrice</u> de ce texte ?

    b) Qui sont ses <u>destinataires</u> ?

    c) Quels <u>adversaires</u> combat-elle ?

    d) Que pense-t-elle des écologistes ?

    e) À votre avis, quelle image l'énonciatrice se fait-elle de ses destinataires ? Qu'est-ce qui vous permet de donner cette réponse ?

2. En filigrane du texte, on a l'impression que, pour l'énonciatrice, l'écologisme pourrait s'apparenter à une religion des temps modernes.

    a) Dans les deuxième et troisième paragraphes, relevez quatre mots appartenant au champ lexical de la religion.

    b) Quelle impression avez-vous ressentie à la lecture des lignes 16 à 21 ?

3. Dégagez la structure de ce texte : dites à quels paragraphes se situent l'introduction, le développement, la conclusion.

4. Reconstituez l'essentiel de la séquence argumentative de ce texte à l'aide des questions suivantes.

    a) Quelle est la thèse de l'énonciatrice ? Donnez-la en vos mots et dites dans quel paragraphe elle est formulée pour la première fois.

    b) L'argumentation est présentée dans les paragraphes 2, 3 et 4. Relevez, dans les paragraphes 2 et 4, les passages énonçant les arguments.

    c) Quel passage du dernier paragraphe reformule le mieux la thèse ?

    d) Synthétisez la séquence argumentative de ce texte dans un tableau semblable au suivant. Notez vos réponses dans vos mots.

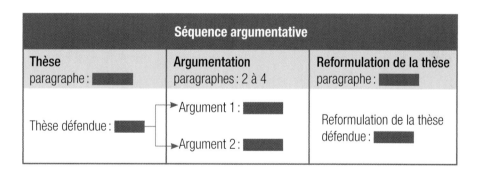

    e) Quelles correspondances pouvez-vous établir entre la structure du texte et les composantes de la séquence argumentative ?

5. L'énonciatrice est crédible même si elle n'est pas une spécialiste de l'environnement. Comment établit-elle sa crédibilité auprès des destinataires ?

6. Donnez deux valeurs qui semblent être au cœur des préoccupations de l'énonciatrice.

Bloc théorique 1

Énonciateur et marques d'énonciation

L'énonciateur d'un texte argumentatif peut :

• manifester sa présence dans son texte ou, au contraire, rester en retrait ;

• rendre manifeste la présence du destinataire ou, au contraire, ne pas la faire voir.

Ces choix, l'énonciateur les fait en fonction de la stratégie argumentative qu'il adopte.

Pour manifester sa présence et rendre manifeste celle du destinataire, l'énonciateur emploie des **marques d'énonciation**.

Marques d'énonciation		Exemples
Marques révélant la présence de l'énonciateur	Pronoms personnels, pronoms possessifs et déterminants de la 1re personne, verbes de la 1re personne de l'impératif (Dans certains contextes, pronom *on*.)	• Je pleurais quand je vins au monde, et chaque jour me montre pourquoi. (Proverbe espagnol) • Comment prétendons-nous qu'un autre puisse garder notre secret, si nous ne pouvons le garder nous-mêmes. (La Rochefoucauld)
	Signature	
Marques révélant la présence du destinataire	Pronoms personnels, pronoms possessifs et déterminants de la 2e personne, verbes de la 2e personne de l'impératif (Dans certains contextes : – pronoms personnels, pronoms possessifs et déterminants de la 1re personne du pluriel, verbes de la 1re personne de l'impératif ; – pronom *on*.)	• Ton pied te conduira où tu veux aller. (Proverbe hébreu) • Descendez en vous-même, et vous reconnaîtrez la pauvreté de votre demeure. (Proverbe latin)
	Toute forme d'interpellation (apostrophe, formule d'appel, etc.)	• Si tu te présentes les mains vides, on te dira : le maître dort ; si tu te présentes avec un présent, on te dira : Maître, daignez entrer. (Proverbe turc)

REMARQUES

• En l'absence de marques d'énonciation révélant la présence de l'énonciateur, il faut conclure que la présence de l'énonciateur est non marquée dans le texte.

• En l'absence de marques d'énonciation révélant la présence du destinataire, il faut conclure que la présence du destinataire est non marquée dans le texte.

• Le pronom *nous* peut désigner différentes réalités. Le *nous* collectif englobe l'énonciateur et au moins une autre personne (qui peut être le destinataire), tandis que le *nous* de modestie est celui que peut employer l'énonciateur pour se désigner lui-même.

De la théorie à la pratique

Examen des marques d'énonciation dans des passages de la lettre *Les «soutanes vertes»
débarquent*

Passages à l'étude	Marques d'énonciation
Les «soutanes vertes» débarquent Lettre ouverte à tous les citoyens ordinaires soucieux d'environnement	Interpellation des destinataires au moyen d'une formule d'appel
Comme la majorité d'entre vous, j'ai envie de participer aux divers projets favorisant la sauvegarde de l'environnement, mais lorsque certains écolos cherchent à me culpabiliser, je décroche. […]	Pronom de la 2e personne révélant la présence des destinataires explicites de Nadine Vachon
Qui suis-je pour oser être dégoûtée par une telle attitude? Une antiverte? Une progaspillage? Non, une simple citoyenne qui fait son possible au quotidien pour l'environnement. Je réutilise et recycle tout ce que je peux, je baisse les thermostats à 18 °C la nuit, je mange de moins en moins de viande et de plus en plus de légumineuses, j'apporte toujours mes sacs de coton à l'épicerie, je lave à l'eau froide avec des détersifs bio, je lis mon journal sur Internet, je conduis le moins souvent possible ma voiture, qui consomme peu d'essence et n'a pas de démarreur à distance. En somme, je suis plutôt croyante et pratiquante… […]	Pronoms et déterminants de la 1re personne du singulier révélant la présence de l'énonciatrice (Nadine Vachon)
Amis de l'environnement, veillons au grain, ne laissons pas les extrémistes ni les opportunistes embrouiller ou détourner le message vert. Du même souffle, invitons les écologistes avisés et éclairés à nous soutenir dans nos efforts et à nous informer toujours **plus** et **mieux**.	Interpellation des destinataires au moyen d'une apostrophe Emploi de verbes de la 1re personne de l'impératif et de pronoms et déterminants de la 1re personne du pluriel révélant à la fois la présence des destinataires et celle de l'énonciatrice
Nadine Vachon Nadine Vachon, «Les "soutanes vertes" débarquent».	Signature révélant la présence de l'énonciatrice

Constat Nadine Vachon, l'énonciatrice, est très présente dans ce texte, comme le montrent la signature et les nombreux pronoms de la 1re personne. La présence des destinataires est plus discrète. Elle est cependant rappelée à trois endroits stratégiques: dans la formule d'appel et dans l'introduction (parties où se fait le premier contact avec les lecteurs) ainsi que dans la conclusion (partie que les lecteurs retiennent).

Bloc théorique 2

Point de vue de l'énonciateur et marques de modalité

L'<u>énonciateur</u> d'un texte argumentatif manifeste son point de vue de deux manières :
- par l'attitude qu'il a **envers son destinataire** ;
- par l'attitude qu'il a **par rapport à son propos**.

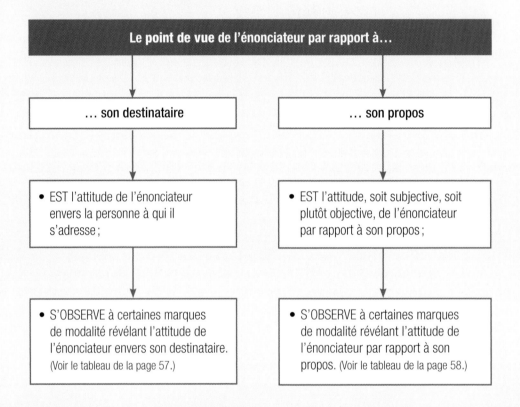

□ Le choix des marques de modalité se fait en fonction de la <u>stratégie argumentative</u> adoptée.

□ Pour qu'un texte soit cohérent, il faut, entre autres, que le point de vue de l'énonciateur soit constant du début à la fin. Tout changement de point de vue doit être justifié.

REMARQUE

Dans la langue courante, le terme ***point de vue*** est un synonyme d'*opinion*. Toutefois, en argumentation, le terme *point de vue* est réservé à l'attitude de l'énonciateur. Dans ce manuel, *point de vue* n'est donc pas employé comme synonyme d'*opinion* ou de *thèse*.

Le point de vue de l'énonciateur envers son destinataire

Le point de vue de l'énonciateur envers son destinataire s'observe aux marques de modalité suivantes.

Marques de modalité révélant l'attitude envers le destinataire	Exemples
Manière de parler du destinataire (emploi de vocabulaire à connotation positive ou à connotation négative)	• Tu as l'esprit vif, les idées claires, le cœur pur. Vraiment, tu es la candidate idéale pour nous représenter. (Le vocabulaire mélioratif, valorisant, donne une connotation positive.) • Vous avez un esprit tordu, une langue fourchue, un cœur de pierre. Comment voulez-vous qu'on vous fasse confiance ? (Le vocabulaire péjoratif, dévalorisant, donne une connotation négative.)
Choix du vouvoiement ou du tutoiement	• À chacun de vos dons, vous donnez de l'espoir aussi. • Ta clé. Ton auto. Ton samedi soir. Ta liberté. Qu'attends-tu ?
Formules de politesse (salutations, remerciements, excuses, etc.)	• Je vous remercie de me céder la parole, j'en ferai bon usage. • Je vous prie de croire en l'expression de mes regrets les plus sincères.
Manière d'interpeller le destinataire (apostrophe, formule d'appel, etc.)	• **Jeunes écocitoyens**, exigez un environnement toujours plus sain. (Interpellation au moyen d'une apostrophe contenant du vocabulaire à connotation positive.)
Manière d'utiliser les phrases interrogatives et les phrases impératives	• Ne croyez-vous pas que le respect de l'être humain et celui de la nature sont indissociables ? • Lançons un cri d'alarme pour dénoncer les abus.
Choix d'une variété de langue pour créer un effet de distanciation, de complicité, de provocation, etc.	• Citoyens, l'outrecuidance de nos élus n'a plus de limites. Il n'en tient qu'à nous d'œuvrer pour contrer l'adversité. (La langue soutenue crée ici un effet de complicité.) • Citoyens, unissons-nous pour faire entendre raison à nos élus. (La langue standard crée ici un effet de complicité.) • Arrêtez de m'achaler avec vos conneries. Vos arguments sont des pétards mouillés. (La langue familière crée ici un effet de provocation.)
Autres marques (ironie, reformulation, etc.)	• Nos soldats vont mourir à l'autre bout du monde alors qu'ils pourraient nous être utiles ici. **Félicitations pour votre beau gâchis !** (Ironie) • Saviez-vous que certaines entreprises ont largement profité d'avantages financés à même nos impôts et qu'en retour, elles nous vendent leurs produits beaucoup plus cher qu'aux États-Unis ? **En d'autres mots, savez-vous qu'elles nous volent ?** (Reformulation)

L'attitude de l'énonciateur envers le destinataire transparaît également dans le **ton** qu'il emploie.
- Pour **plaire** à son destinataire, l'énonciateur peut adopter un ton amical, affectueux, élogieux, protecteur, flatteur, complice, admiratif, etc., qui révèle l'accord, l'harmonie entre eux.
- Pour **provoquer** son destinataire, l'énonciateur peut adopter un ton accusateur, agressif, méprisant, moqueur, menaçant, etc., qui révèle le désaccord entre eux.
- Pour **marquer une hiérarchie** entre son destinataire et lui, l'énonciateur peut adopter un ton autoritaire, hautain, condescendant, etc. (rapport de supériorité), ou un ton suppliant, humble, candide, etc. (rapport d'infériorité).
- Pour **établir un rapport neutre** entre son destinataire et lui, l'énonciateur adopte un ton objectif, distancié. Il évite aussi de marquer sa présence et celle de son destinataire.

De la théorie à la pratique

Examen des marques de modalité révélant le point de vue de l'énonciatrice envers ses destinataires dans les passages de la lettre Les *« soutanes vertes » débarquent*

Passages à l'étude	Marques de modalité révélant le point de vue envers les destinataires
Les « soutanes vertes » débarquent Lettre ouverte à tous les citoyens ordinaires soucieux d'environnement Comme la majorité d'entre vous, j'ai envie de participer aux divers projets favorisant la sauvegarde de l'environnement, mais lorsque certains écolos cherchent à me culpabiliser, je décroche. […] Amis de l'environnement, veillons au grain, ne laissons pas les extrémistes ni les opportunistes embrouiller ou détourner le message vert. Du même souffle, invitons les écologistes avisés et éclairés à nous soutenir dans nos efforts et à nous informer toujours **plus** et **mieux**. Nadine Vachon	Interpellation au moyen d'une formule d'appel contenant du vocabulaire à connotation positive valorisant les destinataires Interpellation au moyen d'une apostrophe constituée de vocabulaire à connotation positive valorisant les destinataires Phrases impératives de la 1re personne établissant une complicité avec les destinataires

Constat Le rapport entre l'énonciatrice et ses destinataires est harmonieux (ils défendent la même cause) et égalitaire (c'est une *simple citoyenne* qui s'adresse à des *citoyens ordinaires*). Son point de vue favorable à leur égard est visible dans l'emploi de la 1re personne du pluriel, qui établit une complicité avec les destinataires, et dans l'emploi de termes qui les valorisent. En agissant ainsi, l'énonciatrice augmente ses chances que les destinataires la suivent dans son combat contre les écologistes radicaux.

Le point de vue de l'énonciateur par rapport à son propos

Le point de vue de l'énonciateur par rapport à son propos s'observe aux marques de modalité suivantes.

Marques de modalité révélant l'attitude par rapport au propos	Exemples
Vocabulaire connoté pour exprimer un jugement, une appréciation par rapport au propos	• L'entreprise cessera ses activités demain. Cette sage décision a été prise ce matin par la ministre du Travail. Enfin, une politicienne courageuse qui prend les bonnes décisions ! (Le vocabulaire mélioratif, valorisant, donne une connotation positive.) • Demain, on ferme définitivement cette horrible entreprise qui a empoisonné ses travailleurs et détruit l'environnement. Elle a toujours été stupidement dirigée par des incompétents. (Le vocabulaire péjoratif, dévalorisant, donne une connotation négative.)
Auxiliaires de modalité comme *devoir, falloir, pouvoir, vouloir, paraître, sembler* qui, suivis d'un verbe à l'infinitif, expriment notamment l'incertitude, le doute, la possibilité, la probabilité, la certitude, l'obligation, la volonté	• Ils **semblent** dire la vérité. (Doute) • Cette erreur **a pu** nuire aux discussions. (Possibilité) • Il **faut** congédier les responsables. (Obligation) • Elles **veulent** agir rapidement. (Volonté)

Marques de modalité révélant l'attitude par rapport au propos	Exemples
Emploi du conditionnel et du futur pour nuancer, atténuer des propos, suggérer une certaine prudence, évoquer une hypothèse, une possibilité, anticiper un résultat	• Les responsables **seraient** en fuite. Ils **auraient quitté** le pays hier soir. • Cette mésaventure **aura miné** la confiance des investisseurs.
<u>Adverbes</u> modalisateurs comme *certainement*, *évidemment*, *franchement*, *probablement*, etc., qui permettent à l'énonciateur de commenter son énoncé, d'émettre un jugement	• **Malheureusement**, plusieurs petits épargnants ont perdu tous leurs avoirs. • Plusieurs épargnants ont, **malheureusement**, tout perdu. • Cette erreur était évitable, **évidemment**.
Groupes incidents comme *à mon avis*, *à notre grand étonnement*, *à vrai dire*, *en toute franchise*, *selon moi*, etc.	• **À mon avis**, les autorités ont manqué de vigilance. • L'attitude des autorités est, **à vrai dire**, déconcertante.
Phrases incidentes comme *je crois*, *on le sait*, *paraît-il*, *semble-t-il*, etc.	• Les autorités ont, **je crois**, tardé à agir. • Les autorités ont manqué de vigilance, **semble-t-il**.
<u>Phrases emphatiques</u>	• C'est au gouvernement que revient cette responsabilité.
Figures de style comme l'<u>accumulation</u>, l'<u>euphémisme</u>, l'<u>hyperbole</u>, la <u>litote</u>, etc.	• **Non**, **no**, **niet**, **kapout**, **finito**, **oubliez ça**. (Accumulation) • Les autorités déplorent des **pertes civiles**. (Euphémisme) • Elle leur aurait **décroché la lune**. (Hyperbole) • Cette histoire **n'est pas simple**. (Litote)
Ponctuation expressive et phrases chargées d'émotion	• Les jeunes roulent en fou ? Tant pis pour eux ! On les a à l'œil. Pour vrai…
<u>Interjections</u>	• **Hélas !** Les autorités n'ont pas la capacité d'agir.
Guillemets pour exprimer une réserve. Souvent, cette réserve concerne des emplois linguistiques particuliers (néologisme, anglicisme, tournure fautive, etc.)	• La publicité laissait entendre que ce produit était « the next big thing ». (Mots anglais) • Après plusieurs mois, son ado lui a enfin présenté « la fille qu'il sort avec »… (Tournure fautive)
Procédés typographiques (soulignements, caractères gras ou italiques, majuscules, etc.) pour signaler une insistance	• Un tel laxisme NE DOIT PLUS JAMAIS être toléré.

☐ Le point de vue de l'énonciateur par rapport au propos peut également transparaître dans le choix du **verbe de parole** introduisant des <u>paroles rapportées</u> et dans l'**ajout de certains commentaires**.

Ex. : « <u>Votre solution n'est pas la bonne</u> », **prétend à tort** ce chercheur.

☐ Un texte argumentatif qui comporte plusieurs marques de modalité est fortement teinté de la subjectivité de son auteur. Le point de vue de l'énonciateur est alors subjectif, engagé.

Un texte argumentatif qui comporte peu de marques de modalité donne une impression d'objectivité. Le point de vue de l'énonciateur est alors plutôt objectif, distancié.

REMARQUE

Dans un texte argumentatif, le point de vue n'est jamais totalement objectif (après tout, l'énonciateur cherche à convaincre quelqu'un de quelque chose). Toutefois, l'énonciateur peut choisir d'adopter un point de vue plutôt objectif parce qu'il estime que, dans le contexte, cela rend son propos plus convaincant.

De la théorie à la pratique

Examen des marques de modalité révélant le point de vue de l'énonciatrice par rapport à son propos dans la lettre *Les « soutanes vertes » débarquent*

Texte à l'étude	Marques de modalité révélant le point de vue par rapport au propos
Les « soutanes vertes » débarquent Lettre ouverte à tous les citoyens ordinaires soucieux d'environnement	Guillemets signalant ici un néologisme

[…]

Les écolos intégristes culpabilisateurs de citoyens se manifestent de plus en plus, et leur détestable attitude me hérisse. De passage chez des amis à Matane, j'ai vu récemment un segment d'émission télévisée d'ici dans lequel une équipe de soi-disant écolos analysait la consommation d'une petite famille et faisait des suggestions vertes. Jusque-là, ça allait, mais tout a basculé quand la mère de famille a fini par avouer un gros péché : elle faisait sécher des vêtements à la sécheuse. Ensuite, on a montré en gros plan le visage de la dame, sur lequel on a superposé en rouge le mot « coupable ». Qu'est-ce que c'est que cela ? Après les soutanes noires, on a maintenant les soutanes… vertes ? HORREUR !!!

Qui suis-je pour oser être dégoûtée par une telle attitude ? Une antiverte ? Une progaspillage ? Non, une simple citoyenne qui fait son possible au quotidien pour l'environnement. […]

Cela dit, à mon humble avis, l'extrémisme de certains écolos pourrait faire déraper le message vert. Dans un article publié dans *La Presse* du 20 janvier 2008, le biologiste Jean Lemire, observateur privilégié des changements climatiques, fournit un bel exemple de dérapage […].

Maintenant, plus que jamais, le message vert risque d'être récupéré par n'importe qui (en plus des écolos hystériques, il y a les politiciens que ça arrange, les dirigeants d'entreprises qui flairent la bonne affaire, les commerçants sans scrupules qui en profitent, etc.). Amis de l'environnement, veillons au grain, ne laissons pas les extrémistes ni les opportunistes embrouiller ou détourner le message vert. Du même souffle, invitons les écologistes avisés et éclairés à nous soutenir dans nos efforts et à nous informer toujours **plus** et **mieux**.

Nadine Vachon

Nadine Vachon, « Les " soutanes vertes " débarquent ».

Marques de modalité (colonne de droite) :

Vocabulaire à connotation négative critiquant les soutanes vertes, leurs intentions, ce qu'elles évoquent et provoquent

Métonymies exprimant avec force et de manière imagée la crainte qu'inspirent les soutanes vertes à l'énonciatrice

Ponctuation expressive et phrases chargées d'émotion rendant compte du vif sentiment d'indignation de l'énonciatrice par rapport aux soutanes vertes

Groupe incident indiquant une certaine prudence de l'énonciatrice par rapport au propos

Auxiliaire de modalité (employé au conditionnel) indiquant une certaine prudence de l'énonciatrice par rapport au propos

Vocabulaire à connotation positive valorisant l'action des écologistes sérieux

Emploi de caractères **gras** pour mettre en valeur des idées importantes

Constat Les marques de modalité révélant le point de vue de l'énonciatrice par rapport à son propos sont nombreuses et variées. Ce texte d'opinion est donc fortement teinté de la subjectivité de l'énonciatrice, de son engagement. Toutefois, bien qu'elle soit engagée, l'énonciatrice demeure prudente.

■ Lisez le texte ci-dessous, une lettre ouverte assez particulière. Vous y examinerez ensuite les marques d'énonciation et le point de vue de l'énonciateur envers la destinataire.

La lettre de mon chien
(Lettre ouverte)

Madame Lysiane Gagnon
La Presse

Madame,

Je m'appelle Bito. La semaine dernière, vous m'avez
5 vu à la télévision en compagnie de mon ami Pierre
Bourgault pendant que nous accordions une entrevue à
Achille Michaud.

Or vous avez parlé de moi dans des termes peu flat-
teurs. En effet, vous avez écrit dans votre chronique que
10 Pierre Bourgault était «flanqué❶ d'un berger allemand
agressif».

C'est là une calomnie❷ inqualifiable. Cela frôle la
diffamation pure et simple. Je sais que mon ami Pierre
Bourgault est habitué à ce genre de traitement, mais moi,
15 j'ai toujours eu d'excellents rapports avec la presse et c'est
la première fois qu'on s'en prend à moi de cette façon.

Ce qui m'étonne, c'est que vous parliez de moi sans
me connaître et sans même vérifier la véracité de vos intuitions. Pourtant, vous devriez
savoir qu'on m'a souvent vu à la télévision en compagnie de mon ami et que je n'ai
20 jamais agressé même le plus incompétent des journalistes. Au contraire, c'est toujours
moi qui arrange les choses quand Pierre Bourgault se met en colère. Dieu sait si j'en ai
léché des mains de journalistes pour éviter le pire !

Agressif, moi ? Vous voulez rire. J'aime tout le monde et tout le monde m'aime.
Vous auriez pu au moins vous renseigner. J'ai des témoins, et non des moindres. En
25 voici quelques-uns qui pourraient généreusement vous fournir une preuve de mon
caractère : Dominique Michel, Franco Nuovo, Marie-Hélène Roy, Denys Arcand,
René Homier-Roy, Francine Chaloult, Jean-Claude Lauzon, Robert Maheu, Pierre
Falardeau, Stéphane Bureau, Claude Chamberland, Georges-Hébert Germain, Mario
Saint-Amant, Suzanne Lévesque, Paul Dupont-Hébert, Marie-France Bazzo, Serge
30 Chapleau, Guy Lepage, Clémence DesRochers et combien d'autres. […]

Sachez, Madame, que vous m'avez profondément blessé. Je n'ose même pas espérer une rétractation❸ de votre part. Alors, laissez courir la calomnie. Mes amis,
eux, savent que je suis un bon chien, et je n'en veux à personne.

C'est bien servilement que je vous lèche la main […].

**Bito,
le chien de Pierre Bourgault**

Pierre Bourgault, *La colère : Écrits polémiques, tome 3*,
Montréal, Lanctôt Éditeur et Pierre Bourgault, 1996, p. 308 et 309.

Diana Ong,
Le chien, sans date.

AU FIL DU TEXTE

❶ a) Dans le contexte, que signifie le verbe *flanquer* ?

b) Pourquoi Bito est-il blessé par l'emploi de ce verbe ?

❷ a) Qu'est-ce qu'une calomnie ?

b) Quel nom apparaissant dans la suite du texte est un synonyme de *calomnie* ?

❸ En quoi consiste une rétractation ?

1. 📄 Jouez le jeu: faites comme si c'était vraiment Bito le chien qui avait écrit cette lettre ouverte pour réfuter les propos de Lysiane Gagnon à son endroit.

   a) Sur le document qu'on vous remettra, surlignez d'une couleur les marques d'énonciation révélant la présence dans son texte de l'énonciateur fictif qu'est Bito.

   b) Surlignez d'une autre couleur les marques d'énonciation révélant la présence de la destinataire.

   c) Que vous permet de constater ce repérage? Pour formuler votre constat, vous pouvez vous inspirer de celui de la page 55.

2. Attardez-vous à l'attitude de l'énonciateur fictif à l'égard de la destinataire.

   a) Bien qu'il soit en total désaccord avec sa destinataire, Bito s'adresse à elle d'une manière apparemment très polie. Relevez les marques de modalité qui le montrent.

   b) Cette grande politesse n'empêche pas l'énonciateur d'adopter un ton accusateur. Dites en vos mots ce que Bito reproche à la journaliste dans chacun des paragraphes 2 à 5 (lignes 8 à 30). Citez un passage à l'appui de chacune de vos réponses.

3. a) La destinataire de cette lettre est une journaliste chevronnée. Quelle image Bito donne-t-il d'elle? Expliquez votre réponse.

   b) Par contraste, quelle image Bito donne-t-il de lui? Pour appuyer votre réponse, dégagez du texte au moins trois des caractéristiques de Bito.

4. Le recours à un énonciateur fictif est un élément de la stratégie argumentative mise en place par Pierre Bourgault, le véritable énonciateur de ce texte.

   a) Selon vous, pourquoi Pierre Bourgault a-t-il choisi de donner la parole à son chien au lieu de parler en son propre nom?

   b) Que pensez-vous de ce choix stratégique? Expliquez votre réponse.

■ Après avoir lu l'extrait suivant, vous poursuivrez votre travail sur les marques d'énonciation et sur le point de vue de l'énonciateur à l'égard du destinataire.

Le jour de l'amour
(Chronique – extrait)

Lysiane Gagnon

Tiens **4**, cette année, la Saint-Valentin succède à un vendredi 13! Comme la chance succède à la malchance...

Espérons, chers lecteurs, que vous n'aurez pas tenté le mauvais sort, hier, en marchant sous les échelles et en vous frottant à des chats noirs!

5 La Saint-Valentin, donc. Il y a des ronchons **5** qui trouvent cette fête ridicule. Je trouve au contraire charmant qu'une fois dans l'année, entre la Journée du sida, la fête du Travail, le jour des Morts et la commémoration de l'Armistice, il y ait une petite journée consacrée à quelque chose qui n'évoque que du plaisir et du bonheur: le jour de l'amour...

10 La Saint-Valentin, fête des couples, mariés ou non... Personnellement, j'ai un préjugé favorable envers le mariage. Pour des raisons d'ordre sémantique **6** aussi bien que sentimental.

Les mots d'abord. J'aime dire «mon mari». Je détesterais devoir l'appeler «mon conjoint» – une expression sèche et juridique, dénuée d'affectivité, qui est du même 15 ordre que cette horrible expression qu'utilisent les anglophones: *my partner*... comme s'il s'agissait d'une relation d'affaires.

Je ne le désignerais pas non plus à des étrangers comme «mon amoureux» – un terme intime qui n'a pas sa place dans les rapports impersonnels. Dirait-on au vendeur ou au plombier «Je vais en parler à mon amoureux»?

AU FIL DU TEXTE

4 Dans cette phrase, *tiens* est une interjection. Quel sentiment exprime-t-elle?

5 Que font les ronchons?

6 À l'étude de quoi la sémantique se consacre-t-elle?

20   Parlerais-je de «mon chum»? Certainement pas! Je ne voudrais pas non plus qu'il me désigne comme «sa blonde». Ce sont des expressions réservées à ceux qui veulent «faire jeune» à tout prix, des expressions qui ne voyagent pas. 25 Aucune francophone au monde ne désignerait son mari comme son «pote», et dans les pays anglophones, le mot *chum* ne désigne que les copains.

    Je n'aimerais pas non plus appeler l'homme avec lequel je partage ma vie «mon compagnon», 30 encore moins «mon ami». J'ai beaucoup de compagnons de travail, j'ai beaucoup d'amis. À une seule personne est réservé le mot «mari», un mot qui correspond à la place unique que cette personne occupe dans votre vie.

Lysiane Gagnon, «Le jour de l'amour», *La Presse*, [en ligne].
(14 février 2009; page consultée le 25 février 2009)

Marc Chagall,
Couple marié sur fond vert, sans date.

5. Examinez les marques d'énonciation dans *Le jour de l'amour*.

  a) Dressez la liste des marques révélant la présence de l'énonciatrice (Lysiane Gagnon) dans son texte.

  b) Faites de même avec les marques révélant la présence des destinataires (les lecteurs).

6. Relisez les trois premiers paragraphes de l'extrait.

  a) Quelle <u>thèse</u> l'énonciatrice y défend-elle?

  b) À qui l'énonciatrice s'oppose-t-elle dans ces paragraphes? Que reproche-t-elle à ces gens?

  c) Diriez-vous que les destinataires de cette chronique et les adversaires de la thèse dégagée en *a)* sont les mêmes personnes? Expliquez votre réponse.

7. Examinez deux marques de modalité révélant l'attitude de l'énonciatrice envers ses destinataires.

  a) Quel mot à connotation positive emploie-t-elle pour qualifier ses lecteurs?

  b) Pourquoi, selon vous, a-t-elle employé ce mot? Tenez compte de la place du mot dans le texte pour répondre à cette question.

  c) Quelle variété de langue l'énonciatrice utilise-t-elle? Quel effet cela crée-t-il?

8. **TEXTES EN RÉSEAU** À l'aide d'un tableau comme le suivant, comparez différents aspects des textes *La lettre de mon chien* et *Le jour de l'amour*.

Aspects à comparer	*La lettre de mon chien*	*Le jour de l'amour*
Présence de l'énonciateur	▬	▬
Présence du destinataire	▬	▬
Attitude envers le destinataire	▬	▬
Ton	▬	▬

■ Lisez le texte d'opinion suivant. Vous vous concentrerez ensuite sur le point de vue de l'énonciatrice à l'égard de ses destinataires.

Des messages douteux
(Texte d'opinion)

Je trouve que certaines publicités du temps des fêtes envoient de mauvais messages. Pensons aux publicités de ce magasin de matériel électronique où des parents achètent symboliquement des sentiments et des phrases telles que : « T'es le meilleur papa au monde ! » Ou à cette autre publicité où des gens ayant reçu des cadeaux
5 qu'ils n'aiment pas les jettent à la poubelle ou les déposent dans une boîte de dons. Ou encore à celle où l'on présente un cadeau fait maison (des tasses) comme radin et ridicule ! Sans parler de toutes celles qui offrent d'acheter maintenant et de payer un jour toujours très lointain...

Quelles leçons les enfants retireront-ils de ces publicités ? Que l'amour s'achète en
10 magasin ? Que ceux qui fabriquent leurs cadeaux sont pathétiques ? Que le manque d'argent n'est pas une excuse pour ne pas consommer ? Nous leur apprenons à exiger des cadeaux, plutôt que de leur apprendre le plaisir rêveur de l'attente et de la surprise, sans parler du plaisir
15 de donner. La publicité exploite le sentiment de culpabilité des parents qui ont peur de perdre l'affection de leurs enfants. Le peu de magie qu'il restait de Noël s'en va à la poubelle avec les emballages ! De grâce ! reconnectons-nous à de
20 meilleures valeurs et encourageons les commerces qui respectent l'intelligence du public !

Stéphanie LeBlanc

Stéphanie LeBlanc, « Des messages douteux »,
Le Devoir, [en ligne]. (24 décembre 2008 ;
page consultée le 2 février 2009)

John Newcomb,
*La décoration de l'arbre,*1992.

9. a) Relevez la première formulation de la thèse que défend Stéphanie LeBlanc dans son texte d'opinion.

b) Relevez les marques d'énonciation révélant la présence de Stéphanie LeBlanc dans son texte.

c) Qui sont les destinataires auxquels elle s'adresse ? Relevez la marque de leur présence dans le texte.

10. Le rapport que l'énonciatrice entretient avec ses destinataires est perceptible, notamment dans les marques de modalité suivantes :

- Le choix d'une variété de langue standard
- L'utilisation de phrases interrogatives
- L'utilisation de phrases impératives
- Le recours à l'interjection *De grâce !*

Associez chacune de ces marques à l'un des rôles suivants :

1) Joindre le plus de gens possible.

2) Inciter les destinataires à l'action.

3) Susciter la réflexion.

4) Toucher les destinataires par l'expression d'un sentiment d'urgence.

11. Par certains côtés, le message de l'énonciatrice peut sembler accusateur puisqu'il remet en question les habitudes des destinataires.

a) Aux lignes 12 à 15, Stéphanie LeBlanc adresse un reproche aux destinataires. Quelle marque d'énonciation emploie-t-elle pour atténuer leur part de responsabilité ?

b) Aux lignes 19 à 21, Stéphanie LeBlanc sollicite la participation des destinataires. Quelle marque d'énonciation utilise-t-elle pour leur signifier qu'elle est prête à s'engager, elle aussi ?

■ Lisez les deux articles suivants dans lesquels on critique une même production culturelle. Après avoir jeté un rapide coup d'œil aux marques d'énonciation, vous vous intéresserez principalement au point de vue des énonciateurs par rapport à leur propos.

Abattez-moi ce mur !
(Article critique)

« Hérésie ». C'est le titre d'une des dix chansons du nouveau Malajube. La moins désagréable. La moins longue. La moins mur de son. L'insupportable mur de son de Malajube ! Plus capable. Hérésie **7** ! J'entends
5 d'ici hurler. Au bûcher, l'incroyant **8** ! Enfonçons le clou : ce parti pris de Malajube – la musique en pleine face et Julien Mineau et ses copains chantant en direct de Chibougamau sans micro – gâche tout. Ça enterre ce qu'il y a de plus beau chez Malajube, à savoir les
10 jeux d'harmonies en *falsetto* **9**. Non sans raison, certes : ça **10** empêche de comprendre les paroles. Citation de « 333 » : « On loue et on vend nos esprits, on voudrait vivre à l'infini / Nos lèvres se sèvrent de sang noir. » Poésie ado noire foncée, symbolique gothique premier
15 degré, mal de vivre mal exprimé, on est loin du *Dehors novembre* des Colocs : plutôt Les Trois Accords se prenant au sérieux. Oui, il y a des trouvailles dans cette sorte de chanson pop traitée à la prog-punk (« Porté disparu », tout particulièrement, a des tours et des dé-
20 tours séduisants), mais le plus souvent, passé les deux, trois mesures d'intro (généralement au piano), c'est le même blitzkrieg **11** : un martèlement répétitif, rébarbatif et barbant, avec une pause instrumentale ou deux, façon Pink Floyd. Ça lasse. Et ça me les casse. Sures-
25 timé, tout ça **12**.

Sylvain Cormier

Sylvain Cormier, « Abattez-moi ce mur ! »,
Le Devoir, 7 et 8 février 2009, p. E5.

Juan Gris,
Guitare sur chaise, 1913.

AU FIL DU TEXTE

7 Qu'est-ce qu'une hérésie dans le contexte ?

8 Qui est l'incroyant en question ?

9 À quoi se reconnaît le *falsetto* ?

10 Que reprend le pronom *ça* ?

11 Le mot *blitzkrieg* est un <u>emprunt</u>. De quelle langue provient-il ?

12 Que reprend *tout ça* ?

13 Qui le pronom *on* désigne-t-il ici ? Par conséquent, par quel pronom pourrait-on le remplacer ?

14 Qui le pronom *on* désigne-t-il dans cette phrase et dans les deux suivantes ? Par conséquent, par quel pronom pourrait-on le remplacer ?

Bon groupe, bon disque
(Article critique)

On **13** prendra *Labyrinthes* pour ce qu'il est : le bon album d'un bon groupe. Ni plus, ni moins. Malajube élargit ici sa palette sonore, raffine son art sans lui enlever de spontanéité, libère comme toujours des tonnes d'énergie, chante encore à trois
5 milles du micro, jette plein les oreilles d'un rock bourré de références et d'une belle sensibilité pop (« Porté disparu », irrésistible)... Malajube fait donc du Malajube. On **14** ajoute : brillamment. Et de manière plus assumée et assurée que dans *Trompe-l'œil*. Si on ne note pas de changement de ton fonda-
10 mental, on remarque une amplitude nouvelle. L'expérience, sans doute. *Labyrinthes* se révèle ainsi un disque au propos musical raffermi. Question de structures, d'une certaine complexité dans l'architecture des chansons. Brisures de rythme, puissantes

déflagrations de claviers et de guitares, Malajube fait rarement
15 dans le linéaire et sait où frapper pour que ça rentre dedans,
cela sans manquer de subtilité. Mais il y a quelque chose dans
la manière Malajube qui nous **15** laisse toujours un peu froid :
c'est efficace et libérateur, mais le manque flagrant d'intérêt
du contenu textuel (qu'on **16** tente bien de reléguer aux sous-
20 arrière-plans) commence à être moins rafraîchissant. Et c'est là
que les bons groupes se démarquent.

Guillaume Bourgault-Côté

Guillaume Bourgault-Côté, « Bon groupe, bon disque »,
Le Devoir, 7 et 8 février 2009, p. E5.

AU FIL DU TEXTE

15 Qui le pronom *nous* désigne-t-il ici ? Par conséquent,
par quel pronom pourrait-on le remplacer ?

16 À quoi le pronom *on* équivaut-il dans ce cas ?

12. TEXTES EN RÉSEAU **a)** Quelle thèse défend l'énonciateur de chacun de ces articles ? Montrez que
chaque titre contient cette thèse.

b) Que constatez-vous au sujet de la présence de
chacun des énonciateurs dans ces articles ?

c) Qui sont les destinataires de chacun des textes ?

d) Ces destinataires sont-ils présents dans chacun
des textes ? Expliquez votre réponse.

13. Les questions 13 à 16 portent sur le texte *Abattez-moi
ce mur !* (p. 65). Elles vous permettront d'examiner
certaines marques de modalité révélant l'attitude de
l'énonciateur par rapport à son propos.

Relevez d'abord tout le vocabulaire à connotation
négative permettant à Sylvain Cormier d'exprimer un
jugement sur Malajube et sa musique.

14. Relisez le texte en prêtant attention à la formulation
des phrases.

a) Que remarquez-vous au sujet des phrases aux
lignes 1 à 5 et des trois dernières phrases ?

b) Par contraste, que remarquez-vous au sujet des
phrases de la partie centrale (lignes 6 à 24) ?

15. Attardez-vous aux figures de style.

a) Relevez deux répétitions traduisant l'exaspération
de l'énonciateur.

b) Relevez deux accumulations énumérant les
défauts qu'on reproche à l'album critiqué.

16. Que concluez-vous quant aux marques de modalité
révélant le point de vue de Sylvain Cormier par rapport
à son propos ? Pour vous aider à formuler votre
constat, inspirez-vous de celui de la page 60.

17. Dans *Bon groupe, bon disque*, relevez le vocabulaire
à connotation positive permettant à Guillaume
Bourgault-Côté d'exprimer un jugement sur Malajube
et sa musique.

18. La *concession* est un procédé par lequel on commence par reconnaître une qualité pour ensuite
souligner un défaut. Montrez que l'énonciateur y a
recours dans les extraits 1 et 2 ci-après. Pour cela,
remplissez un tableau semblable au suivant.

N° de l'extrait	1	2
Mot annonçant la concession	▬	▬
Passage dans lequel une ou des qualités sont reconnues	▬	▬
Mot annonçant le ou les défauts à souligner	▬	▬
Passage dans lequel un ou des défauts sont soulignés	▬	▬

1) Oui, il y a des trouvailles dans cette sorte de chanson pop traitée à la prog-punk (« Porté disparu »,
tout particulièrement, a des tours et des détours
séduisants), mais le plus souvent, passé les deux,
trois mesures d'intro (généralement au piano), c'est
le même blitzkrieg : un martèlement répétitif, rébarbatif et barbant, avec une pause instrumentale ou
deux, façon Pink Floyd.

2) […] c'est efficace et libérateur, mais le manque flagrant d'intérêt du contenu textuel (qu'on tente bien
de reléguer aux sous-arrière-plans) commence à être
moins rafraîchissant.

Lisez les deux lettres ouvertes suivantes en vous demandant ce qui se ressemble et ce qui diffère d'un texte à l'autre.

Un temps pour tout

Monsieur le Ministre de la Famille
Assemblée nationale du Québec

Monsieur,

J'ai lu récemment des articles sur la course à la per-
5 formance à laquelle sont soumis des petits Québécois de trois ou quatre ans. J'ai été scandalisée d'apprendre que, dans certaines prétendues «garderies d'élite», on tient les enfants tellement occupés par toutes sortes d'activités qu'ils n'ont même pas le temps d'aller jouer
10 dehors. Quelle absurdité!

À trois ans, qui a besoin de savoir compter jusqu'à 100? de suivre des cours d'informatique? d'apprendre des poèmes par cœur? PERSONNE. Point.

À mon avis, l'enfant de trois ans doit jouer. Jouer, c'est
15 nécessaire, bénéfique, enrichissant, ESSENTIEL. Jouer, c'est le *travail* de l'enfant! En jouant seul ou avec ses camarades, il se développe à sa manière et à son rythme. Plus tard, à l'école, il aura bien le temps d'apprendre à lire, à écrire et à compter.

20 Évidemment, il faut interdire ces garderies hyper-stimulantes. Les pauvres enfants, qui y sont parqués par des parents bien intentionnés mais complètement inconscients, risquent, en effet, de développer toutes sortes de problèmes liés au stress. Est-ce cela qu'on veut
25 pour ces petits? Certainement pas! Votre ministère, Monsieur, doit faire ses devoirs et doit sensibiliser la population aux dangers qui guettent ces malheureux enfants auxquels on ne laisse pas une minute de répit.

Madame A.

Des pratiques à encadrer

Monsieur le Ministre de la Famille
Assemblée nationale du Québec

Monsieur,

J'ai lu récemment des articles sur la course à la per-
5 formance à laquelle seraient soumis des petits Québé-cois de trois ou quatre ans. J'ai été troublée d'apprendre que, dans certaines garderies, on tiendrait les enfants tellement occupés par toutes sortes d'activités qu'ils n'auraient pas le temps d'aller jouer dehors. Cette
10 situation m'apparaît préoccupante.

À trois ans, me semble-t-il, on n'a pas besoin de savoir compter jusqu'à 100, de suivre des cours d'informatique, d'apprendre des poèmes par cœur.

Selon moi, il serait plus normal que l'enfant de trois
15 ans passe le plus clair de son temps à jouer. En jouant seul ou avec ses camarades, il devrait se développer correctement. Il serait plus sain, je crois, de réserver pour plus tard l'apprentissage de la lecture, de l'écri-ture et du calcul.

20 Je trouverais important d'encadrer ces garderies dans lesquelles on semble surstimuler les enfants. Nous devrions nous assurer que ces derniers ne déve-loppent pas toutes sortes de problèmes liés au stress. Votre ministère, Monsieur, pourrait se pencher sur la
25 question et faire les recommandations appropriées.

Madame B.

19. TEXTES EN RÉSEAU Montrez d'abord que ces deux textes ont quelques points en commun.

a) Ils abordent le même sujet de controverse. Lequel?

b) On y défend en gros les mêmes idées. Lesquelles?

c) Ces deux textes sont fortement teintés de la subjectivité de leurs énonciatrices. À quoi cela se voit-il?

20. TEXTES EN RÉSEAU Malgré ces ressemblances, les deux textes diffèrent profondément. Cela est dû notamment aux marques de modalité révélant l'attitude des énonciatrices par rapport à leur propos. Sur le document qu'on vous remettra, examinez le relevé de ces marques, puis tirez les conclusions qui s'imposent.

Le texte et vous

21. Dans cet atelier, vous avez comparé *Un temps pour tout* et *Des pratiques à encadrer* (p. 67). En fin de compte, lequel de ces deux textes vous semble le plus convaincant? Pourquoi?

22. Y a-t-il dans votre entourage des gens qui, comme l'auteure de la lettre ouverte *Les «soutanes vertes» débarquent* (p. 51), risquent de souffrir d'écolassitude?

23. Comme l'auteure du texte *Des messages douteux* (p. 64), vous réagissez sans doute à certains messages publicitaires.

a) Lesquels vous choquent à cause des valeurs qu'ils véhiculent?

b) Lesquels présentent des valeurs qui vous touchent particulièrement?

Grammaire en contexte

Les discours rapportés

24. Dans un texte argumentatif, il est fréquent que l'auteur fasse appel à d'autres énonciateurs, dont il cite les paroles en <u>discours rapportés</u> directs ou indirects.

a) À quel autre énonciateur la signataire du texte *Les «soutanes vertes» débarquent* (p. 51) donne-t-elle la parole?

b) Quelle crédibilité accordez-vous à cet autre énonciateur?

c) Comment les propos de cet énonciateur ont-ils été rapportés? De quelle source proviennent-ils?

d) Rapportez autrement les propos de cet énonciateur. Assurez-vous de respecter le sens de ses paroles.

L'insertion de séquences textuelles variées

25. Des séquences textuelles d'autres types peuvent s'insérer dans une séquence argumentative dominante.

a) Observez d'abord la <u>séquence descriptive</u> se trouvant aux lignes 16 à 21 du texte *Les «soutanes vertes» débarquent* (p. 51). Qu'est-ce qui y est décrit?

b) Quel effet la suppression de cette séquence aurait-elle sur le texte?

c) Reconstituez maintenant la phase de questionnement et la phase explicative de la <u>séquence explicative</u> se trouvant aux lignes 30 à 35 du même texte.

d) Le premier paragraphe du texte *Des messages douteux* (p. 64) contient lui aussi une séquence descriptive. À quelles lignes se trouve-t-elle? Qu'est-ce qui y est décrit?

Vers les textes du recueil

26. Lisez le texte *L'obsession de la forme* à la page 165.

a) Qualifiez le point de vue d'Hélène Pedneault par rapport à son propos.

b) Partagez-vous l'opinion émise dans ce texte? Expliquez votre réponse.

27. **TEXTES EN RÉSEAU** Lisez, aux pages 152 à 159, les deux textes de Martin Luther King de même que les trois textes présentés en contrepoint.

a) À qui Martin Luther King s'adresse-t-il dans chacun des deux textes qu'il signe ?

b) Quelle préoccupation se dégage des deux textes ?

c) Quels liens faites-vous entre la lettre de Birmingham et le texte de Pierre Foglia (p. 152) publié quarante-six ans plus tard ?

d) Établissez maintenant des liens entre *Je fais un rêve* (p. 155) et *Quand les hommes vivront d'amour* (p. 157).

e) Lequel des cinq textes de cet ensemble vous touche le plus ? Pourquoi ?

Synthèse de l'atelier

28. Sur le document qu'on vous remettra, faites la synthèse de vos connaissances sur l'énonciateur et son point de vue.

En quelques lignes

Exercez votre capacité à communiquer de façon appropriée en réalisant une activité d'adaptation.

- Sur le document qu'on vous remettra, récrivez quelques passages clés de la lettre *Les « soutanes vertes » débarquent* pour l'adapter à un nouveau destinataire : faites comme si cette lettre s'adressait directement aux écologistes purs et durs. De plus, adoptez un ton provocateur.

- Comparez ensuite les deux versions de la lettre. Dites laquelle vous semble la plus efficace et pourquoi.

De vive voix

Écoutez plusieurs fois l'éditorial télévisé qu'on vous proposera. Sur la grille d'écoute qu'on vous remettra, vous reconstituerez l'essentiel de la séquence argumentative et vous vous pencherez sur certains éléments de la stratégie de l'énonciateur.

- Vous prêterez attention aux moyens qu'utilise l'énonciateur pour maintenir ou accroître l'attention et l'intérêt.

- Vous observerez le rapport que l'énonciateur établit avec son destinataire.

- Vous observerez, s'il y a lieu, l'utilité ainsi que l'effet de la redondance et de la répétition.

Au besoin, consultez la stratégie *Comment prendre des notes au cours d'une écoute*, à la page XXX du manuel.

Mise en pratique

Choisissez l'un des projets ci-dessous et menez-le à bien en suivant les pistes proposées. Avant de vous lancer, remémorez-vous l'essentiel du dossier en relisant la synthèse que vous avez faite à la fin de chacun des ateliers.

Option 1
Un argumentaire à construire

Faites une recherche d'arguments dans des textes divers traitant d'un sujet controversé qui vous intéresse. Voici quelques-unes des étapes que vous aurez à franchir :

- sélection d'un sujet controversé ;
- recherche de textes ;
- repérage et sélection des arguments ;
- prise en note des sources retenues ;
- reformulation des arguments ;
- présentation des résultats à l'écrit.

Vous trouverez la démarche complète accompagnant ce projet sur le document qu'on vous remettra.

Option 2
Des textes d'opinion à comparer

TEXTES EN RÉSEAU Affinez votre esprit critique. Pour ce faire, choisissez deux textes d'opinion portant sur le même sujet et comparez-les à l'aide des notions vues dans ce dossier :

- thèse et arguments ;
- valeur des arguments ;
- point de vue.

Rendez compte de vos conclusions à l'oral ou à l'écrit. La démarche complète concernant ce projet se trouve sur le document qu'on vous remettra.

Option 3
Un auteur sous la loupe

TEXTES EN RÉSEAU Réunissez au moins trois textes argumentatifs d'un même auteur et dégagez-en les traits communs que vous présenterez à l'oral ou à l'écrit. Voici des exemples de points de comparaison :

- la présence plus ou moins marquée de l'énonciateur et des destinataires ;
- le choix, la variété, la solidité des outils pour construire des arguments ;
- les marques de modalité les plus utilisées ;
- le ton.

Sur le document qu'on vous remettra, vous trouverez des pistes pour organiser votre travail.

Pour boucler la boucle

Au fil des ateliers, vous vous êtes donné des outils pour mieux vous familiariser avec l'univers de la controverse. Comment le bagage que vous avez acquis vous permet-il de poursuivre une réflexion critique sur la société dans laquelle vous vivez ? Comment vous aide-t-il à vous situer par rapport aux idées qui circulent et aux personnes qui les véhiculent ?

Voici des ressources variées qui, chacune à sa manière, aiguisent le regard. Elles sauront toutes enrichir votre répertoire personnalisé. Vous pourriez même y ajouter le plus récent recueil de votre caricaturiste préféré.

Le peuple invisible | un documentaire de Richard Desjardins et Robert Monderie

Une histoire de fantômes familiers. On les voit parfois se promener le long de la 117 dans le parc La Vérendrye. Où vont-ils, d'où viennent-ils ? Notre précédent documentaire, *L'erreur boréale*, avait pénétré suffisamment dans leur société pour que nous profitions d'un accueil favorable. Sans aucune retenue, les Algonquins nous ont ouvert leurs cœurs. Et ces cœurs sont serrés. Ils sont à peu près 9000, le même nombre qu'à l'époque du contact avec les Blancs. C'est dire comment ils ne l'ont pas eu facile.

Extrait du mot des réalisateurs.

Un présent imprésentable | un album de Quino

Créateur de *Mafalda*, Quino est aussi l'un des grands maîtres du dessin d'humour. Insolent et tendre, brillant et vachard, Quino trace dans chacun de ses albums le portrait acide de notre société [...]. Les relations humaines, les nouvelles technologies, la communication, la consommation, le couple, rien n'échappe à la plume acérée de Quino.

Quatrième de couverture.

Les 100 discours qui ont marqué le XXe siècle | un ouvrage collectif

[...] le lecteur sera diversement touché par les grands discours des uns et des autres. Certains nous semblent gauches, décalés, d'un autre âge. [...] c'est que les discours doivent s'appuyer sur le temps, parfois sur l'air du temps, pour s'élever ensuite et prendre leur élan transformateur. Mais ceux qui ont traversé les décennies et les continents, [...] et qui encore choquent, émeuvent, appellent à l'action, démontrent mieux que toute explication le pouvoir des mots.

Extrait de la préface de Jean-François Lisée, p. 18.

Culture codes | un essai de Clotaire Rapaille

J'ai toujours été du côté de ceux qui doivent lutter contre les préjugés, et qui n'ont d'autre refuge que leur art, leur talent, leur créativité. Moi aussi, j'ai dû combattre les préjugés, et les jalousies. [...] Petit à petit, la reconnaissance est venue, à travers une série d'articles. Je suis devenu le «numéro un de la créativité» [...] et le «pape de la communication» [...]. Mais ma vie n'était pas là. J'étais fait pour la découverte. La découverte des cultures du monde.

Extrait de l'avant-propos, p. 12.

Angel Zarraga,
La poétesse, 1917.

Vous trouverez dans cette section cinq des neufs séries d'activités et d'exercices de grammaire, qui sont organisés autour des erreurs les plus fréquentes.

Pourquoi avoir élaboré des activités et des exercices autour des erreurs les plus fréquentes ? Parce que les résultats de diverses recherches nous apprennent que 75 % des fautes commises dans les productions écrites des élèves relèvent d'erreurs de grammaire. La plupart de ces erreurs se classent parmi les cas réguliers, qui sont les cas les plus fréquents.

Les activités et les exercices proposés dans ces séries devraient vous amener à comprendre certaines de vos erreurs et vous aider à développer vos réflexes d'autocorrection et de relecture lors de l'écriture de vos textes, tant en français que dans les autres disciplines.

Activités et exercices de grammaire

SOMMAIRE

GRAMMAIRE DE LA PHRASE

1

Activités sur des difficultés liées
à la construction de phrases

CONNAISSANCES
à consulter, au besoin

- Formes de la phrase
  (p. XXX)
- Types de phrases (p. XXX)

📄 **Pour vérifier vos acquis sur la construction de phrases, faites les activités du document XXX.**

Doit-on écrire «On a pas la réponse.» ou «On n'a pas la réponse.»? Qu'est-ce qui ne va pas dans «Pas personne ne veut venir.»? Que manque-t-il dans «Que faites vous?» Voilà, à titre d'exemples, de bonnes questions à se poser pour résoudre une fois pour toutes les erreurs les plus fréquentes liées à **la construction de phrases**. Les pages qui suivent vous aideront à résoudre ces difficultés.

Évaluer son habileté à vérifier la construction de phrases

1. a) Dans les textes suivants, vérifiez s'il manque des marques d'interrogation ou de négation et, s'il y a lieu, précisez, pour chaque numéro, l'élément manquant qui convient.

    b) Évaluez vos connaissances liées à la construction de phrases à l'aide de l'encadré à la page 75.

L'espérance de vie au 21ᵉ siècle

(1) ▆▆▆ il y a une limite à l'espérance de vie humaine? C'est là une des questions les plus controversées qui n'a trouvé **(2)** ▆▆▆ pour l'instant **(3)** ▆▆▆ réponse.

Dans des conditions naturelles, toute forme de vie a sa limite, appelée *sénescence*. **(4)** ▆▆▆ entend-on exactement par sénescence? Il s'agit tout simplement de la phase où l'organisme s'épuise. Chez l'être humain, on **(5)** ▆▆▆ estimait que la sénescence se situait autour de 85 ans; pourtant, certaines personnes atteignent 90 ans, voire davantage. Les études menées en génétique pourraient bien repousser la limite supérieure de l'espérance de vie durant la première moitié du 21ᵉ siècle.

Bien sûr, tout cela suppose que la santé des populations va continuer de s'améliorer et que de nouvelles maladies **(6)** ▆▆▆ inverseront pas cette tendance. On peut aussi s'interroger sur l'effet de l'usage massif des antibiotiques **(7)** ▆▆▆ **(8)** ▆▆▆ vont-ils pas susciter des résistances dans les organismes et contribuer à la réapparition de maladies que l'on croyait dominer **(9)** ▆▆▆ Enfin, les progrès scientifiques serviront **(10)** ▆▆▆ à la majorité de la population humaine?

Notre monde dans 20 ans

(11) ▆▆▆ sera notre monde dans 20 ans? Le réchauffement climatique va **(12)** ▆▆▆ emporter notre civilisation dans les prochaines décennies? **(13)** ▆▆▆ quantité de mémoire une clé USB pourra **(14)** ▆▆▆ stocker? **(15)** ▆▆▆ arrivera **(16)** ▆▆▆ à vaincre le cancer? Pourra **(17)** ▆▆▆ passer un test d'imagerie par résonance magnétique dans le bureau de son médecin? Ce ne sont là que quelques-unes des questions qui tracassent aujourd'hui les chercheurs ou tout simplement les gens curieux. Peut **(18)** ▆▆▆ y répondre?

→

«Prudence scientifique oblige, car toute prédiction doit être prise pour ce qu'elle est : une extrapolation de ce qui est observable aujourd'hui», affirment les spécialistes. En effet, peut-on dire quelque chose de valable sur ce qui, par définition, est impossible à étudier et qui **(19)** ▬ existe pas encore **(20)** ▬

Nombre de bonnes réponses : ▬ / 20

En fonction du résultat que vous avez obtenu et en faisant un survol du contenu de cette série d'activités et d'exercices, évaluez comment ces activités et exercices pourraient vous être utiles.

▬ Ils me serviront à faire de nouveaux apprentissages pour éviter certaines erreurs.

▬ Ils me serviront à consolider des apprentissages déjà assez maîtrisés.

Résoudre quelques difficultés liées à la phrase interrogative

PRINCIPALES SOURCES D'ERREURS DANS LA PHRASE INTERROGATIVE

Description des erreurs et exemples d'erreurs	Correction des erreurs
A. Le mot interrogatif (ou l'expression interrogative) est placé après le verbe.	
⊘ Tu partiras quand ?	Quand partiras-tu ?
B. Le pronom sujet est placé avant le verbe.	
⊘ Comment tu vas ?	Comment vas-tu ?
C. Le GN sujet n'est pas repris par un pronom après le verbe.	
⊘ Où Hélène travaille ?	Où Hélène travaille-t-elle ?
D. Le ou les traits d'union entre le verbe (ou son auxiliaire) et le pronom sujet sont manquants.	
⊘ Où allez vous ?	Où allez-vous ?
⊘ Éloi a t il remporté la course ?	Éloi a-t-il remporté la course ?
E. Un *qui* (ou un *que*) ou un *c'est qui* (ou un *c'est que*) est en trop.	
⊘ Qui qui vient au cinéma ?	Qui vient au cinéma ?
⊘ C'est qui qui a remporté le prix ?	Qui a remporté le prix ?
⊘ Quand c'est que tu déménages ?	Quand déménages-tu ?
F. Il y a un pronom *tu* de trop.	
⊘ Tu veux-tu te taire ?	Veux-tu te taire ?
G. Le pronom *tu* est mis à la place d'un autre pronom.	
⊘ Les élèves ont-tu échoué à l'examen ?	Les élèves ont-ils échoué à l'examen ?
H. Le mot interrogatif *quoi* est employé à la place de *que* (*qu'*) ou de *quel* (*quels, quelle, quelles*).	
⊘ C'est quoi ton adresse électronique ?	Quelle est ton adresse électronique ?
⊘ Quoi c'est que tu fais ?	Qu'est-ce que tu fais ?

Description des erreurs et exemples d'erreurs	Correction des erreurs
I. Le mot interrogatif *comment* est employé dans le sens de *combien*. ⊘ Comment de pays as-tu visités ?	Combien de pays as-tu visités ?
J. La phrase ne se termine pas par un point d'interrogation. ⊘ Est-ce que vous me comprenez bien.	Est-ce que vous me comprenez bien ?

2. Repérez les erreurs dans les phrases suivantes.

   a) Dans chaque cas, indiquez la nature de l'erreur en choisissant la lettre appropriée parmi celles du tableau PRINCIPALES SOURCES D'ERREURS DANS LA PHRASE INTERROGATIVE.

   b) Récrivez chaque phrase correctement.

   1) ⊘ En quelle année le mot *écologie* a-t-il été créé.
   2) ⊘ Tu penses-tu que toutes ces réformes sont applicables ?
   3) ⊘ Les débuts des organisations écologistes remontent à quand ?
   4) ⊘ Comment existe-t-il de catégories de pesticides ?
   5) ⊘ Quoi c'est que c'est la mondialisation ?
   6) ⊘ Les auditeurs ont-tu bien compris la notion de développement durable ?
   7) ⊘ Comment tu vas faire pour les inciter à s'engager dans leur communauté ?
   8) ⊘ C'est qui qui a élaboré une charte sur les droits des travailleurs migrants ?
   9) ⊘ C'est quoi les risques issus de cette dégradation des écosystèmes ?
   10) ⊘ Où le zoologiste Ernst Haeckel est né ?
   11) ⊘ Le développement durable est il compatible avec le capitalisme ?
   12) ⊘ On commence à parler de génétique à quel moment ?

Résoudre quelques difficultés liées à la phrase négative

PRINCIPALES SOURCES D'ERREURS DANS LA PHRASE NÉGATIVE

Description des erreurs et exemples d'erreurs	Correction des erreurs
A. La négation *ne* (*n'*) est manquante. ⊘ Personne a réclamé cet objet.	Personne n'a réclamé cet objet.
B. La négation *ne* (*n'*) est mal placée. ⊘ Des encouragements, elles en n'ont jamais trop.	Des encouragements, elles n'en ont jamais trop.
C. La phrase comporte une marque de négation de trop. ⊘ Pas personne n'a pu être à l'heure.	Personne n'a pu être à l'heure.
D. La phrase est positive et comporte une marque de négation *ne* (*n'*) qui n'y a pas sa place. ⊘ On n'a enfin publié ses nouvelles.	On a enfin publié ses nouvelles.

Description des erreurs et exemples d'erreurs	Correction des erreurs
E. Le ou les pronoms compléments du verbe sont placés après le verbe dans la phrase impérative négative. ⊘ Parle-lui pas de notre projet.	Ne lui parle pas de notre projet.
F. Le déterminant partitif (*de, de la, de l'*) ou le déterminant indéfini (*un, une, des*) est employé à la place de la forme *de* (*d'*) dans le complément direct du verbe. ⊘ Elle ne tolère pas des fumeurs dans sa maison.	Elle ne tolère pas de fumeurs dans sa maison.

3. Repérez les erreurs dans les phrases suivantes.

a) Dans chaque cas, indiquez la nature de l'erreur en choisissant la ou les lettres appropriées parmi celles du tableau PRINCIPALES SOURCES D'ERREURS DANS LA PHRASE NÉGATIVE.

b) Récrivez chaque phrase correctement.

1) ⊘ Pas personne ne peut nier l'ampleur de cette crise.

2) ⊘ Rien a été écrit sur ce sujet.

3) ⊘ Pas personne n'a reçu des avis de renouvellement.

4) ⊘ On n'a couru pour que son frère nous rattrape pas.

5) ⊘ On n'a enfin pu le voir à l'œuvre.

6) ⊘ Parle-lui pas de notre conversation.

7) ⊘ Des randonnées, on en n'a pas beaucoup faites cet hiver.

8) ⊘ Pas rien ne le fera changer d'avis.

Réviser et corriger un texte

4. Dans les phrases surlignées, des erreurs liées à la construction de phrases ont été introduites. Corrigez-les afin de rétablir la version originale de cet extrait et justifiez vos corrections.

L'enfer à l'université

⊘ **Pas aucun cinéaste avant lui ne s'était aventuré à aborder le drame de Polytechnique.** Denis Villeneuve admet que le tournage a été une expérience artistique périlleuse. Le Québec est-tu prêt à replonger dans cette tragédie ?

L'actualité a rencontré le cinéaste à Montréal, au moment où il mettait la touche finale à son long métrage.

— Comment qu'un cinéaste aborde un sujet aussi délicat, qui a bouleversé à ce point la société québécoise ?

— Le mot clé qui m'a guidé du début à la fin, c'est « humilité ». C'est ainsi que j'ai abordé ce sujet. Il était important pour moi d'éviter de tomber dans le piège du « pourquoi » et de proposer des interprétations ou des explications simplistes à cette tragédie. Nous avons voulu, le scénariste Jacques Davidts et moi, montrer ce drame du point de vue des étudiants, des victimes. Nous avons d'ailleurs reçu l'aval de la Fondation des victimes du 6 décembre contre la violence. Cette dernière était d'accord pour que nous fassions ce film, à condition qu'il porte pas sur le bourreau, qu'il en ne fasse pas une sorte de vedette. D'ailleurs, il est assez consternant de constater qu'on se souvient du nom du tueur, mais qu'on n'arrive difficilement à nommer ses victimes.

[...]

— Certains spectateurs se demanderont pourquoi vous avez fait ce film? Pourquoi rouvrir cette cicatrice? Pourquoi il faut faire de l'art avec des drames pareils?

— Je comprends ces interrogations. Je les ai eues, moi aussi. Je me suis parfois demandé, en cours de tournage: mais quoi c'est que je fais là? J'ai tout de même accepté de réaliser ce film quand Karine Vanasse me l'a proposé. J'ai l'âge des survivantes, 41 ans, et j'ai « grandi » avec cette tragédie. Je trouvais le sujet douloureusement pertinent. [...] C'est le prétexte à une réflexion sur la place de la femme dans la société.

[...]

— On peut survivre, sur le plan émotif, à un pareil tournage comment?

— Je veux surtout pas m'apitoyer sur mon sort. Mes angoisses ne sont pas rien si on les compare à celles des proches des victimes. Cela dit, j'ai vécu ce tournage difficilement et je suis encore troublé. [...]

— Pourquoi c'est que vous insistez sur le fait qu'il s'agit d'une fiction?

— Nous avons rencontré, Jacques Davidts et moi, des survivants, de même que des policiers, des coroners et des ambulanciers. Le film garde un grand souci d'authenticité. Toutes les actions sont vraies, à 95 %. Mais les deux personnages principaux, interprétés par Karine Vanasse et Sébastien Huberdeau, sont fictifs. Leur histoire est une sorte de condensé de plusieurs autres, mais pas personne ne se reconnaîtra en eux. Il était important pour nous d'aborder le sujet tout en respectant les victimes et leur famille. On n'a épuré plusieurs scènes, de manière à éviter une surdose de violence. [...]

— Craignez vous l'accueil que l'on fera à votre film?

— Je suis convaincu que certaines personnes l'aimeront pas. Nous n'y pouvons pas rien. Chose certaine, on pourra pas nous accuser de faire un film à la gloire du monstre qui a orchestré cette tragédie.

Pierre Cayouette, « L'enfer à l'université », *L'actualité*, vol. 34, n° 2, 1er février 2009, p. 69, 70 et 71.

Texte légèrement modifié à des fins pédagogiques.

 Poursuivez votre travail sur la construction de phrases en faisant les activités qu'on vous remettra.

Activités sur des difficultés liées
à **la coordination** et à **la juxtaposition**

CONNAISSANCES
à consulter, au besoin

- Jonction de groupes et de phrases (p. XXX)
- Fonctions dans la phrase (p. XXX)
- Fonctions dans les groupes (p. XXX)

📄 **Pour vérifier vos acquis sur la coordination et la juxtaposition, faites les activités du document xxx.**

Doit-on écrire «Il a demeuré en Espagne, Italie et Belgique.» ou «Il a demeuré en Espagne, en Italie et en Belgique.»? Qu'est-ce qui ne va pas dans «J'ai lu cette critique et avec beaucoup d'intérêt.»? Que manque-t-il dans «Il faut que tu m'écrives et viennes me visiter plus souvent.»? Voilà, à titre d'exemples, de bonnes questions à se poser pour résoudre une fois pour toutes les erreurs les plus fréquentes liées à **la coordination** et à **la juxtaposition**. Les pages qui suivent vous aideront à résoudre ces difficultés.

Évaluer son habileté à coordonner et à juxtaposer des groupes et des phrases

1. **a)** Dans l'extrait suivant, vérifiez s'il manque des éléments pour coordonner ou juxtaposer les groupes et les phrases et, s'il y a lieu, précisez, pour chaque numéro, l'élément manquant qui convient.

  b) Évaluez vos connaissances liées à la coordination et à la juxtaposition à l'aide de l'encadré à la page xxx.

L'hyperlivre : des mots pour jouer

La rencontre entre la littérature et l'hypertexte a donné naissance à un curieux hybride mi-livre, mi-jeu : l'hyperlivre. On le parcourt à son écran d'ordinateur. Il suffit de cliquer avec sa souris **(1)** ▬▬ sur divers mots-liens du texte pour avoir accès à de nouvelles pages, **(2)** ▬▬ des explications, **(3)** ▬▬ des définitions et même **(4)** ▬▬ des cartes, **(5)** ▬▬ des illustrations, **(6)** ▬▬ des documents sonores, **(7)** ▬▬ des animations.

On est loin des simples versions électroniques de livres traditionnels. Au lieu que l'on suive une séquence linéaire, les chapitres d'un hyperlivre peuvent être lus dans n'importe quel ordre [...] Et comme chaque lecteur choisit son parcours, chaque lecture est unique et originale. Elle peut même être participative, puisque certains auteurs nous invitent à ajouter des liens et **(8)** ▬▬ il est également possible d'ajouter des commentaires **(9)** ▬▬ pour enrichir l'œuvre.

Le phénomène est encore très marginal en France et ici, mais une véritable hyper-littérature se développe en Italie, **(10)** ▬▬ Russie, **(11)** ▬▬ Allemagne, **(12)** ▬▬ Scandinavie et, surtout, aux États-Unis [...]

L'avènement de l'hyperlivre ne signifie sûrement pas la mort du livre papier, mais il annonce ce qui pourrait bien être une deuxième révolution Gutenberg. La formule, en effet, se prête autant à la fiction qu'aux essais ou **(13)** ▬▬ manuels scolaires. [...]

→

Alice Kent Stoddard,
Sur la chaise, 1930.

* Les entrées surlignées sont des connaissances
à construire et à mobiliser en troisième année du
2e cycle du secondaire.

Références

SOMMAIRE

Accord dans le groupe nominal

Groupe nominal

Déterminant

Adjectif

RÈGLE

Dans le groupe nominal (GN), le **nom** donne son genre et son nombre au **déterminant** et aux **adjectifs** qui l'accompagnent.

Ex. : **Ces érables droits** et **sains** projettent **une ombre bienfaisante**.

Ex. : Maria est **une musicienne espagnole** particulièrement **douée**.

Ex. : Luce a **une excellente mémoire**. Elle a présenté **un mémoire** très **convaincant**.

Ex. : J'ai rencontré **tous ces vainqueurs**. **Toutes les participantes** ont bien joué.

Cas particuliers d'accord de l'adjectif dans le GN

1er cas L'adjectif complète des noms singuliers juxtaposés ou coordonnés par *et, ou, ni, ainsi que, de même que* ou *comme*.

1. L'**adjectif** qui complète des **noms singuliers** de même genre reçoit le genre de ces noms et se met au pluriel.

Ex. : Son **genou** et son **pied droits** la font énormément souffrir.

Ex. : **Affamées**, **Fatima** et **Camille** ont dévoré leur repas.

REMARQUE

Lorsque les noms juxtaposés ou coordonnées sont synonymes ou expriment une gradation, l'adjectif s'accorde avec le dernier nom.

Ex. : Le sentiment, la **sensation étrange** d'être suivis nous rendait prudents.

Ex. : Je ressentais une fatigue, un **épuisement général**.

2. L'**adjectif** qui complète des **noms singuliers** de genres différents se met au masculin pluriel.

Ex. : Sa **cuisse**, sa **jambe** ainsi que son **pied droits** enflent à vue d'œil.

REMARQUE

Il est préférable, dans de tels cas, de placer le nom masculin juste avant l'adjectif.

Ex.: **À éviter:** Tu partiras une fois tes devoirs et tes leçons terminés.

   À privilégier: Tu partiras une fois tes leçons et tes devoirs terminés.

3. L'adjectif qui ne complète que le dernier nom reçoit le genre et le nombre de ce nom.

Ex.: Il n'apprécie ni la photographie ni la danse contemporaine.
   f. s.

REMARQUE

Dans de tels cas, il suffit souvent de changer l'ordre des noms pour éviter toute confusion.

Ex.: Il n'apprécie ni la danse contemporaine ni la photographie.

2ᵉ cas **Plus d'un adjectif classifiant complète un nom pluriel désignant des réalités distinctes.**

Les **adjectifs classifiants** qui complètent un **nom pluriel** désignant des réalités distinctes reçoivent seulement le genre de ce nom.

Ex.: Les parties patronale et syndicale n'arrivent pas à s'entendre.

Ex.: Elle connaît les langues espagnole et italienne.

3ᵉ cas **L'adjectif fait partie d'un groupe nominal dont le noyau est un nom collectif.**

Lorsque l'**adjectif** fait partie d'un groupe nominal dont le noyau est un nom collectif (nom qui désigne un ensemble de réalités), l'accord se fait:

• soit avec le **nom collectif** si on veut insister sur l'idée d'ensemble de ce collectif;

   Ex.: Il y avait une foule d'adolescents prête à participer au marathon.
      f. s.

• soit avec le **complément du nom collectif** si on veut insister sur les éléments constituant l'ensemble du collectif.

   Ex.: Il y avait une foule d'adolescents prêts à participer au marathon.
      m. pl.

REMARQUE

Le sens de la phrase exige parfois de faire l'accord de l'**adjectif** avec le **nom collectif** ou avec le complément du nom collectif.

Ex.: Une pile d'assiettes vacillante traînait sur la table. (C'est la pile d'assiettes qui est vacillante.)

Ex.: Une foule d'objets métalliques décoraient la pièce. (Ce sont les objets qui sont métalliques.)

4ᵉ cas   Les adjectifs *demi* et *nu*

1. L'adjectif *demi* :

- placé AVANT le **nom**, auquel il est joint par un **trait d'union**, est invariable ;

  Ex. : Dans une **demi-heure** commenceront les **demi-finales** de hockey.

- placé APRÈS le **nom**, auquel il est joint par *et*, ne reçoit que le genre de ce nom.

  Ex. : J'ai loué un trois **pièces** et **demie** à deux **kilomètres** et **demi** du stade.

2. L'adjectif *nu* :

- placé AVANT le **nom**, auquel il est joint par un **trait d'union**, est invariable ;

  Ex. : L'enfant était **nu-pieds** et **nu-tête** malgré le froid.

- placé APRÈS le **nom** reçoit le genre et le nombre de ce nom.

  Ex. : L'enfant était **pieds nus** et **tête nue** malgré le froid.

5ᵉ cas   L'adjectif *possible* suit un nom précédé des expressions *le plus* ou *le moins*.

L'adjectif *possible* qui suit un **nom** précédé des expressions *le plus* ou *le moins* est invariable. Dans ce cas, il a le sens de « qu'il est possible ».

Ex. : Faites **le plus** d'**exercices possible**. (Le plus d'exercices qu'il est possible de faire.)

Ex. : Tu apportes **le moins** de **bagages possible**. (Le moins de bagages qu'il est possible d'apporter.)

6ᵉ cas   L'adjectif *tel* introduit une comparaison ou un exemple.

Lorsque l'**adjectif *tel*** introduit une comparaison ou un exemple :

- *tel* reçoit le genre et le nombre du ou des **noms** qui le suivent ;

  Ex. : On trouve en Afrique différentes espèces de grands singes,

  tels le **chimpanzé** et le **gorille**.

- *tel* suivi de *que* reçoit le genre et le nombre du **nom** qui le précède.

  Ex. : Ce sont les **primates tels** que le gorille qui la fascinent.

  Ex. : Je préfère les **fleurs** odorantes **telles** que le lilas et le muguet.

7e cas   L'adjectif de couleur est de forme composée ou provient d'un nom.

1. Lorsque l'**adjectif de couleur** est de forme composée, tous les éléments qui le composent sont invariables.

> Ex.: Juliane a de beaux yeux **gris-vert** et des cheveux **châtain clair**.

2. Lorsque l'**adjectif de couleur** provient d'un nom, il est invariable.

> Ex.: Il s'est acheté un beau chandail **prune** et des souliers **marron**.

REMARQUE

Quelques adjectifs de couleur provenant de noms reçoivent le genre et le nombre de leur donneur. Il s'agit des adjectifs suivants : *écarlate, fauve, incarnat, mauve, pourpre, rose* et *vermeil*.

COUP DE POUCE

Pour vérifier l'accord dans le GN

Chaque fois que vous repérez un nom :

a) Indiquez au-dessous son genre et son nombre.

b) Repérez les receveurs d'accord (déterminants et adjectifs) rattachés à ce nom. Tracez une flèche allant du nom vers chacun des receveurs.

c) Assurez-vous que chaque receveur a le genre et le nombre de son donneur.

> Ex.: Vos chansons les plus récentes touchent davantage les vrais amateurs de poésie.
>   f. pl.   m. pl.

Accord du participe passé d'un verbe pronominal

L'ACCORD RÉGI PAR LE COMPLÉMENT DIRECT DU VERBE

Complément
direct du verbe
Verbe

RÈGLE

Lorsque le **pronom** (*se, s', me, m', te, t', nous* ou *vous*) du verbe pronominal est un **complément direct**, il donne son genre et son nombre au **participe passé**.

> Ex.: Elles **s'**étaient **perdues**, mais elles **se** sont **retrouvées** à la sortie.
>   f. pl.   f. pl.

> Ex.: Les lampadaires **se** sont **allumés** dans le parc.
>   m. pl.

Complément indirect du verbe
Verbe

RÈGLE

Lorsque le **pronom** (*se, s', me, m', te, t', nous* ou *vous*) du verbe pronominal est un **complément indirect**, le **participe passé** reste invariable, SAUF si le verbe a un **complément direct placé AVANT**.

Ex. : Les deux adversaires **se** sont **souri** avant l'entrevue.

Dans l'exemple ci-dessus, le participe passé *souri* est invariable, puisque le pronom *se* est CI (on sourit toujours **à qqn**) et que le verbe n'a pas de complément direct placé avant. (D'ailleurs, le verbe *sourire* n'a jamais de complément direct. On ne peut pas sourire **qqch.**)

Ex. : Elle **s'**est **posé** des questions à la lecture de cet article.

Dans l'exemple ci-dessus, le participe passé *posé* ne s'accorde pas, puisque le pronom *s'* est CI (elle a posé des questions **à elle-même**) et que le verbe n'a pas de complément direct placé avant.

Par contre, dans l'exemple ci-dessous, le participe passé *posé* s'accorde, puisque le verbe a un complément direct placé avant lui.

Ex. : Quelles **questions** s'est-elle **posées** à la lecture de cet article ?
f. pl.

Ex. : Ils **se** sont **donné** des conseils judicieux.

Dans l'exemple ci-dessus, le participe passé *donné* ne s'accorde pas, puisque le pronom *se* est CI (ils ont donné des conseils **à eux-mêmes**) et que le verbe n'a pas de complément direct placé avant.

Par contre, dans l'exemple ci-dessous, le participe passé *donné* s'accorde, puisque le verbe a un complément direct placé avant lui.

Ex. : Les conseils **qu'**ils se sont **donnés** étaient judicieux.
m. pl.

L'ACCORD RÉGI PAR LE SUJET

Sujet de phrase
Verbe

RÈGLE

Dans certains verbes pronominaux, le participe passé s'accorde toujours. La liste de ces verbes est plutôt limitée : *s'absenter de, s'abstenir de, s'acharner à, s'adonner à, s'affairer à, s'en aller, s'apercevoir de, s'attaquer à, s'attendre à, se douter de, s'échapper de, s'écrier, s'efforcer de, s'emparer de, s'enfuir de, s'ennuyer de, s'entêter à, s'exclamer, se méfier de, se moquer de, s'obstiner à, se plaindre de, s'en prendre à, se repentir de, se servir de, se soucier de, se souvenir de, s'en venir*, etc.

Dans ces cas, on considère que le participe passé s'accorde avec le sujet ; c'est donc le **noyau** du **sujet** qui donne son genre et son nombre au **participe passé**.

Ex. : **Elle** s'est **entêtée** à bouder les questions des journalistes.
f. s.

Ex. : **Léa et Justine** se sont **souvenues** avec tristesse de leurs parents.
f. s. f. s.
f. pl.

Ex.: Luc et toi, **vous** vous êtes **plaints** de vos voisins trop bruyants.
m. pl.

Ex.: **Elle** s'est **exclamée** qu'elle était ravie.
f. s.

Ex.: **Ils** se sont **écriés**: «Bravo!»
m. pl.

Ex.: Éloi et moi, **nous** nous sommes **aperçus** trop tard de nos erreurs.
m. pl.

Ex.: **Elles** se sont **extasiées** devant la beauté de ce paysage.
f. pl.

Ex.: Pourquoi se sont-**ils enfuis** à toutes jambes?
m. pl.

COUP DE POUCE

Pour vérifier l'accord du participe passé d'un verbe pronominal

Pour vérifier l'accord du participe passé d'un verbe pronominal, il faut d'abord s'assurer d'avoir choisi le bon donneur d'accord. Aussi, chaque fois que vous repérez le participe passé d'un verbe pronominal, posez-vous dans l'ordre les trois questions suivantes.

1re question: Le pronom du verbe pronominal est-il un complément direct?

Oui. Dans ce cas, le donneur est ce pronom. On applique donc la stratégie du **COUP DE POUCE** *Pour vérifier l'accord du participe passé employé avec* avoir, à la p. 89.

Ex.: Elle s'est blessée à la cheville en jouant.
f. s.

Non. Passez à la question suivante.

2e question: Le verbe pronominal a-t-il un complément direct placé avant lui?

Oui. Dans ce cas, le donneur est ce complément direct. On applique donc la stratégie du **COUP DE POUCE** *Pour vérifier l'accord du participe passé employé avec* avoir, à la p. 89.

Ex.: La cheville qu'il s'est blessée va mieux maintenant.
f. s.

Non. Passez à la question suivante.

3e question: Le pronom du verbe pronominal est-il, à l'évidence, un complément indirect?

Oui. Dans ce cas, le participe passé est invariable.

Ex.: Elles se sont promis de revenir. (Elles ont promis **à elles-mêmes**.)

Non. Dans ce cas, le verbe pronominal fait partie de la liste des verbes pronominaux dont le participe passé s'accorde toujours (avec le sujet).

Ex.: Elles se sont aperçues de leur erreur.
f. pl.

On applique donc la stratégie du **COUP DE POUCE** *Pour vérifier l'accord [...] du participe passé employé avec* être, à la p. xxx.

Accord régi par le complément direct du verbe

L'ACCORD DU PARTICIPE PASSÉ EMPLOYÉ AVEC *AVOIR*

Complément
direct du verbe

RÈGLE

Le **noyau du groupe complément direct du verbe** donne son genre et son nombre au **participe passé employé avec *avoir*** si le complément direct est placé **AVANT** le verbe.

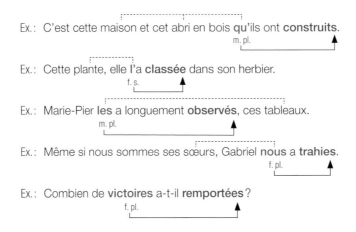

Ex.: C'est cette maison et cet abri en bois qu'ils ont **construits**.
m. pl.

Ex.: Cette plante, elle l'a **classée** dans son herbier.
f. s.

Ex.: Marie-Pier **les** a longuement **observés**, ces tableaux.
m. pl.

Ex.: Même si nous sommes ses sœurs, Gabriel **nous** a **trahies**.
f. pl.

Ex.: Combien de **victoires** a-t-il **remportées**?
f. pl.

Cas particuliers d'accord du participe passé employé avec *avoir*

1er cas   Le participe passé employé avec *avoir* précédé du pronom complément direct *en*

Le **participe passé** qui a pour **complément direct le pronom** *en* est invariable.

Ex.: De bonnes résolutions, j'**en** ai pourtant **pris**.

2e cas   Le participe passé employé avec *avoir* précédé du pronom complément direct *le* ou *l'* qui reprend une phrase ou une partie de phrase

Le **participe passé** qui a pour **complément direct le pronom** *le* ou *l'* reprenant une phrase ou une partie de phrase est invariable.

Ex.: Les chatons sont nés. Nous **le** lui avons **annoncé**.

Ex.: La blessure est plus grave que je ne l'avais **pensé**.

3e cas   Le participe passé employé avec *avoir* suivi d'un verbe à l'infinitif

Le **participe passé** suivi d'un **verbe à l'infinitif** reçoit le genre et le nombre du **pronom complément direct** si celui-ci:

- est placé AVANT le verbe;
- fait l'action exprimée par le verbe à l'infinitif.

Ex.: Les musiciens **que** j'ai **entendus jouer** étaient excellents.
m. pl.

Le pronom complément direct *que*, placé avant le verbe, fait-il l'action de *jouer*?
Oui. Le participe passé *entendus* s'accorde.

Ex.: Les airs **que** j'ai **entendu jouer** étaient très beaux.

Le pronom complément direct *que* fait-il l'action de *jouer*?
Non. Le participe passé *entendu* est donc invariable.

REMARQUES

- Le **participe passé** suivi d'un **verbe à l'infinitif sous-entendu** est invariable.

  Ex.: Tu as fait tous les efforts que tu as **pu**. (Sous-entendu: **faire**)

  Ex.: Je n'ai pas posé toutes les questions que j'aurais **dû**. (Sous-entendu: **poser**)

- Le **participe passé** du verbe *faire* ou *laisser* suivi d'un **verbe à l'infinitif** est toujours invariable.

  Ex.: Je les ai **fait courir**.   Ex.: Je les ai **laissé partir**.

4e cas   Le participe passé d'un verbe impersonnel

Le **participe passé** d'un verbe impersonnel est toujours invariable.

Ex.: Imaginez l'audace qu'il a **fallu** pour présenter un tel spectacle!

COUP DE POUCE

Pour vérifier l'accord du participe passé employé avec *avoir*

Chaque fois que vous repérez un participe passé employé avec *avoir*:

a) Trouvez, s'il y en a un, le pronom ou le groupe nominal complément direct du verbe.

b) Vérifiez si le complément direct est placé AVANT le verbe. Si oui, c'est le donneur d'accord.

c) Inscrivez le genre et le nombre au-dessous du donneur, puis tracez une flèche allant du donneur au receveur.

d) Assurez-vous que le receveur a le même genre et le même nombre que le donneur.

Ex.: La semence d'érable **que** le soleil avait **chauffée** s'est séparée de sa membrane.
f. s.

L'ACCORD DE L'ADJECTIF ATTRIBUT DU COMPLÉMENT DIRECT DU VERBE

Complément
direct du verbe

Adjectif

Attribut du
complément
direct du verbe

RÈGLE

Le **noyau du groupe complément direct du verbe** donne son genre et son nombre à l'**adjectif attribut du complément direct du verbe**.

Ex.: Les inondations ont laissé les **citoyens ruinés**.
m. pl.

Ex.: Je trouve les **paroles** de cette chanson **admirables**.
f. pl.

Ex.: Ces petites, je **les** pensais un peu plus **âgées**.
f. pl.

Ex.: Cette blessure, il **la** jugea **mortelle**.
f. s.

COUP DE POUCE

Pour vérifier l'accord de l'adjectif attribut du complément direct du verbe

Chaque fois que vous repérez un adjectif attribut du complément direct du verbe :

a) Trouvez le pronom ou le groupe nominal complément direct du verbe. C'est le donneur.

b) Inscrivez le genre et le nombre au-dessous du donneur, puis tracez une flèche allant du donneur au receveur.

c) Assurez-vous que le receveur a le même genre et le même nombre que le donneur.

Ex.: Tes remarques sont blessantes, je **les** trouve **déplacées**.
f. pl.

Accord régi par le sujet

L'ACCORD DU VERBE

Sujet de phrase
Verbe

RÈGLE

Le **noyau** du sujet donne sa personne et son nombre au **verbe** ou à l'**auxiliaire** (si le verbe est à un temps composé).

Ex.: **Ces ouvrages** nous **aideront** à améliorer notre style.
3ᵉ pers. pl.

Ex.: **Elle a** remporté le premier prix du concours de chant.
3ᵉ pers. s.

Ex.: Les personnes **qui désirent** s'inscrire à cette activité doivent le faire aujourd'hui.
3ᵉ pers. pl.

Ex.: **Interpréter tes chansons relève** de la haute voltige.
3ᵉ pers. s.

Ex.: Sous la pierre **grouillent** des dizaines de **bestioles**.
3ᵉ pers. pl.

Ex.: **Qu'il ait remporté un prix littéraire** me **réjouit**.
3ᵉ pers. s.

Cas particuliers d'accord du verbe

1er cas   Le pronom personnel *on* sujet

Lorsque le sujet est le pronom personnel *on*, le **verbe** ou l'**auxiliaire du verbe** se met toujours au singulier.

Ex.: **On a** fait une erreur en lui faisant confiance.
3e pers. s.

Ex.: **On entend** une étrange musique dans la salle de concert.
3e pers. s.

2e cas   Le sujet formé de noms ou de pronoms personnels de personnes différentes

Lorsque le sujet est formé de **noms** ou de **pronoms personnels de personnes différentes**, le **verbe** se met au pluriel et prend la marque de la personne grammaticale qui a la préséance :

- la 1re personne a la préséance sur la 2e et la 3e personne ;

- la 2e personne a la préséance sur la 3e personne.

Ex.: **Ton frère, toi et moi partirons** demain.
3e pers. s. 2e pers. s. 1re pers. s.
1re pers. pl.

Ex.: **Anne-Laure et toi êtes** mes meilleures amies.
3e pers. s.   2e pers. s.
2e pers. pl.

3e cas   Le sujet formé d'un nom introduit par un déterminant de quantité (*plus de*, *moins de*, etc.)

Lorsque le sujet est formé d'un **nom** introduit par un déterminant de quantité, le **verbe** reçoit la personne et le nombre de ce nom.

Ex.: Plus d'un **ami** y **assistera**.
3e pers. s.

Ex.: Moins de deux **mètres** nous **séparent** de la scène.
3e pers. pl.

Ex.: Beaucoup de **monde** en **parle**.
3e pers. s.

Diego Rivera,
Jeune homme avec un stylo, 1914.

Vous trouverez dans cette section des stratégies qui vous aideront à accomplir des tâches liées à la lecture, à l'écriture et aux activités de communication orale auxquelles vous participerez. Ces stratégies présentent, étape par étape, des façons de faire qui vous permettront d'affiner vos méthodes de travail et de développer votre autonomie, tant en français que dans les autres disciplines.

À l'usage, vous verrez que ces stratégies vous seront également utiles en dehors de l'école. Savoir survoler un texte, qu'il s'agisse d'un article de journal ou d'une quatrième de couverture d'un roman, savoir noter des informations rapidement, que ce soit lors d'une conférence ou d'une discussion entre amis, savoir chercher de l'information pertinente sur un sujet, que ce soit pour planifier des vacances ou pour écrire un article, savoir varier son vocabulaire, voilà autant de savoir-faire que vous aurez à utiliser dans les diverses sphères de votre vie professionnelle et sociale.

Références

SOMMAIRE

Comment
faire de la recherche d'information

❖ Quand on se prépare à écrire un texte, à faire un exposé oral ou tout simplement à participer à une discussion, il est important de bien se documenter.

❖ Une fois le sujet choisi, il faut recueillir de l'information. Pour cela, utilisez la démarche suivante en cinq étapes.

1. **Trouvez des sources variées et fiables.**

   Voici des exemples de sources : encyclopédies, dictionnaires, revues scientifiques, lexiques spécialisés, banques de données, sites Web fiables.

   • Vérifiez la date de parution des ouvrages ou de mise à jour des sites Web. Privilégiez les documents récents.

   • Consultez plusieurs ouvrages et sites Web : vous aurez une foule de renseignements et vous découvrirez des points de vue différents.

   • Choisissez des textes que vous comprenez bien.

COUP DE POUCE

Pour reconnaître une source fiable dans Internet

Quand vous faites de la recherche dans Internet, vérifiez toujours l'adresse des sites que vous consultez. Préférez les sites officiels, ceux dont l'adresse se termine par :

– .org : organisme ;

– .gouv.qc.ca : gouvernement québécois ;

– .gc.ca : gouvernement canadien ;

– .edu : établissement d'enseignement supérieur ;

– .ulaval.ca, .uregina.ca, etc. : universités canadiennes.

Les sites dont l'adresse se termine par .com sont des sites commerciaux. Si vous les consultez, assurez-vous de la valeur des informations qui y sont données en comparant ces informations avec celles d'un organisme reconnu.

Évitez les pages personnelles.

Pour faciliter votre recherche dans Internet

- Pour faciliter votre recherche à l'aide d'un moteur de recherche, utilisez des mots-clés précis. Évitez les déterminants dans la mesure du possible.

- Pour limiter votre recherche et obtenir une liste pertinente de résultats, écrivez entre des guillemets anglais les mots ou les groupes de mots que vous voulez retrouver tels quels dans les documents.

  Par exemple, inscrivez "guide alimentaire" plutôt que guide alimentaire.

  Ce type de recherche est particulièrement utile pour trouver rapidement une citation, un proverbe, un titre, un vers de chanson ou de poème.

- Pour dialoguer avec votre outil de recherche, servez-vous des opérateurs booléens *et*, *ou*.

  – L'opérateur ET

  Si vous inscrivez jeu ET myopie : les pages affichées contiendront le mot *jeu* et le mot *myopie*.

  Si vous inscrivez jeu ET vidéo ET myopie : les pages affichées contiendront le mot *jeu*, le mot *vidéo* et le mot *myopie*.

  Plus vous utiliserez de termes, plus votre recherche s'affinera et moins longue sera la consultation des résultats.

  – L'opérateur OU

  Si vous inscrivez "harfang des neiges" OU "chouette blanche" : les pages affichées contiendront soit *harfang des neiges*, soit *chouette blanche*.

  L'opérateur OU permet d'utiliser des synonymes dans une recherche.

2. Faites un survol des ouvrages et des sites Web trouvés.

Faites un tri parmi les sources trouvées en éliminant celles qui ne sont pas pertinentes ou intéressantes.

Voir la stratégie *Comment survoler un texte et tirer profit de ce survol*, à la page 96.

3. Consignez l'information.

- Notez les références des ouvrages et des sites Web retenus : vous pourrez ainsi les repérer si vous voulez les consulter de nouveau et, surtout, vous serez en mesure de mentionner la source de votre information correctement.

  Voir la stratégie *Comment rédiger une référence bibliographique*, à la page XXX.

- Prenez des notes. Ne copiez pas les propos des auteurs, mais reformulez-les en partant des mots-clés.

  Voir la stratégie *Comment annoter un texte courant*, à la page 97.

- Quand cela est possible, faites des photocopies ou imprimez les documents et annotez-les.

  Voir la stratégie *Comment annoter un texte courant*, à la page 97.

4. Sélectionnez l'information.

Relisez vos notes et faites une sélection : gardez ce qui répond le mieux aux besoins de la recherche et éliminez ce qui n'est pas pertinent. (Ne jetez rien : certains renseignements pourraient s'avérer plus utiles que vous ne l'aviez pensé au départ.)

5. Évaluez l'ensemble de l'information.

- Assurez-vous que les renseignements retenus concernent vraiment le sujet choisi.
- Mettez de l'ordre dans ces renseignements en les regroupant par aspects.
- Vérifiez si vous avez en main toute l'information dont vous avez besoin. S'il vous manque des renseignements, consultez d'autres sources.

REMARQUE

Savoir chercher de l'information est utile pour la production de tous les types de textes. Par exemple, pour décrire un lieu dans un texte narratif, on peut avoir besoin de renseignements sur la faune, la flore, les conditions climatiques, etc. De même, pour situer une histoire à une certaine époque, on pourra se renseigner sur le mode de vie d'alors, sur ce qui existait et ce qui n'existait pas, etc.

Comment
survoler un texte et tirer profit de ce survol

❖ Avant d'entreprendre une lecture, il est important de survoler le texte. Ce survol permettra de reconnaître le type et le genre du texte, de comprendre son organisation, d'anticiper son contenu. Vous pourrez ainsi faire les bons choix de textes en fonction de vos intentions de lecture.

1. Observez le texte dans son ensemble.

Pour avoir une bonne idée du contenu d'un texte sans le lire en entier, on observe des indices qui «parlent» beaucoup. Voici les principaux indices à observer :

- Le titre révèle habituellement, de façon claire, le sujet du texte.
- Le surtitre (titre placé au-dessus du titre d'un article) amène le sujet.
- Le sous-titre (titre secondaire placé sous le titre) apporte des précisions sur le sujet.
- Le chapeau (court texte placé entre le titre et le début d'un article) présente le sujet.
- L'introduction contient souvent les grandes lignes du sujet.
- Les intertitres annoncent généralement les aspects traités dans chaque section du texte.
- Les premiers mots du paragraphe donnent un aperçu du contenu du paragraphe.
- Les énumérations verticales contiennent souvent des informations condensées.
- Les illustrations ou les photographies renseignent sur le contenu.
- Les légendes accompagnent les images pour leur donner un sens.
- Les tableaux fournissent souvent des informations condensées.
- Les encadrés attirent l'attention sur certaines informations.
- Le **gras** et le souligné permettent de repérer les informations importantes dans le texte.

REMARQUE

Un texte ne contient pas tous ces indices à la fois. Chacun des indices joue un rôle bien précis qui est de permettre, à sa façon, de faire connaître le contenu du texte.

2. Tirez parti de vos observations.

Quand on fait un survol, c'est parce qu'on veut savoir si un texte contient les renseignements dont on a besoin. Il faut donc se poser des questions comme celles qui suivent.

- Quelle est l'intention de l'auteure ou de l'auteur ? Est-ce la même que la mienne ? Par exemple, si je cherche de l'information, je me demande si l'intention de la personne qui a écrit le texte est d'informer.
- Le sujet abordé est-il celui qui m'intéresse ?
- Les intertitres m'indiquent-ils que le texte traite des aspects sur lesquels je cherche de l'information ? M'inspirent-ils d'autres idées auxquelles je n'avais pas pensé et qui conviendraient à ma recherche ?
- Les indices observés lors du survol me permettent-ils de reconnaître que le texte est à ma portée, que j'en comprends bien le sens ?

Le fait de se poser ces questions permet de mieux entrer dans le texte, d'être à l'affût de ce qu'on cherche.

Comment
annoter un texte courant

OBJECTIF

Repérer dans un texte les éléments qui seront utiles

❖ Lorsque vous lisez un texte courant, il est important de noter ce qui pourrait être utile :

– pour enrichir vos connaissances ;

– pour vous préparer en vue d'une production orale ou écrite, par exemple un débat, un résumé, une description, une comparaison entre deux œuvres ou une appréciation, etc.

❖ Afin de prendre des notes qui vous serviront vraiment, utilisez la démarche suivante en quatre étapes.

1. Précisez ce que vous cherchez.

Quelles questions vous posez-vous ? De quelles informations avez-vous besoin ? Faites-en une liste. Vous pourrez ainsi lire en accordant de l'attention à ce qui vous sera utile et ne pas tenir compte du reste.

Exemples de questions qu'on pourrait se poser dans le cadre d'un travail sur le système immunitaire

- Comment notre corps se défend-il contre les virus et les bactéries ?
- Pourquoi certaines personnes résistent-elles mieux que d'autres aux maladies ?
- Que pouvons-nous faire pour renforcer notre système immunitaire ?

2. Lisez le texte.

Ne prenez pas de notes tout de suite ; lisez d'abord le texte. Si vous prenez des notes au fil de votre lecture, vous en prendrez trop. Au lieu d'être utiles, vos notes seront alors encombrantes.

- Si le texte est court, lisez-le au complet avant de passer à la troisième étape.
- Si le texte est long (trois pages et plus), lisez-le partie par partie (d'un intertitre au suivant, par exemple). Après la lecture de chaque partie, passez à la troisième étape.

3. Prenez des notes et marquez le texte.

Maintenant que vous avez une bonne idée du contenu du texte, vous pouvez prendre des notes. Encore une fois, procédez avec méthode.

A. Où prendre des notes

Vous avez trois possibilités :

– prendre des notes directement sur le texte s'il vous appartient ;

– prendre des notes sur une photocopie du texte ;

– prendre des notes sur des feuilles volantes ou sur des fiches.

REMARQUES

- Ne surchargez pas votre copie d'annotations et de couleurs ; vous risqueriez de ne pas vous y retrouver.

- Prenez l'habitude de marquer vos textes de la même façon (même code de couleurs, par exemple) pour vous y retrouver plus facilement.

B. Quoi noter et comment le noter

Notez les informations dont vous avez besoin. Autrement dit, notez l'essentiel compte tenu de votre intention de lecture.

- Si vous prenez des notes sur le texte lui-même ou sur une photocopie :
  - notez, en haut de page, le sujet du texte, l'aspect abordé ou la question posée ;
  - repérez, si possible, l'introduction, le développement et la conclusion du texte ;
  - surlignez les idées importantes et les mots-clés (selon le texte, il s'agira d'aspects et de sous-aspects, d'étapes, d'éléments de réponse ou d'arguments) ;
  - surlignez les <u>organisateurs textuels</u> d'une autre couleur, s'il y a lieu ;
  - placez entre crochets les citations et les exemples à conserver, s'il y a lieu.

Exemple de texte annoté

Question posée →

Pourquoi certaines personnes résistent-elles mieux que d'autres aux maladies ?

Devant la maladie, nous ne sommes pas tous égaux

Structure du texte

Introduction

Pourquoi une meilleure résistance aux maladies ?

En théorie, dès qu'un virus ou une bactérie s'introduit dans notre organisme, notre système immunitaire tente de l'éliminer. En pratique, certaines personnes résistent mieux aux maladies que d'autres. Comment cela s'explique-t-il ?

Organisateurs textuels — Idées importantes

Informations à retenir

Développement

Parce que la résistance est influencée par trois facteurs :

1. les maladies de l'enfance

2. le stress

3. la pollution de l'air

Premièrement, notre résistance à certaines infections est influencée par les maladies contractées durant l'enfance. [Si, enfant, nous avons combattu la varicelle, notre corps s'en souvient. Lorsque le virus de la varicelle tentera de l'infecter à nouveau, notre corps l'attaquera avant qu'il ait pu faire de dommages.] Deuxième explication : le stress. Des études démontrent en effet que l'organisme d'une personne stressée riposte moins efficacement aux attaques des virus et des bactéries. Et cela, peu importe la cause du stress [(un déménagement, un nouvel emploi, un deuil, une rupture amoureuse, etc.)]. Finalement, l'exposition à la pollution de l'air diminue notre résistance à la maladie. D'ailleurs, les citadins souffrent plus que les autres d'infections respiratoires. Affectés par les polluants, les cils vibratiles de leurs bronches ont du mal à expulser les bactéries respirées chaque jour.

Exemples à conserver

Conclusion

Autre facteur probable : la génétique

Bien que ces trois facteurs soient éclairants, ils n'expliquent pas tout. Des scientifiques cherchent d'autres explications du côté de la génétique.

Nadine Vachon, *Le système immunitaire en 15 questions*, Montréal, Éditions De la mansarde, 2007, p. 7.

- Si vous prenez des notes à part :
  - choisissez des feuilles volantes ou des fiches plutôt qu'un cahier : vous pourrez ainsi les remplacer ou en ajouter plus facilement ;
  - écrivez sur un côté seulement de la feuille ou de la fiche ;
  - changez de feuille ou de fiche chaque fois que vous abordez un nouveau sujet ;
  - notez, en haut de chaque feuille ou de chaque fiche, le sujet du texte, l'aspect abordé ou la question posée ;
  - notez, dans vos mots, les informations à retenir (ne copiez pas de phrases ou de passages du texte, à l'exception des définitions éclairantes et des citations à conserver) ;
  - notez toujours la source de l'information (le nom de l'auteure ou de l'auteur, le titre, la page, l'adresse du site Web, etc.).

Exemple de notes prises à part

Numéro de la feuille ou de la fiche

1

Question posée

Pourquoi certaines personnes résistent-elles mieux que d'autres aux maladies ?

Parce que la résistance aux maladies est influencée par les <u>trois</u> facteurs suivants :

Informations à retenir

1. Les maladies contractées durant l'enfance (ex. : la varicelle) ; l'organisme en garde le souvenir pour mieux attaquer plus tard.

Exemples à conserver

Chiffres, lettres ou organisateurs textuels qui font voir les liens entre les idées

2. Le stress, qui affaiblit le système immunitaire. (Ex. : des événements stressants comme un déménagement, un nouvel emploi, un deuil, etc.)

3. La pollution de l'air, qui réduit la capacité à expulser les bactéries respirées.

La génétique pourrait fournir d'autres explications.

Source de l'information

Source : Nadine Vachon, <u>Le système immunitaire en 15 questions</u>, Montréal, Éditions De la mansarde, 2007, p. 7.

REMARQUE

Les notes sont des documents personnels. À vous donc de trouver votre façon de faire. Vous pouvez utiliser des abréviations, des symboles et des sigles. Veillez toutefois à ce que vos notes soient claires et lisibles. Elles seront alors utiles.

Voir la stratégie *Comment noter des informations rapidement*, à la page 101.

4. Classez vos notes.

A. Notes prises sur le texte ou sur une photocopie

- Si vous travaillez avec plusieurs textes, classez-les par aspects ou par questions et numérotez-les.
- Utilisez une couleur différente pour chaque aspect ou chaque question.

B. Notes prises sur des feuilles volantes ou sur des fiches

- Regroupez les feuilles ou les fiches qui traitent du même aspect du sujet ou d'une même question et numérotez-les.
- Utilisez une couleur différente pour chaque aspect ou chaque question.

Exemples

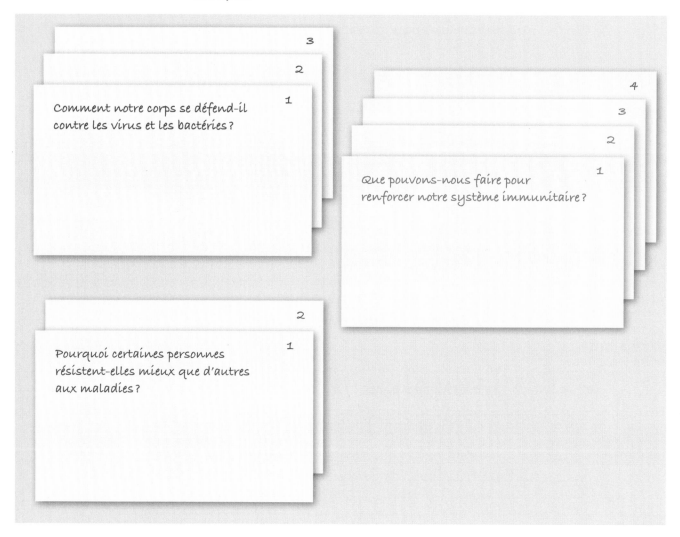

Comment
noter des informations rapidement

❖ Pour prendre des notes de façon efficace, il faut noter l'essentiel et le noter le plus rapidement possible. Pour y arriver, servez-vous des moyens suivants.

1. Utilisez des abréviations.

Voici une liste d'abréviations qui vous seront utiles.

Abréviations courantes			
apr.	après	n^{os}	numéros
av.	avant	ns	nous
bcp	beaucoup	O.	Ouest
bibl.	bibliothèque	p.	page
cad	c'est-à-dire	§	paragraphe
cf.	voir	pcq	parce que
ch.	chacun/chacune, chaque	pdt	pendant
dc	donc, par conséquent	pr	pour
ds	dans	pt	point
E.	Est	qd	quand
env.	environ	qq.	quelque
etc.	et cetera	qqch.	quelque chose
ex.	exemple	qqf.	quelquefois
excl.	exclusivement	qqn	quelqu'un
ext.	extérieur	s.	siècle
incl.	inclus, inclusivement	S.	Sud
int.	intérieur	sc.	science
jr	jour	svt	souvent
m	même	ts	tous
M.	monsieur	tt	tout
max.	maximum	tte	toute
min.	minimum	ttes	toutes
Mme	madame	vs	vous
ms	mais	1er	premier
N.	Nord	1re	première
n^o	numéro	2^e	deuxième
		100^e	centième

- Un mot abrégé se termine par un point, sauf si la dernière lettre du mot est la dernière lettre de l'abréviation : **int.** (intérieur), **jr** (jour).

- Les abréviations des unités de mesure ne sont jamais suivies d'un point.

- Vous pouvez également créer vos propres abréviations (**nb.** = nombreux ; **pb.** = problème), pourvu que vous vous y retrouviez.

- Il est important, après avoir adopté une abréviation, de vous y tenir pour éliminer tout risque de confusion quand vous relirez vos notes.

2. Utilisez des symboles.

Les symboles suivants, issus pour la plupart des mathématiques, peuvent être interprétés de différentes façons.

Symboles courants			
=	égal	$\longrightarrow$	a pour conséquence, entraîne, produit, cause
$\cong$	à peu près égal à		
$\neq$	est différent de	$\uparrow$	augmentation, augmente, grandit, s'élève, monte
+	plus		
−	moins	$\downarrow$	diminution, diminue, rapetisse, se réduit à, baisse, descend
±	plus ou moins		
>	plus grand que		
<	plus petit que		

3. Supprimez ce qui n'est pas indispensable.

- Supprimez ce qui peut l'être sans nuire à la compréhension, soit :
  - la plupart des déterminants ;
  - certains verbes comme *être* et *faire* ;
  - les commentaires et les digressions.
- Ne supprimez pas les <u>organisateurs textuels</u>, car ils font voir les liens entre les idées.

Veillez à ce que vos notes restent compréhensibles ; des notes trop elliptiques ne vous seront pas utiles.

Recueil de textes

Richard Redgrave, *Voyages de Gulliver*, 1836. (Roman écrit par Jonathan Swift en 1721.)

SOMMAIRE

◀ Claude Le Sauteur, *L'énigme*, 2007.

Au fond...

GREG (1931-1999)

Bavard, lâche et têtu, colérique, hypocrite et vaniteux : tels sont les grands traits d'un antihéros bien-aimé de la bande dessinée, Achille Talon. En 1963, Michel Régnier, dit Greg, doit inventer d'urgence un personnage pour combler les pages blanches du magazine *Pilote*. Achille Talon voit alors le jour, bientôt suivi de son père, Alambic, de sa promise, Virgule de Guillemets, et de son éternel voisin et rival, Hilarion Lefuneste. Le ventripotent Achille Talon se retrouvera au cœur de 43 albums truffés de calembours et de catastrophes. Greg est considéré comme l'un des créateurs les plus prolifiques du monde de la bande dessinée.

Greg, *Achille Talon : L'abc de la B.D.*, Neuilly-sur-Seine,
© Dargaud éditeur © Dargaud Canada
(tous droits réservés), 1978, p. 76 à 79.

Les filles tombées

I
La fille des empoisonneuses

Elles étaient quatre. Quatre filles tombées aussi différentes que le jour et la nuit. Tout ce qu'elles avaient
5 en commun, c'était leur gros ventre. Peut-être aussi la
honte d'être confinées entre les murs de cette maternité de malheur, dont les pensionnaires avaient fort
mauvaise réputation. Devant l'édifice délabré, sis rue
Saint-André, à Montréal, une palissade percée de trous
10 invitait les voyeurs à s'y mettre le nez pour les invec-
tiver. Dieu sait qu'ils ne s'en privaient pas ! Ça vociffé-
rait à qui mieux mieux entre les planches de bois pour-
ries : débauchées, filles à matelots, dévoyées…

Elles n'étaient ni les premières ni les dernières à
15 s'être réfugiées à la Maternité de Sainte-Pélagie pour
accoucher, mais leur séjour devait créer tout un émoi.
Cela s'est passé en juillet de l'an 1852. On peut dire
que ces filles-là se sont mises dans de beaux draps !

La plus âgée, Elvire, une cocotte se prostituant dans
20 les bordels de la rue Saint-Laurent, à Montréal, avait
été admise la première à huit mois de grossesse. Du
temps qu'elle chantait dans les cabarets, elle avait eu
un fils qu'elle avait refusé de placer à l'Orphelinat des
Enfants trouvés, malgré sa situation précaire. Pour
25 payer sa nourrice, elle recevait des hommes après le
spectacle. Au début, des messieurs bien passaient un
moment chez elle, mais après, elle ramenait n'importe
qui, même des matelots soûls. Quand ces voyous re-
fusaient de lui remettre son dû, elle fouillait dans leurs
30 poches et se servait.

Elle avait dû être belle autrefois, Elvire. Bien en chair, avec des hanches fortes. Ses cheveux très noirs encadraient un visage au teint cuivré. Comme si du sang indien coulait dans ses veines. À l'orée des années

35 mille huit cent cinquante, avec sa tignasse décolorée et sa peau vérolée, elle avait perdu de son éclat, mais elle n'en séduisait pas moins les hommes.

Dans la salle où elle passait le plus clair de son temps avec ses compagnes d'infortune, Elvire portait la tunique

40 noire obligatoire et un bonnet blanc fabriqué dans de vieilles taies d'oreillers. Elle détestait cet uniforme, mais n'avait pas le choix de se conformer au règlement. Au moment de leur admission, les pensionnaires recevaient aussi une médaille de la Vierge attachée à un

45 ruban noir qu'elles devaient nouer autour de leur cou.

Percée de lucarnes, la pièce se donnait des airs de salon bourgeois tombé en décrépitude, avec ses chaises droites plus ou moins défoncées, ordonnées en demicercle. Pourtant, on ne passait pas ses journées à cancan-

50 ner à Sainte-Pélagie. Au-dessus de la porte, le crucifix vous rappelait que le silence était de rigueur. La conversation entre les filles se réduisait à peu de choses : « Passez-moi la laine », « Pouvez-vous m'aider à me lever ? », « J'ai mal aux reins »…

55 La vie d'avant leur faute était taboue. Si l'une s'avisait de questionner l'autre sur la cause de son déshonneur, les sœurs menaçaient de la renvoyer sur-le-champ. Naturellement, personne ne suivait la consigne et, pendant les rares récréations, Elvire ne manquait pas de

60 raconter des histoires croustillantes pour régaler son modeste auditoire. Il lui arrivait même de glisser des remarques grivoises au milieu des échanges les plus anodins. Pour enterrer ses blasphèmes, la surveillante, qui ne savait pas se faire obéir, récitait des *Ave* à haute

65 voix.

« Je vous salue, Marie, pleine de grâce… »

Ce sont les policiers qui avaient amené Elvire à la maternité. Elle n'avait pas résisté à son arrestation. Cela avait de quoi étonner, car elle se montrait habi-

70 tuellement agressive lorsqu'un agent l'interpellait dans la rue ou au bordel. Mais avait-elle vraiment le choix ? Où aurait-elle pu accoucher, sinon à Sainte-Pélagie ? Elle connaissait déjà les habitudes de la maison et savait que la vie y était cent fois meilleure qu'à la pri-

75 son. De toute manière, elle mettait bas comme une chatte et se promettait de décamper sitôt débarrassée de son rejeton. Pour narguer les bonnes sœurs, elle se vantait d'ignorer qui l'avait rendue grosse. L'aumônier avait dû s'en mêler :

80 « Si vous êtes venue ici simplement pour vous décharger de votre fruit, prenez la porte, lui avait-il lancé en

grimaçant de dégoût. Nous n'admettons que celles qui se repentent de leurs fautes. Avez-vous, oui ou non, la ferme intention de vous exercer à être vertueuse ? »

85 Elvire avait fait amende honorable. Était-elle sincère ? Pas sûr. Quoi qu'il en soit, elle n'avait pas pris la porte, comme le saint homme l'en avait menacée. Mieux valait se soumettre, d'autant plus que ça lui semblait rassurant de partager sa galère avec d'autres infor-

90 tunées. Sous sa carapace se cachait un être plein de compassion.

Au début de la soirée, Noémi, la plus jeune des quatre, a commencé à se tortiller sur sa chaise. Mère de la Nativité savait que le moment de la délivrance

95 approchait, mais Noémi prétendait que la sœur s'énervait pour rien. Celle-ci l'observait à la dérobée. Ça sautait aux yeux, la petite cherchait à dissimuler ses contractions. Tout à coup, une énorme flaque visqueuse est apparue sous sa chaise. Sa jupe était détrempée.

100 Mère de la Nativité l'obligea à la suivre dans la chambre des accouchées. Elle lui demanda doucement, comme à une enfant, de se coucher sur le matelas garni de paille et recouvert d'un drap propre. « Tout ira bien », l'assura-t-elle. Ensuite, elle tira le rideau, ce qu'elle fai-

105 sait toujours dans ces moments-là. Elle prit le pot en grès sur la commode et versa de l'eau dans le bassin pour lui humecter le visage. La pauvre enfant suppliait la sœur de ne pas appeler le médecin, de l'accoucher elle-même. Surtout, elle ne voulait pas qu'on laisse le

110 jeune docteur Gariépy l'approcher.

Noémi avait à peine seize ans. Ses parents l'avaient placée comme bonne chez un commerçant qui brassait de grosses affaires rue McGill, à Montréal. C'est le fils aîné du patron qui l'avait engrossée. Ou le père, on ne

115 l'a jamais su. Naturellement, sitôt sa grossesse devenue apparente, on l'avait renvoyée. À la rue et sans ses gages ! La malheureuse ne connaissait pas âme qui vive en ville. Elle n'avait pas osé s'en retourner à la campagne.

Rien n'aurait pu la convaincre de se présenter dans cet
120 état devant ses parents. Sûrement, ils l'auraient reniée.

Jamais les filles n'oublieraient son regard de petit
oiseau effaré. Noémi était pétrifiée, ça faisait pitié.
Toute menue, fragile, des yeux en amande qui implo-
raient Mère de la Nativité de la sauver des griffes de
125 l'accoucheur, ses cheveux blonds comme du blé trem-
pés de sueur…

Alors, Mathilde, la troisième fille de mon histoire,
s'est avancée jusqu'au lit de la petite, comme pour la
protéger, et s'est adressée à la religieuse d'un ton
130 ferme :

«Faites quelque chose, ma sœur. Votre bon Dieu ne
va tout de même pas abandonner Noémi dans un moment pareil ?»

Mathilde se donnait des airs de grande dame qui
135 n'impressionnaient personne. Elle avait accouché deux
jours plus tôt. La supérieure l'avait autorisée à garder
son enfant à la maternité, le temps de ses relevailles,
puisque le nouveau-né était soi-disant légitime. Mathilde
jurait ses grands dieux qu'elle était mariée et, devant la
140 mine incrédule de ses compagnes, elle prétendait com-
modément que son époux séjournait en Angleterre
pour ses affaires. Sitôt rentré, il viendrait les chercher,
elle et leur enfant.

Fille d'un banquier de la rue Saint-Jacques – c'est
145 du moins ce qu'elle prétendait –, Mathilde avait l'ai-
sance des demoiselles de bonne famille. À son arrivée,
plusieurs avaient remarqué comme sa robe tombait
bien. Le tissu était fin et la dentelle, de bonne qualité.
À voir la façon dont la nouvelle venue lissait les plis de
150 sa jupe, on sentait qu'elle avait de belles manières. Elle
avait dû revêtir l'uniforme de l'établissement, mais
même chichement accoutrée, elle se distinguait des
autres. Avait-elle réellement promené sa jeune ving-
taine dans les salons huppés de la ville ? Peut-être. Une
155 chose était sûre, cependant, elle mentait comme un ar-
racheur de dents.

Pendant les récréations, tandis que les pénitentes –
c'est ainsi qu'on appelait les filles tombées – raccom-
modaient des chaussettes ou tricotaient des foulards
160 au coin du poêle, Mathilde racontait le mémorable
dîner auquel elle avait assisté chez le gouverneur Elgin.
Elle soignait chaque détail, depuis les bougies sur la
grande table jusqu'au gigot de mouton à la moutarde.
En gesticulant, elle décrivait sa robe de soie ivoire
165 importée de Paris et vantait son carnet de bal incroya-
blement rempli. Car, naturellement, ses soupirants
étaient légion… Le lendemain, elle avait les pieds cou-
verts d'ampoules. Comme elle regrettait le retour de
lord Elgin dans son Angleterre natale !

170 Bien malin qui eût pu démêler le vrai du faux dans
ce conte de fées.

Un jour, Mathilde avait triché au paquet voleur. Les
filles, qui l'avaient attrapée la main dans le sac, en
avaient fait tout un plat. Pour se venger, la coupable
175 avait colporté à la supérieure que les pénitentes jouaient
aux cartes, malgré l'interdit, et ce, en présence de leur
surveillante qui défiait le règlement. Mère de la Nativité avait été privée de communion et les pénitentes,
réduites au silence pendant la récréation. Pour punir
180 Mathilde de cette trahison, celles-ci l'avaient ignorée
toute une journée.

Malgré ses défauts, Mathilde en imposait à son entourage et, dès le lendemain, elle avait repris sa place
au centre de la salle commune où elle avait recom-
185 mencé le récit de ses folles équipées, peut-être inventées
de toutes pièces, que les filles – et même la surveillante
qui faisait semblant de prier – suivaient comme s'il
s'agissait d'un roman-feuilleton.

De taille moyenne, Mathilde avait la peau claire et
190 d'épais cheveux brun foncé qu'elle coiffait comme une
magicienne. Tour à tour, les pensionnaires lui tendaient
leur brosse afin qu'elle ajuste leur chignon, sous l'œil
indigné de la sœur. À leur arrivée, elles avaient pourtant

accepté de quitter leurs bijoux et tous les apanages de
195 la vanité, afin de paraître comme il convient à une personne repentante de ses péchés. On leur avait lu le code
de conduite et les filles avaient promis de s'y conformer sous peine de renvoi. Elles savaient aussi que les
amitiés particulières étaient tenues pour suspectes.
200 Fallait-il leur relire cet autre point du règlement que
l'aumônier leur rappelait à chacune de ses visites ? «Si
une pénitente développait pour une autre une affection qui les incitait à rester seules, toutes deux seraient
considérées comme dangereuses au bon ordre de la
205 maison et renvoyées.»

Mathilde, qui prenait l'initiative des apartés, ignorait
le règlement, malgré les rappels à l'ordre de la surveillante. Parfois, elle affrontait Elvire qui ne se laissait pas
piler sur les pieds. La trivialité de celle-ci et la préten-
210 tion de l'autre créaient une tension telle qu'il valait
mieux sortir de la pièce et laisser se battre – façon de
parler ! – ces coqs de foire. Toutes deux rivalisaient
d'ingéniosité dans l'art de se donner en spectacle. Il y
eut plusieurs accrochages, puis le ton s'est finalement
215 adouci. Après, on aurait dit de vieilles complices s'amusant à scandaliser leurs compagnes.

En ce triste jour de juillet 1852, devant la terreur de
Noémi, elles se sont mises à deux pour supplier Mère
de la Nativité :

220 «Vous êtes sage-femme, aidez la petite à accoucher.
Ce sera notre secret, nous ne le répéterons à personne,
c'est promis.»

La chose était impossible et elles le savaient. Depuis
un an déjà, l'entente signée entre le Collège des méde-
225 cins et chirurgiens du Bas-Canada et la Maternité de
Sainte-Pélagie reléguait les sages-femmes au second
plan. Les accouchements devaient être menés par un
médecin ou un étudiant en médecine, même si les re-
ligieuses détenaient un diplôme de sages-femmes dis-
230 pensé par le Collège. Monseigneur Ignace Bourget,
l'évêque de Montréal, insistait fortement pour qu'il en
soit ainsi.

Respectant son vœu d'obéissance, la vieille sœur
manda le bon docteur Trudel, dont la présence aurait
235 rassuré Noémi. Hélas ! le médecin attitré de la maternité avait été appelé d'urgence à l'Hôtel-Dieu et c'est
le jeune docteur Gariépy, venu l'avant-veille accoucher
Mathilde, qui se présenta. Il ne cacha pas son agace-
ment qu'on le dérangeât à l'heure où l'on sort s'amu-
240 ser avec des camarades.

Avant d'entrer dans la salle d'accouchement, une
cellule minuscule, mal éclairée et sans fenêtre, le jeune
médecin retira sa redingote noire et la suspendit au
crochet. Puis, il retroussa les manches de sa chemise
245 et tira le rideau derrière lui en maugréant. Mère de la
Nativité le suivit, bien décidée à ne pas le lâcher d'une
semelle. Mais il la poussa si brusquement hors de la
cellule qu'elle en resta pétrifiée. Il n'avait nullement
besoin de son aide et ne se gêna pas pour lui marteler
250 derrière le rideau :

«Pas de sages-femmes ici. Vous savez ce que je pense
des sorcières et de leur pseudo-science ! Apportez-
moi de l'eau, c'est tout ce que je vous demande.»

Rien de bien surprenant dans cette réaction. Depuis
255 quelque temps, les jeunes médecins menaient dans les
journaux une virulente campagne contre les sages-
femmes qu'ils accusaient d'incompétence et à qui
ils reprochaient de leur enlever le pain de la bouche.
Comme si les pauvres filles qui se réfugiaient à Sainte-
260 Pélagie avaient les moyens de payer les sœurs pour
leurs services ! Mère de la Nativité regagna son siège
sans protester, c'eût été inutile.

Derrière la cloison, les cris perçants de Noémi en-
terraient ses prières. Des gémissements de douleur qui
265 se transformèrent bientôt en grognements inhumains.
Elvire lâcha ses aiguilles à tricoter pour tenir son gros
ventre. À côté d'elle, Mathilde, à peine remise de ses
couches, se redressa sur sa chaise :

«Petite mère, faites quelque chose, ordonna-t-elle.
270 Il va nous la tuer.»

L'avant-veille, Mathilde avait passé un mauvais
quart d'heure entre les mains du jeune médecin. Dans
la pièce sombre, la même où se débattait maintenant
Noémi, le docteur Gariépy avait cherché ses instru-
275 ments à tâtons, sous l'œil amusé de deux internes invités au «spectacle». Leurs plaisanteries à propos des
filles de rien qui accouchaient dans cet établissement
s'étaient mêlées aux plaintes de Mathilde. Dieu merci,
l'enfant n'avait pas fait de manières pour venir au
280 monde. Il n'empêche qu'elle avait pensé sa dernière
heure arrivée. Les clercs badinaient en appliquant
les grosses éponges pour arrêter le sang. Les sœurs
disaient que c'était pur miracle si Mathilde n'avait pas
contracté la fièvre du lait, par suite de ces mauvais
285 traitements.

Noémi lâcha un cri plaintif, puis un autre plus clair
venant du nouveau-né se fit entendre, suivi d'un ordre
lancé sans méchanceté mais avec désinvolture :

«Cesse de te plaindre, ma belle. Tu n'as que ce que
290 tu mérites !»

Toujours le même mépris ! Les autres filles échan-
gèrent un regard de tristesse. Mathilde n'en doutait

pas : le docteur Gariépy avait un verre de trop derrière la cravate. Il n'avait probablement pas dessoûlé depuis deux jours.

«Priez, mes enfants. Priez pour notre Noémi», dit Mère de la Nativité en baissant les yeux, résignée.

Soudain, derrière le rideau, on n'entendit plus un son. Cette fois, c'est Mary qui implora la sœur. Jusque-là muette, apparemment indifférente à ce qui se passait, la quatrième fille prit dans les siennes les deux mains de la vieille sœur en répétant son imploration :

«Please, please, do something. The poor girl is in pain…»

Mary, une Irlandaise de dix-huit ans, avait débarqué quelques jours plus tôt d'un *steamer* battant pavillon britannique. C'est le charretier de la brasserie Molson qui l'avait trouvée non loin du port en faisant sa tournée de livraison. Assise par terre, rue des Commissaires, vis-à-vis du quai Bonsecours, elle était recroquevillée, l'air hagard. L'homme l'avait aidée à se hisser dans sa charrette, entre deux barils de bière, et l'avait déposée à Sainte-Pélagie. Elle n'avait pas desserré les dents du trajet.

Comme elle refusait de dévoiler son identité, la registraire de l'institution l'avait inscrite sous le nom de Mary Steamboat. Nul doute, sa longue crinière indomptable couleur de feu et son teint diaphane trahissaient ses origines irlandaises. Elle ne connaissait pas un traître mot de français et ne faisait aucun effort pour participer à la vie de la maternité. Malgré les tentatives d'Elvire et de Mathilde, il avait été impossible de savoir comment elle avait abouti là. En dépit de son mutisme, les filles l'aimaient bien, à cause du ravissant sourire qu'elle leur décochait dans les moments les plus inattendus.

«J'y vais, fit Mère de la Nativité en traversant la salle d'un pas décidé. Vous avez raison, le bon Dieu ne veut pas faire souffrir cette malheureuse enfant.»

Elle était toute menue, Mère de la Nativité. La presque soixantaine, un visage rond comme une lune et une peau de soie. Impossible de voir la couleur de ses cheveux cachés sous son bonnet de sœur. Toutefois, son regard franc, incisif, perçait derrière des paupières tombantes. Elle trottinait comme un canard. Cela amusait les filles de la voir circuler dans la salle en se dandinant. Ce soir-là, personne ne riait à ses dépens.

La vieille sœur tira le rideau et s'approcha de Noémi. La petite semblait tombée en syncope. Le clerc médecin venait de déposer l'enfant sur la table d'appoint, à côté des fers qu'il avait appliqués. Il y avait du sang partout et Mère de la Nativité s'en alarma, elle qui pourtant n'en était pas à sa première expérience du genre.

«Seigneur ! que lui avez-vous fait ? s'enquit-elle, prise d'une effroyable panique. Et pourquoi les fers ? Ne savez-vous pas qu'on ne les emploie qu'en cas de nécessité absolue ?»

Le jeune médecin ne se donna même pas la peine de répondre, se contentant de tendre le bébé à la sœur pour qu'elle le nettoie. Sans même se laver les mains maculées de sang, il attrapa sa redingote et quitta les lieux en annonçant son retour plus tard dans la nuit, sinon au matin. Inutile de rester au chevet de la fille, dit-il, il lui avait donné assez de laudanum pour l'assommer pendant des heures.

• • •

Après le départ du docteur Gariépy, Mary tremblait de tous ses membres, Elvire hurlait des insanités contre l'accoucheur, un boucher ni plus ni moins, cependant que Mathilde tenait sa minuscule fille blottie contre son sein, comme pour la protéger d'un danger.

Avant toute chose, Mère de la Nativité ondoya le nouveau-né, au cas où le petit Jésus le rappellerait à lui.

À partir de là, les choses allèrent de mal en pis. Malgré le soporifique, Noémi reprit conscience rapidement. Elle se tordait de douleur. Fiévreuse, très agitée, elle délirait. Le diable cherchait à l'étouffer, il la criblait de coups. Mouillée de sueur, elle se débattait si violemment que sa couchette se déplaça. La malheureuse s'accrochait à la jupe ou au bras de la religieuse en la suppliant de ne pas l'abandonner avec le monstre. Elle donnait des coups de poing dans le vide en hurlant qu'il la griffait, mais c'est elle qui, de sa main libre, s'égratignait le visage. Sa respiration devint oppressée et des paroles confuses émaillèrent son délire. On aurait juré que ses couvertures se soulevaient d'elles-mêmes. Pendant un moment, les trois filles la crurent possédée du démon. Elles se signèrent. Elvire suggéra

de faire brûler une chandelle sur son ventre pour la
380 tirer des griffes de Satan, mais la sœur jugea plus sage
d'asperger la malade d'eau bénite.

Mathilde épongea le visage de Noémi, ce qui aurait
dû la calmer. Mais les hallucinations redoublèrent, plus
effrayantes encore. La jeune accouchée se tourmentait
385 à cause de ses péchés et avait peur de mourir sans s'être
confessée. Mère de la Nativité lui passa son chapelet
autour du cou en lui disant que le bon Dieu l'accueil-
lerait à bras ouverts. Cela sembla l'apaiser, car sa respiration devint moins saccadée. La tête posée sur l'oreil-
390 ler, elle sombra tout doucement dans l'inconscience.
Plus inquiétant, son teint devenait cireux. Mary lui prit
le visage dans ses mains et souffla de l'air dans sa
bouche. Aucune réaction ne s'ensuivit. Les filles ne vou-
lurent pas le croire, mais Noémi venait de s'éteindre.

395 Il était minuit passé lorsqu'elles admirent finalement que leur amie avait rendu l'âme. Mère de la Nativité lui ferma les yeux et lava son corps barbouillé de
sang, en priant pour que son «cher trésor» aille tout
droit rejoindre le petit Jésus. Elle peigna ses beaux che-
400 veux blonds et lui mit une chemise propre. La pauvre
petite pesait une plume. La sœur lui croisa les mains
sur la poitrine et lui glissa une médaille de la Vierge
entre les doigts, pendant qu'une des filles s'occupait
du nouveau-né. Mary coupa une mèche des cheveux
405 de Noémi étalés sur le drap blanc et la glissa dans la
poche de son tablier.

Laquelle des trois pénitentes eut alors l'idée d'exercer une terrible vengeance contre l'accoucheur damné ?
Difficile à dire, dix-huit ans après les faits. Ce dont je
410 suis sûre, c'est qu'elles ont passé le reste de la nuit à
veiller la dépouille de Noémi. Mère de la Nativité a
bien essayé de les convaincre d'aller se coucher. Elles
ont refusé. La vieille sœur n'a pas jugé bon d'insister.

Le regard triste, elle a saisi son bougeoir et est montée
415 seule au dortoir.

Il était écrit que le docteur Gariépy ne l'emporterait
pas en paradis. Comme prévu, il se pointa à la maternité au petit matin, en état d'ébriété avancé, et signa
distraitement le certificat de décès. Le reste du drame,
420 personne n'a encore voulu me le raconter. Si j'ai bien
compris en mettant bout à bout les confidences
glanées ici et là, avant que le médecin n'ait quitté la
maternité, l'une des trois filles – ou les trois – lui avait
réglé son compte.

Micheline Lachance, *Les filles tombées*, Montréal,
Éditions Québec Amérique, 2008, p. 13 à 23.

REPÈRES CULTURELS

MICHELINE LACHANCE (écrivaine québécoise née en 1944)

Pour raconter la Rébellion de 1837, l'un des moments charnières de l'histoire
canadienne, Micheline Lachance choisit un regard unique : celui de Julie Papineau,
l'épouse du chef des Patriotes, Louis-Joseph Papineau. Les deux tomes du *Roman
de Julie Papineau – La tourmente* (1995) et *L'exil* (1998) – valent à l'auteure un
exceptionnel succès populaire. Reporter et chroniqueuse littéraire pour le magazine *L'actualité*, Micheline Lachance allie le métier de journaliste à celui de ro-
mancière. Avec *Lady Cartier* (2004), elle s'intéresse à nouveau au parcours d'une
femme d'exception : l'épouse de Georges-Étienne Cartier, un des pères de la
Confédération. Dans son dernier roman, *Les filles tombées* (2008), Micheline
Lachance relate le destin tragique de quatre mères célibataires au xixe siècle.

L'enfant maudit

Par une nuit d'hiver et sur les deux heures du matin, la comtesse Jeanne d'Hérouville éprouva de si vives douleurs que, malgré son inexpérience, elle pressentit un prochain accouchement; et l'instinct qui nous fait espérer le mieux
5 dans un changement de position lui conseilla de se mettre sur son séant, soit pour étudier la nature de souffrances toutes nouvelles, soit pour réfléchir à sa situation. Elle était en proie à de cruelles craintes causées moins par les risques d'un premier accouchement dont s'épouvantent la plupart des
10 femmes, que par les dangers qui attendaient l'enfant[1]. Pour ne pas éveiller son mari couché près d'elle, la pauvre femme prit des précautions qu'une profonde terreur rendait aussi minutieuses que peuvent l'être celles d'un prisonnier qui s'évade. Quoique les douleurs devinssent de plus en plus
15 intenses, elle cessa de les sentir, tant elle concentra ses forces dans la pénible entreprise d'appuyer sur l'oreiller ses deux mains humides, pour faire quitter à son corps endolori la posture où elle se trouvait sans énergie. Au moindre bruissement de l'immense courtepointe en moire verte sur laquelle elle
20 avait très peu dormi depuis son mariage, elle s'arrêtait comme si elle eût tinté une cloche. Forcée d'épier le comte, elle partageait son attention entre les plis de la criarde étoffe et une large figure basanée dont la moustache frôlait son épaule. Si quelque respiration par trop bruyante s'exhalait des lèvres de
25 son mari, elle lui inspirait des peurs soudaines qui ravivaient l'éclat du vermillon répandu sur ses joues par sa double angoisse. Le criminel parvenu nuitamment jusqu'à la porte de sa prison et qui tâche de tourner sans bruit dans une impi-

Federico Barocci,
Dessin d'une femme,
vers 1560.

toyable serrure la clef qu'il a trouvée, n'est pas plus timidement audacieux. Quand la comtesse se
30 vit sur son séant sans avoir réveillé son gardien, elle laissa échapper un geste de joie enfantine où se révélait la touchante naïveté de son caractère; mais le sourire à demi formé sur ses lèvres enflammées fut promptement réprimé: une pensée vint rembrunir son front pur, et ses longs yeux bleus reprirent leur expression de tristesse. Elle poussa un soupir et replaça ses mains, non sans de prudentes précautions, sur le fatal oreiller conjugal. Puis, comme si pour la première fois depuis son
35 mariage elle se trouvait libre de ses actions et de ses pensées, elle regarda les choses autour d'elle en tendant le cou par de légers mouvements semblables à ceux d'un oiseau en cage. À la voir ainsi, on eût facilement deviné que naguère elle était tout joie et tout folâtrerie; mais que subitement le destin avait moissonné ses premières espérances et changé son ingénue gaieté en mélancolie.

[…]

40 Quoique les souffrances se succédassent toujours plus vives et plus cruelles, la comtesse n'osa pas réveiller son mari; mais elle en examina les traits, comme si le désespoir lui avait conseillé d'y chercher une consolation contre tant de sinistres pronostics.

Si les choses étaient tristes autour de la jeune femme, cette figure, malgré le calme du sommeil, paraissait plus triste encore. Agitée par les flots du vent, la clarté de la lampe qui se mourait aux
45 bords du lit n'illuminait la tête du comte que par moments, en sorte que les mouvements de la lueur simulaient sur ce visage en repos les débats d'une pensée orageuse. À peine la comtesse

---

1. Le comte a juré que si sa jeune femme accouchait avant terme, il l'étranglerait ainsi que son enfant. Or, au moment où les douleurs de l'enfantement réveillent la comtesse, elle est enceinte de sept mois.

fut-elle rassurée en reconnaissant la cause de ce phénomène. Chaque fois qu'un coup de vent projetait la lumière sur cette grande figure en ombrant les nombreuses callosités qui la caractérisaient, il lui semblait que son mari allait fixer sur elle deux yeux d'une insoutenable rigueur. Implacable
50 comme la guerre que se faisaient alors l'Église et le Calvinisme, le front du comte était encore menaçant pendant le sommeil; de nombreux sillons produits par les émotions d'une vie guerrière y imprimaient une vague ressemblance avec ces pierres vermiculées qui ornent les monuments de ce temps; pareils aux mousses blanches des vieux chênes, des cheveux gris avant le temps l'entouraient sans grâce, et l'intolérance religieuse y montrait ses brutalités passionnées. La forme
55 d'un nez aquilin qui ressemblait au bec d'un oiseau de proie, les contours noirs et plissés d'un œil jaune, les os saillants d'un visage creusé, la rigidité des rides profondes, le dédain marqué dans la lèvre inférieure, tout indiquait une ambition, un despotisme, une force d'autant plus à craindre que l'étroitesse du crâne trahissait un défaut absolu d'esprit et du courage sans générosité. Ce visage était horriblement défiguré par une large balafre transversale dont la couture figurait une
60 seconde bouche dans la joue droite. À l'âge de trente-trois ans, le comte […] avait été grièvement blessé au siège de La Rochelle. […] La main gauche, que ce terrible catholique avait hors du lit, achevait de peindre son caractère. Étendue de manière à garder la comtesse
65 comme un avare garde son trésor, cette main énorme était couverte de poils si abondants, elle offrait un lacis de veines et de muscles si saillants, qu'elle ressemblait à quelque branche de hêtre entourée par des tiges d'un lierre jauni. En contemplant la figure du comte, un enfant
70 aurait reconnu l'un de ces ogres dont les terribles histoires lui sont racontées par les nourrices. Il suffisait de voir la largeur et la longueur de la place que le comte occupait dans le lit pour deviner ses proportions gigantesques. Ses gros sourcils grisonnants lui cachaient les
75 paupières de manière à rehausser la clarté de son œil où éclatait la férocité lumineuse de celui d'un loup au guet dans la feuillée. Sous son nez de lion, deux larges moustaches peu soignées, car il méprisait singulièrement la toilette, ne permettaient pas d'apercevoir la lèvre supé-
80 rieure. Heureusement pour la comtesse, la large bouche de son mari était muette en ce moment, car les plus doux sons de cette voix rauque la faisaient frissonner. Quoique le comte d'Hérouville eût à peine cinquante ans, au premier abord on pouvait lui en donner soixante, tant les
85 fatigues de la guerre, sans altérer sa constitution robuste, avaient outragé sa physionomie; mais il se souciait fort peu de passer pour un *mignon*.

La comtesse, qui atteignait à sa dix-huitième année, formait auprès de cette immense figure un contraste
90 pénible à voir. Elle était blanche et svelte. Ses cheveux châtains, mélangés de teintes d'or, se jouaient sur son cou comme des nuages de bistre et découpaient un de ces visages délicats trouvés par Carlo Dolci pour ses madones au teint d'ivoire, qui semblent près d'expirer
95 sous les atteintes de la douleur physique. Vous eussiez dit de l'apparition d'un ange chargé d'adoucir les volontés du comte d'Hérouville.

Honoré de Balzac, *L'enfant maudit* (extrait), 1831-1836.

REPÈRES CULTURELS

HONORÉ DE BALZAC (1799-1850)

La légende veut que Balzac, sur son lit de mort, ait réclamé les soins du Dr Bianchion, le médecin qu'il avait créé pour sa *Comédie humaine*… Vingt ans de travail titanesque à littéralement refaire le monde expliquent sans doute la confusion de l'écrivain agonisant. Cent trente-sept œuvres diverses, six mille personnages, une construction littéraire qui fait «concurrence à l'état civil» en exposant exhaustivement les mœurs de la société française, voilà toute la *Comédie humaine* de Balzac. *La peau de chagrin* (1831), *Eugénie Grandet* (1833), *Le père Goriot* (1835), *Le lys dans la vallée* (1836) et *Splendeurs et misères des courtisanes* (1838) sont parmi les romans les plus accomplis de cette grande œuvre. Innovateur autant dans le genre réaliste que fantastique et philosophique, Balzac est aujourd'hui considéré comme le père du roman moderne.

Un brownie ! Yé !

Ernst Ludwig Kirchner, *Patinoire avec patineurs*, 1925.

L'enfant en patins s'accroche au manteau de sa mère. De son nez, de ses yeux coule un flot incessant de frustration. *Maman, j'ai plus le goût, prends-moi dans tes bras*. De tout son poids, de toute sa colère, il s'agrippe
5 aux boutons, au foulard, à l'ouverture des poches, à tout ce qui offre prise pour faire fléchir l'échine de cette monture rétive. Plie, maman !

Elle étouffe, la mère étouffe : son foulard, l'enfant au bout du foulard, et les regards des patineurs qui
10 passent trop près, trop lentement… Fais pas ça, mon chou… Ramasse-toi, pour l'amour ! Décolle ! Mais décolle ! Des mots, elle en retient, elle s'en mord les lèvres, misère, c'est son enfant, son trésor, et c'est un beau soir, si doux, profitons-en, on peut se coucher
15 tard, demain c'est congé, allons manger un hamburger et des frites chez Joe Potato, ça fera pas un gros trou dans le budget et on ira patiner sur le canal, on a tellement de plaisir ensemble, mon petit amour, seulement toi et moi, tous les deux, je t'ai acheté des patins à
20 l'Armée du Salut hier, juste deux dollars, ça fera pas un gros trou… Tu les aimes pas ? Ils sont pas neufs, oui le bout est un peu abîmé mais… mais ils sont solides, ils vont aller à cent milles à l'heure… Tu l'aimes pas, ton hamburger ? Il est pas comme d'habitude ? Trop de
25 ketchup, tu peux en ôter, le cornichon, tu peux l'enlever, mange ton pain, laisse la viande dans le pain, tu beurres partout, ramasse pas les frites par terre, pleure pas, prends les miennes, tu veux pas la laitue, c'est correct, non, maman est pas fâchée. Les patins sont trop

30 grands ? Mais non, presque pas, tiens, on va mettre ton autre paire de bas. C'est trop serré ? Non, non, pleure pas. Tu les trouves pas beaux, mais c'est pas grave, l'important c'est qu'ils coupent. T'as froid aux mains ? Donne tes mains, maman va souffler sur tes doigts,
35 ben non, ça pue pas. Souffle, toi, d'abord. Ramasse tes mitaines. Bon. Arrête ! Tu vas les remplir de neige. T'es pas fatigué, on vient de commencer ! Non, t'es pas fatigué, on continue. Au moins une demi-heure, le temps d'un *Passe-Partout*. Bon, OK, la moitié d'un
40 *Passe-Partout*. Remets tes mitaines ! Tire pas sur mon foulard. On continue. Jusqu'au petit pont. Non je te prends pas dans mes bras. T'es trop lourd. Pas question. Lâche mon foulard. Mais lâche ! Lâche ! Tiens-toi, t'es pas un sac ! Mais tiens-toi donc !

45 Dans le courant régulier et tranquille des patineurs du soir, la mère et l'enfant forment un nœud de violence, un amas glacé d'entêtement et de désespoir. Les chuchotements des patineurs s'accordent au chuintement des lames sur la glace, tels des couteaux qu'on
50 affûte, et la jeune mère ne cherche plus à cacher son désir fou d'éventrer le canal, de forcer une césarienne dans cette matrice bleutée et de pousser l'enfant dans la brèche, de le faire naître à l'obscurité.

Les larmes gèlent sur ses joues. Son fils, affalé, conti-
55 nue de crier, bleu comme la glace, les patins en l'air, ruant, frappant parfois le vide, parfois les jambes de sa mère, sa mère immobile, immobile mais vibrante, immobile mais bouillonnante, immobile mais… Elle

s'élance ! Rien à la remorque ! Elle file ! Son plaisir éclot

60 d'un seul coup, s'envole et la devance, elle le rattrape aussitôt, d'un coup de lame appuyé, jouant avec le vent, la vitesse. Pirouette ! Et le paysage défile à contre-sens. Pirouette ! Et le décor reprend sa place, puis dis-paraît, loin derrière. La patinoire du canal lui promet

65 des kilomètres et des kilomètres. Quand elle se décide à regarder l'enfant, il n'est pas plus gros que le poing. Alors lentement, reprenant son souffle, elle le ramène progressivement à sa taille normale. Sa taille immense.

Maman, est-ce que tu vas me donner ma surprise ? Ils

70 sont revenus à la maison, le petit garçon et sa mère, dans leur deux et demie, où la seule chambre est celle de l'enfant. Quoi qu'il arrive, ils rentrent toujours à la maison ; elle ne s'enfuit jamais très loin, très long-temps. Elle feint la fuite, elle veut seulement lui faire

75 un peu peur, pour qu'il obéisse et ne la fasse pas en-rager. Car il est le grand manitou de sa colère, elle le croit. Le petit sorcier sait réveiller tous ses monstres et les exciter jusqu'à l'hystérie. Lors de ces combats tita-nesques, elle doit rassembler toutes ses forces pour se

80 précipiter dans la salle de bains. Et dans ce minuscule espace de métamorphoses, elle étrangle le lavabo, griffe la céramique, mord les serviettes, crache son fiel de dragon meurtrier.

Maman, c'est quoi ma surprise ? Un brownie ! Yé ! Il

85 n'aura pas sa surprise parce que, parce que, parce que ! Il y a toujours mille raisons de ne pas la lui donner, mais la plupart du temps elle cède quand même, en maugréant, tu ne la mérites pas, mais elle est une si gentille maman qu'il l'aura malgré tout, garçon pas

90 gentil, et elle pose la gâterie brusquement sur la table. Le garçon mange, penaud, coupable et content, entre le frigo et la commode, sur les coussins défraîchis qui servent de sièges à la table basse et de lit à la mère.

Je veux ma surprise ! Cette fois, elle a les monstres à

95 fleur de peau. Sur tout le chemin du retour, il a hurlé, rampé dans la neige mouilleuse et sale, déchiré la poche de son manteau, jeté sa mitaine dans l'égout… *Harcèle-moi encore une minute et je fonce à la salle de bains. Je veux ma surprise !* Elle attend l'extrême li-

100 mite et court se barricader. Avec le brownie. L'enfant se déchaîne contre la porte. S'il fallait que le crochet cède… Il se jetterait sur elle, avec son gros visage tout rouge, tout gonflé, prêt à mordre, prêt à lui arracher les yeux, les cheveux, prêt à n'importe quoi pour récupérer

105 son dû. Et elle l'empoignerait, ses ongles s'enfon-ceraient dans les petits bras dodus, il hurlerait et elle le secouerait, du feu plein la tête, elle le dompterait, ce petit démon, ce petit enragé, elle le dompterait, au secours, son enfant, son bébé, son amour.

110 Il continue de marteler la porte avec régularité et obstination : *Donne-moi-mon-brownie. Donne-moi-mon-brownie.* Il a l'expérience de ce genre de situation, il sait qu'il peut tenir longtemps et qu'il a encore des chances de remporter l'enjeu.

115 Finalement, le crochet cliquette gentiment et la porte s'ouvre. Épuisée mais digne, la mère sort de son antre. Saisi, l'enfant recule. Les cheveux défaits, les yeux boursouflés, des filets de morve étalés sur les joues, sa mère le regarde fixement, une espèce de

120 sourire crispant sa bouche noire, tandis que le brownie, oh le brownie tant désiré, oh le brownie, liquéfié, dé-gouline sur son menton.

Sans demander son reste, l'enfant s'enfuit sous sa douillette ; la mère range les patins et s'installe devant

125 la télévision.

Tous les deux rêvent cette nuit-là d'épées et de vengeance.

Johanne Alice Côté, *Mégot mégot petite mitaine*, Montréal, Les Éditions Triptyque, 2008, p. 37 à 40.

REPÈRES CULTURELS

JOHANNE ALICE CÔTÉ
(écrivaine québécoise née en 1960)

Johanne Alice Côté a fait son entrée sur la scène littéraire québécoise par un triple coup d'envoi. En moins de deux ans, elle a publié un roman, *L'incisure catacrote* (2007), un recueil de poésie, *Mouvement d'indienne* (2008), et un recueil de nouvelles, *Mégot mégot petite mitaine* (2008), dans lequel son écriture précise décrit finement les tourments de ses personnages. Le parcours de Johanne Alice Côté témoigne de son intérêt pour la littérature. Elle a été parolière lauréate au Festival en chanson de Petite-Vallée, elle anime des ateliers sur l'écriture de chansons, écrit des contes et des chansons, fait de la mise en scène. Elle a également fondé et dirigé le théâtre Koy Koy, en Beauce.

L'histoire de Monsieur Sommer

Quoiqu'on ne sût à peu près rien des Sommer ni surtout de M. Sommer, on peut pourtant affirmer à coup sûr qu'à l'époque M. Sommer était l'homme de très loin le plus connu de toute la région. Dans un rayon d'au moins soixante kilomètres tout autour du lac, il n'y avait personne – ni homme, ni femme, ni enfant, ni même chien – qui ne connût M. Sommer, car M. Sommer était

5 toujours par monts et par vaux. Du petit matin jusqu'à la nuit tombée, M. Sommer sillonnait la région. Il n'y avait pas un jour de l'année où M. Sommer ne fût en train de marcher. Il pouvait

neiger ou grêler, la tempête faire rage ou la pluie tomber à seaux, le soleil pouvait brûler, la tornade menacer : M. Sommer était sur les
10 routes. Souvent, il partait de chez lui avant même le lever du soleil (comme le rapportaient les pêcheurs qui sortaient sur le lac à quatre heures du matin pour relever leurs filets), et, souvent, il ne rentrait que tard,
15 quand la lune était déjà haute dans le ciel.

Entre-temps, il faisait un chemin incroyable : le tour du lac en une journée – ce qui représentait un trajet de quarante kilomètres environ –, pour M. Sommer, était monnaie courante. Faire en un jour deux ou trois allers et retours jusqu'au chef-lieu de canton, dix kilomètres aller, dix kilomètres retour : pour M. Sommer, aucun problème ! Lorsque, à sept heures et demie du matin, nous autres
20 enfants, encore tout ensommeillés, nous trottinions vers l'école, nous croisions un M. Sommer frais et dispos, qui marchait déjà depuis des heures ; lorsque, à midi, nous rentrions à la maison, fatigués et affamés, M. Sommer nous dépassait d'un pas martial ; et lorsque, le soir du même jour, je jetais un coup d'œil par la fenêtre avant de me coucher, il pouvait m'arriver d'apercevoir là-bas, sur la route du bord du lac, la grande silhouette maigre de M. Sommer qui filait comme une ombre.

25 Il était facile à reconnaître. Même de loin, son allure ne ressemblait à aucune autre. En hiver, il portait un long manteau noir, trop ample et étrangement raide, qui, à chaque pas, lui tressautait autour du
30 corps comme une coque beaucoup trop vaste, et puis des bottes de caoutchouc et, sur son crâne chauve, un bonnet rouge à pompon. En été, en revanche – et l'été pour M. Sommer durait de début mars à fin octobre, donc la majeure partie de l'année –,
35 M. Sommer arborait un chapeau de paille plat avec un ruban noir, une chemise de couleur caramel

et un short de même couleur, d'où émergeaient, ridiculement sèches, ses longues jambes nerveuses, faites exclusivement de tendons et de varices, et dont l'extrémité
40 inférieure disparaissait dans une paire de lourdes chaussures de montagne. En mars, ces jambes étaient d'une blancheur éclatante, et les varices s'y dessinaient nettement, comme la carte à l'encre bleue d'un
45 système hydrographique très ramifié. Mais, au bout de quelques semaines déjà, elles avaient pris une teinte de miel; en juillet, elles resplendissaient de la même couleur caramel que la chemise et le short et, en automne, elles étaient si brunes à force d'avoir été tannées par le soleil, le vent et les intempéries qu'on n'y distinguait plus ni varices, ni tendons, ni muscles; les jambes de M. Sommer avaient tout simplement l'air des branches noueuses d'un vieux pin écorcé, jusqu'à ce que, enfin,
50 en novembre, elles disparaissent sous un pantalon et sous le long manteau noir et, à l'abri de tous les regards, elles reprennent, peu à peu, en attendant le printemps suivant, leur teinte originelle de fromage blanc.

Il y avait deux choses que M. Sommer portait hiver comme été et sans lesquelles personne ne l'avait jamais vu : l'une était son bâton, l'autre son sac à dos. Le bâton n'était pas une canne ordi-
55 naire, mais une perche en bois de noyer, légèrement torsadée, qui dépassait l'épaule de M. Sommer et lui servait un peu de troisième jambe, et sans laquelle il n'eût jamais atteint les vitesses énormes ni parcouru les incroyables distances qui surpassaient tellement les performances d'un promeneur normal. Tous les trois pas, M. Sommer lançait de la main droite son bâton vers l'avant, l'appuyait sur le sol et, en avançant, poussait sur lui de toutes ses forces, si bien qu'on avait l'im-
60 pression que ses jambes ne lui servaient qu'à suivre, tandis que la véritable poussée provenait de la force de son bras droit, transmise vers le sol par le bâton – un peu comme ces bateliers qui font avancer leurs embarcations plates en s'arc-boutant sur de longues perches. Quant au sac à dos, il était toujours vide ou presque vide, car, pour ce qu'on en savait, il ne contenait rien que le casse-croûte de M. Sommer et, plié, un ciré à capuche qui lui arrivait aux hanches et qu'il revêtait quand
65 la pluie le surprenait en chemin.

Mais où ses randonnées le conduisaient-elles ? Quel était le but de ces interminables marches ? Pour quel motif et à quelle fin M. Sommer fonçait-il ainsi à travers la cam-
70 pagne pendant douze, quatorze ou seize heures par jour ? On l'ignorait.

Patrick Süskind, *L'histoire de Monsieur Sommer*,
traduit de l'allemand par Bernard Lortholary,
Paris, © Gallimard, coll. «Folio junior», 1998, p. 18 à 24.

REPÈRES CULTURELS

PATRICK SÜSKIND (écrivain allemand né en 1949)

«Qui maîtrisait les odeurs maîtrisait le cœur de l'humanité» : tel est le *credo* de l'un des personnages les plus marquants de la littérature mondiale, Jean-Baptiste Grenouille, héros du roman *Le parfum* de Patrick Süskind. Depuis sa parution en 1985, *Le parfum* a été traduit en 45 langues et vendu à plus de 150 millions d'exemplaires. Malgré cet immense succès, l'auteur n'accorde aucune entrevue et a refusé de nombreux prix. Patrick Süskind a également publié *Le pigeon* (1987), *L'histoire de Monsieur Sommer* (1998) et, plus récemment, un recueil d'essais intitulé *Sur l'amour et la mort* (2006).

Tenue de ville

C'est un lieu où les belles choses se côtoient sans s'oppresser, avec une distinction qui laisse à chacune l'espace pour briller. Les fauteuils, de velours chaud et d'aérienne tubulure, sont bleus comme un ciel inaltérable. À côté d'eux, les plantes encastrées dans de vastes urnes se croient sous les tropiques et se lancent dans des floraisons extravagantes. La lumière, il faut dire, émane de
5 partout, solaire même lorsqu'il pleut. Sur les petites tables basses où le verre se marie au vrai marbre, des livres d'art luxueux et des revues culturelles sont abandonnés aux doigts errants et remplacés impitoyablement aussitôt qu'un fantôme de flétrissure apparaît au coin de leurs pages. Il y a peu de tableaux sur les murs, mais ceux qui y sont proclament leur authenticité, l'un signé par Edvard Munch, l'autre par Edmund Alleyn, le dernier par Riopelle dans sa période d'oies et de
10 tourmentes.

C'est un îlot de bon goût et d'harmonie où la richesse ne se fait pas ostentatoire, comme si l'argent, ici, n'avait pas d'importance. Et pourtant, l'argent, ici, repose au cœur de tout, maître à penser et à suivre, destination ultime des pensées et des gestes, puisque nous sommes dans une banque.

Les gens qui travaillent ici se sont moulés sur l'esthétisme général, et ils vaquent sans bruit,
15 sorte de prolongation transparente du décor. Le directeur et son long cou d'aristocrate évoque irrésistiblement Modigliani, sauf lorsqu'il ouvre la bouche. Les caissières ne se vêtent que dans les dispendieuses boutiques avoisinantes, quitte à sacrifier ainsi la quasi-totalité de leur salaire. L'agent de sécurité a sans doute été engagé pour la perfection de ses moustaches, qu'il cire avec une nostalgie dalinienne. Comment le client ne se sentirait-il pas bien dans ces émanations de beauté où
20 même l'argent a acquis une odeur délicate ?...

De clients, aujourd'hui, il n'y en a que trois, car nous sommes à l'heure creuse de l'après-midi, un peu avant la fermeture. Un seul guichet est ouvert, devant lequel le premier client murmure des chiffres cabalistiques à une caissière qui acquiesce silencieusement. C'est un homme jeune et mince pour qui le beau est important, cela se voit à la façon désinvolte dont il s'habille et regarde les gens
25 immédiatement là où ils ont des choses qui comptent. Il est metteur en scène au théâtre, un espace sacré que l'argent ne fréquente guère, mais qui débouche parfois, lorsque comme lui on a du pif et de la poigne, sur des horizons télévisuels qui dispensent des chèques à cinq chiffres sans décimales. Il se tient prêt. Dans ce quartier où il vient d'emménager avec son *chum* acteur, le fumet de la réussite flotte dans l'air, n'attendant que d'être humé par quelqu'un qui se tient prêt.

30 Le deuxième client, debout sans aucun relâchement dans les genoux ou le pantalon, est un homme aussi, moins jeune et plus classique. Il est endodontiste depuis quelques années déjà, il a des dettes à la mesure de ses moyens et une famille qui s'occupe d'augmenter les unes et de grignoter les autres avec une régularité sans faille. À force d'œuvrer dans les traitements de canal, de sectionner l'infiniment petit et de traiter l'infiniment pourri dissimulé sous des apparences res-
35 pectables, il a acquis, avec le désabusement, un respect scrupuleux de la minutie et de l'ordre. Il ne fait jamais attendre ses clients et il apprécie qu'ici au moins on ne le fasse pas attendre : voilà qu'un guichet s'ouvre à son attention et qu'il s'y dirige lestement sur ses semelles spongieuses de qualité.

La dame qui demeure seule en attente a cette beauté obstinée qui tentera d'être jusqu'à ce que le corps tout entier ne soit plus. L'on ne voit pas les rides et les cheveux blancs qui existent quelque
40 part sous les fards et les onguents parfumés, l'on ne sent pas l'ardeur du combat engagé contre le temps tellement les armes sont subtiles. Cette dame est propriétaire d'une agence de voyages dans le quartier. Elle met en chiffres les rêves des autres et sait parler du Caire comme d'autres parlent des Laurentides. Elle voyage beaucoup. Hélas, elle s'ennuie terriblement aussitôt qu'elle met les pieds hors de chez elle, mais son thérapeute l'assure qu'il ne s'agit là que d'une transition
45 ombilicale qu'elle parviendra tôt ou tard à assumer.

La porte s'ouvre.

Il entre.

Il, c'est-à-dire lui, le voleur, le truand, le sans aucun doute dévaliseur de coffres-forts.

Il a ce glauque dans le regard qui ne trompe pas, la démarche évasive de quelqu'un qui en a pe-
50 sant sur la conscience. Il a des bottes de travailleur, recouvertes de saletés innombrables, des jeans trop ajustés, délavés comme ce n'est plus la mode depuis longtemps. Son chandail étriqué laisse filtrer un morceau d'abdomen crayeux, nourri probablement à la bière. Il est jeune mais il a eu le temps d'attraper une gueule fourbe, surmontée de cheveux mous et d'un front qui fuit déjà sous la débâcle, une sale gueule.

55 Il s'approche. Bientôt il sera tout à fait dans l'aura parfumée de la dame, à machiner derrière son dos élégant quelque abomination criminelle, en feignant d'attendre son tour. La dame blêmit et ferait pire encore peut-être si un troisième guichet ne venait miséricordieusement s'ouvrir pour elle, laissant le sale type dans la file inexistante, isolé, au centre de tout, des regards et des montées d'adrénaline.

60 Le cou Modigliani du directeur se hausse d'un centimètre dramatique, les caissières attrapent dans les doigts une nervosité qui les rapproche du bouton d'alarme, le jeune homme de théâtre se

demande s'il plongera sous le guichet ou jouera pour la postérité le rôle héroïque de sa vie, le spécialiste en
65 dents creuses adresse mentalement à sa femme et ses enfants une déchirante lettre d'adieu, la dame se dit qu'elle ferait mieux de ne sortir aucun argent liquide, l'agent de sécurité pose
70 sa main sur l'arme blottie contre sa cuisse.

Pendant ce temps, seul comme une plaie au milieu du visage, lui, le mal-frat, le requin juvénile, laisse vaguer
75 son regard fuyant devant, tandis qu'imperceptiblement ses doigts coulent vers la poche intérieure de son chandail pour en ramener une arme, un couteau, une bombe, imperceptible-
80 ment mais sous les yeux de tous, il sort un paquet de cigarettes.

Il en allume une. On voit ses doigts à la pleine lumière, ils sont sales et tachés de rouge, du sang, non, de la
85 peinture, rouge comme sur ses bottes de travailleur, car ce n'est qu'un tra-vailleur, un travailleur sale qui fume.

Il fume, dans cette banque où, comme je disais, un authentique
90 Edmund Alleyn avoisine un estimé Riopelle, où la cigarette a été bannie depuis des lustres avec le consente-ment de tous, car ce n'est même plus une question de snobisme, c'est une

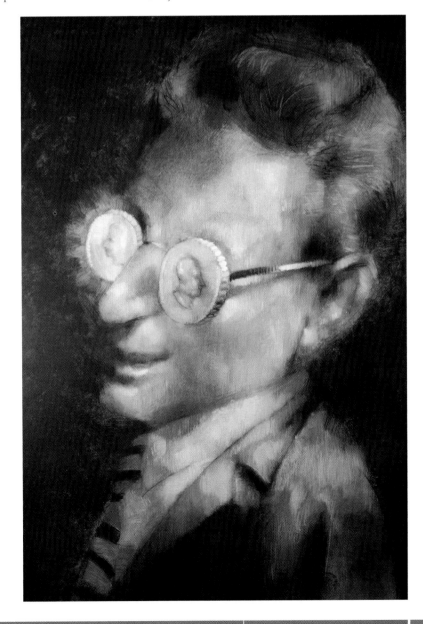

question d'évolution : l'*Homo postnicotinus*, le plus glorieux maillon de cette ère quaternaire, soigne sa forme et ses REER, fait du jogging sur le mont Royal, descend le moins possible en bas, rue du Parc, parmi la racaille où se fomentent les cancers du poumon et où pullulent les bactéries.

Et la tension accumulée, la peur de mourir et d'être spolié de ses avoirs les plus essentiels se transforme subitement, devient de la colère froide, rampante, dirigée sur le bout incandescent de 100 cette cigarette hors-la-loi.

Il capte les ondes hargneuses, malgré son primitivisme, il s'empresse d'éteindre contre sa semelle, n'ayant pas reconnu le cendrier dans la potiche élégante qui trône au milieu de la pièce. Il s'achemine, les épaules rentrées, vers le guichet que vient d'abandonner l'apprenti metteur en scène. Sa voix est de même nature que son regard – fuyante, en rase-mottes, peut-être tout sim-105 plement intimidée.

— C'est pour changer un chèque, dit-il.

Il prononce «tchèque», en tendant un papier proprement plié en deux. La caissière le prend sans hâte, entre l'index et le pouce. La dame et l'endodontiste font mine de ne pas écouter ce vers quoi toutes leurs ouïes se tendent ; le jeune homme de théâtre reste proche, pour ne rien perdre 110 des possibilités dramaturgiques de la scène.

— Avez-vous un compte ici ? demande la caissière avec la lassitude d'une personne à qui on impose des questions aux très évidentes réponses.

— Non, bredouille-t-il.

Et comme elle fait mine de lui remettre le papier, il se défait, il pâlit, cet argent est le sien, il l'a 115 gagné, toutes les taches rouges de ses vêtements de travailleur attestent à quel point il l'a gagné, sa voix enfle, ridicule, emportée comme chez quelqu'un qui n'a pas appris à maîtriser ses pulsions primaires. «Le tchèque est bon, clame-t-il, chus sûr qu'il est bon, ça vient de la grosse maison juste à côté, un architecte, c'est sûr qu'il est bon !...»

La caissière lui tend le chèque, sans mot dire, sans l'avoir même déplié. Tous les regards sont sur 120 lui, impitoyables comme la justice.

Il reprend le chèque. Il comprend. Le chèque est bon, sans nul doute. Ce n'est que lui qui ne l'est pas.

Monique Proulx, «Tenue de ville», Les aurores montréales,
Montréal, Boréal, 1996, p. 67 à 72.

REPÈRES CULTURELS

MONIQUE PROULX (écrivaine québécoise née en 1952)

Monique Proulx fait son entrée dans les lettres en 1983 avec *Sans cœur et sans reproche*, un recueil de nouvelles. Ses deux premiers romans – *Le sexe des étoiles* (1987) et *Homme invisible à la fenêtre* (1993) – lui donnent l'occasion de travailler comme scénariste : elle signera en effet le scénario des deux films qui en seront tirés. Avec son second recueil de nouvelles, *Les aurores montréales* (1996), elle esquisse vingt-sept destins dans les rues de la ville. En 2008, Monique Proulx fait paraître son sixième livre, *Champagne*, un roman dans lequel la nature est un personnage, et où l'écrivaine rend hommage à la beauté du monde. «C'est en donnant des œuvres, comme un arbre donne ses fruits, que l'on continue d'une certaine façon le travail de la nature.»

Né de l'homme

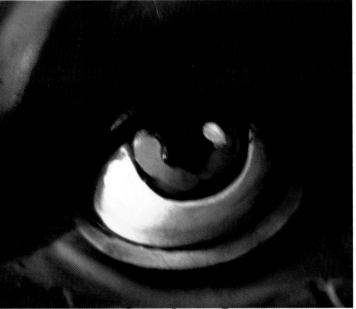

et de la femme

X – Aujourd'hui maman m'a appelé monstre. Espèce de monstre elle a dit. J'ai vu la colère dans ses yeux. Je me demande qu'est-ce que c'est un monstre.

Aujourd'hui de l'eau est tombée de là-haut. Elle est
5 tombée partout j'ai vu. Je voyais la terre derrière la petite fenêtre. La terre elle buvait l'eau comme une bouche qui a soif. Elle a trop bu et elle a vomi et elle a coulé marron. J'ai pas aimé ça.

Maman est jolie je sais. Dans mon coin pour dormir
10 avec des murs froids autour j'ai un machin en papier qui était derrière là où il y a le feu. Ça dit dessus VEDETTES DE L'ÉCRAN. Il y a des images avec des têtes comme à maman et à papa. Papa dit qu'elles sont jolies. Une fois il l'a dit.

15 Et maman aussi il a dit. Elle est très jolie et moi pas mal. Regarde-toi il a dit et il avait pas sa bonne figure. J'ai touché son bras et j'ai dit ça va comme ça papa. Il a sursauté et s'est écarté et je pouvais plus l'atteindre.

Aujourd'hui maman m'a détaché un peu de la
20 chaîne alors j'ai pu voir par la petite fenêtre. C'est comme ça que j'ai vu l'eau tomber de là-haut.

XX – Aujourd'hui il y avait du tout doré là-haut. Je le sais quand j'ai regardé mes yeux m'ont fait mal. Quand j'ai regardé la cave après elle était rouge.

25 Je crois qu'il y avait église. Ils s'en vont de là-haut. La grosse machine les avale et elle roule et la voilà partie. Derrière il y a la petite maman. Elle est bien plus petite que moi. Je peux voir tout ce que je veux par la petite fenêtre.

30 Aujourd'hui quand il a fait sombre j'ai mangé ma gamelle et des bestioles. J'entends des rires là-haut. J'aime savoir pourquoi il y a des rires. J'ai enlevé la chaîne du mur et l'ai enroulée autour de moi. J'ai marché plotch plotch jusqu'à l'escalier. Il grince quand je
35 monte dessus. Mes jambes glissent dessus parce que je marche pas sur l'escalier. Mes pieds collent au bois.

Je suis monté et j'ai ouvert une porte. C'était tout blanc. Blanc comme les bijoux blancs qui tombent de là-haut des fois. Je suis entré et je reste là sans faire de
40 bruit. J'entends les rires un peu plus. Je marche vers le bruit et j'observe les gens. Plus de gens que je pensais qu'y avait. J'avais envie d'être avec eux pour rire aussi.

Maman est arrivée et elle a poussé la porte qui m'a tapé et m'a fait mal. Je suis tombé sur le sol lisse et la
45 chaîne a fait du bruit. J'ai crié. Maman a aspiré plein d'air en faisant un bruit de sifflement et mis une main sur sa bouche. Ses yeux sont devenus tout grands.

Elle m'a regardé. J'ai entendu papa appeler. Qu'est-ce qui est tombé il a demandé. Elle a dit rien une
50 planche à repasser. Viens m'aider à la ramasser elle a dit. Il est arrivé et il a dit holà c'est donc lourd à ce point. Il m'a vu et il est monté sur ses grands cheveux. La colère est venue dans ses yeux. Il m'a battu. J'ai coulé un peu par terre par un bras. C'était pas beau à
55 voir. Ça faisait un vilain vert par terre.

Papa m'a dit de retourner à la cave. Il fallait que je me sauve. La lumière elle me faisait maintenant un peu mal aux yeux. C'est pas comme ça dans la cave.

Papa m'a attaché les bras et les jambes. Il m'a mis
60 sur mon lit. J'ai encore entendu des rires là-haut pendant que j'étais là tranquille à regarder une araignée noire qui descendait vers moi en se balançant. Je pensais à ce que papa a dit. Ohmondieu il a dit. Et il n'a que huit ans.

65 XXX – Aujourd'hui papa a tapé pour rattacher la chaîne dans le mur. Il faudra que j'essaie de la refaire partir. Il a dit que j'étais méchant de venir là-haut. Il a dit tâche de ne pas recommencer ou il me battra fort. Ça fait mal.

70 J'ai mal. J'ai dormi la journée et j'ai appuyé ma tête contre le mur froid. J'ai pensé à l'endroit tout blanc là-haut.

XXXX – J'ai fait partir la chaîne du mur. Maman était là-haut. J'ai entendu des petits rires perçants. J'ai regardé par la fenêtre. J'ai vu des gens tout petits comme la petite maman et aussi des petits papas. Ils sont jolis.

Ils faisaient des bons bruits et sautaient un peu partout sur la terre. Leurs jambes bougeaient ferme. Ils sont pareils que papa et maman. Maman dit que tous les gens normaux sont comme ça.

Un des petits papas m'a vu. Il a montré la fenêtre. J'ai lâché tout et glissé le long du mur jusqu'en bas dans le noir. Je me suis roulé en boule pour qu'ils voient pas. J'ai entendu leur parlotte et leurs pieds qui couraient. Là-haut il y a eu une porte qui a tapé. J'ai entendu la petite maman qui appelait là-haut. J'ai entendu des pas forts et j'ai été vite dans mon coin pour dormir. J'ai tapé pour remettre la chaîne dans le mur et me suis allongé sur le devant.

J'ai entendu maman descendre. Est-ce que tu as été à la fenêtre elle a dit. J'ai entendu la colère. Ne t'approche pas de la fenêtre. Tu as encore arraché ta chaîne.

Elle a pris le bâton et elle m'a tapé avec. J'ai pas pleuré. Je sais pas faire ça. Mais ça a coulé partout sur le lit. Elle a vu ça et elle a tourné le dos en faisant un bruit. Ohmondieumondieu elle a dit pourquoi m'avoir fait ça. J'ai entendu le bâton rebondir sur le sol en pierre. Elle a couru là-haut. J'ai dormi la journée.

XXXXX – Aujourd'hui y a eu encore de l'eau. Quand maman était là-haut j'ai entendu l'autre la petite descendre doucement les marches. Je m'ai caché dans le bac à charbon car maman allait avoir la colère si la petite maman me voyait.

Elle avait une petite chose vivante avec elle. Une chose qui marchait sur les bras et avait des oreilles pointues. La petite maman lui disait des choses.

Tout allait bien sauf que la chose vivante m'a senti. Elle a grimpé sur le charbon et elle m'a regardé. Ses poils se sont dressés. Dans sa gorge ça a fait un bruit de colère. J'ai sifflé mais elle a sauté sur moi.

Je voulais pas lui faire mal. J'ai eu peur parce qu'elle m'a mordu plus fort que le rat. Ça m'a fait mal et la petite maman a hurlé. J'ai attrapé la chose vivante en serrant fort. Elle a fait des bruits que j'avais jamais entendus. Je l'ai toute chiffonnée. Elle était plus que de la bouillie rouge sur le charbon noir.

Je suis resté caché là quand maman a appelé. J'avais peur du bâton. Elle est partie. J'ai rampé sur le charbon avec la chose. Je l'ai cachée sous mon oreiller et me suis couché dessus. J'ai remis la chaîne dans le mur.

X – C'est une autre fois. Papa m'a enchaîné serré. J'ai mal parce qu'il m'a battu. Cette fois j'ai fait sauter le bâton de ses mains et j'ai fait mon bruit. Il s'est écarté et sa figure était blanche. Il s'est sauvé loin de mon coin pour dormir et a fermé la porte à clef.

Je suis pas trop content. Toute la journée il fait froid là-dedans. La chaîne met longtemps à sortir du mur. Et j'ai une méchante colère contre maman et papa. Je vais leur montrer. Je vais faire ce que j'ai fait l'autre fois.

Je vais crier et rire fort. Courir sur les murs. Et puis je me pendrai tête en bas par toutes mes jambes et rirai et coulerai vert partout jusqu'à ce qu'ils regrettent d'avoir pas été gentils avec moi.

S'ils essaient de me battre encore je leur ferai mal. Sûr et certain.

X –

Richard Matheson, «Né de l'homme et de la femme», traduit de l'américain par Jacques Chambon, *Derrière l'écran : Nouvelles 1*, Paris, Flammarion, coll. «Imagine»,1999, © Richard Matheson, 1980, p. 13 à 17.

REPÈRES CULTURELS

RICHARD MATHESON
(écrivain américain né en 1926)

Un enfant monstrueux enchaîné par ses parents raconte son histoire : c'est *Né de l'homme et de la femme*, la première nouvelle que publie Richard Matheson en 1950. Quatre ans plus tard, il fait paraître un premier roman qui combine science-fiction et vampirisme, *Je suis une légende*, récit qui sera adapté pour le cinéma à trois reprises. Son second roman, *L'homme qui rétrécit*, sera également porté au grand écran. Dans les années 1960, Richard Matheson se tourne vers le cinéma et la télévision. Il scénarise plusieurs épisodes de la série *Twilight Zone* et signe des adaptations de plusieurs récits de Poe. En 1971, il scénarise *Duel*, le premier film de Steven Spielberg. Une compilation de ses récits d'épouvante est préfacée par Stephen King, un de ses grands admirateurs.

Le passage

1

Il n'y a pas de lac au Camp du Lac vert. Autrefois, il y en avait un, le plus grand lac du Texas. C'était il y a plus de cent ans. Maintenant, ce n'est plus qu'une terre sèche, plate, désolée.

Il y avait aussi une ville, au Lac vert. La ville a dépéri et s'est desséchée en même temps que le
5 lac et les gens qui y habitaient.

En été, dans la journée, la température tourne autour de trente-cinq degrés à l'ombre – quand on en trouve. Les grands lacs asséchés n'offrent pas beaucoup d'ombre.

Les seuls arbres des environs sont deux vieux chênes plantés sur la rive est du «lac». Un hamac est accroché entre les deux troncs et on voit une cabane en rondins un peu plus loin.

10 Les campeurs n'ont pas le droit de s'allonger dans le hamac. Il appartient au Directeur. L'ombre est sa propriété exclusive.

Sur le lac, les serpents à sonnette et les scorpions trouvent de l'ombre sous les rochers et dans les trous que creusent les campeurs.

Voici une règle dont il est bon de se souvenir à propos des serpents à sonnette et des scorpions:
15 quand on les laisse tranquilles, eux aussi vous laissent tranquilles.

En principe.

Être mordu par un serpent à sonnette ou piqué par un scorpion n'est pas la pire chose qui puisse vous arriver. On n'en meurt pas.

En principe.

20 Parfois, un campeur essaie de se faire piquer par un scorpion, ou même mordre par un petit serpent à sonnette. Comme ça, il passera un ou deux jours à se reposer dans sa tente au lieu d'être obligé de creuser des trous dans le lac.

En revanche, personne n'a envie de se faire mordre par un lézard à taches jaunes. Ça, c'est la pire chose qui puisse vous arriver. On en meurt dans de longues et terribles souffrances.

25 À coup sûr.

Quand on se fait mordre par un lézard à taches jaunes, il vaut encore mieux aller s'allonger dans le hamac, à l'ombre des chênes.

Parce que personne ne pourra plus rien faire pour vous.

2

30 Le lecteur se demande sans doute : qui donc aurait l'envie d'aller faire un séjour au Camp du Lac vert ?

Mais la plupart de ses pensionnaires n'ont pas le choix. Le Camp du Lac vert est destiné aux mauvais garçons.

Si on prend un mauvais garçon et qu'on l'oblige à creuser tous les jours un trou en plein soleil, 35 il finira par devenir un gentil garçon.

C'est ce que pensent certaines personnes.

Stanley Yelnats avait eu le choix. Le juge lui avait dit : « Ou bien vous allez en prison, ou bien vous allez au Camp du Lac vert. »

Stanley était né dans une famille pauvre. Il n'avait jamais fait de camping.

40 3

Stanley Yelnats était le seul passager du car, sans compter le chauffeur et le gardien. Le gardien, assis à côté du chauffeur, avait tourné son siège pour faire face à Stanley. Il avait un fusil posé sur les genoux.

Stanley était assis dix rangées plus loin, menotté à son accoudoir. Son sac à dos était posé sur 45 le siège d'à côté. Il contenait sa brosse à dents, un tube de dentifrice et une boîte avec du papier à lettres, des enveloppes et un stylo, que sa mère lui avait donnée. Il lui avait promis de lui écrire au moins une fois par semaine.

Il regarda par la fenêtre, bien qu'il n'y eût pas grand-chose à voir – surtout des prairies et des champs de coton. Il était parti pour nulle part et le chemin était long. Le car n'était pas climatisé 50 et l'air chaud et lourd était presque aussi oppressant que les menottes.

Stanley et ses parents avaient essayé de faire comme s'il partait simplement en camp de vacances pendant quelque temps, comme les enfants des familles qui avaient les moyens. Quand Stanley était plus jeune, il jouait avec des animaux en peluche en imaginant qu'ils étaient dans un camp de vacances. Il l'avait appelé le Camp de la Fête et des Jeux. Parfois, il faisait jouer ses peluches 55 au football avec une bille. Ou alors, il leur faisait faire des courses d'obstacles ou du saut à l'élastique au bord de la table en les attachant à de vieux bouts de caoutchouc. À présent, Stanley essayait de se persuader qu'il allait pour de bon passer des vacances au Camp de la Fête et des Jeux. Peut-être qu'il s'y ferait des amis, pensait-il. Et au moins, il pourrait toujours aller nager dans le lac.

60 Chez lui, il n'avait pas d'amis du tout. Il était un peu trop gros et les élèves du collège se moquaient souvent de son embonpoint. Même ses professeurs faisaient parfois des remarques cruelles sans même s'en rendre compte. Le dernier jour qu'il avait passé à l'école, son professeur de maths, Mrs Bell, avait fait un cours sur les grandeurs proportionnelles. À titre d'exemple, elle avait pris le plus gros élève et le plus léger de la classe et leur avait demandé de se peser. Stanley pesait trois fois plus que son camarade. Mrs Bell avait écrit la proportion au tableau, 3/1, sans s'apercevoir à 65 quel point la situation était gênante pour tous les deux.

Un peu plus tard ce même jour, Stanley avait été arrêté.

Il regarda le gardien tassé sur son siège et se demanda s'il s'était endormi. L'homme portait des lunettes de soleil. Stanley ne pouvait pas voir ses yeux.

Stanley n'avait rien d'un voyou et il était innocent du délit pour lequel on l'avait arrêté. Il s'était 70 simplement trouvé au mauvais endroit au mauvais moment.

Tout ça, c'était la faute de son horrible-abominable-vaurien-d'arrière-arrière-grand-père-voleur-de-cochon.

D'après ce qu'on disait dans la famille, son arrière-arrière-grand-père avait un jour volé un cochon à une tzigane unijambiste qui s'était vengée en lui jetant un mauvais sort, à lui et à tous ses des-75 cendants. Bien entendu, Stanley et ses parents ne croyaient pas aux mauvais sorts mais chaque fois que les choses allaient mal, ils étaient quand même soulagés d'avoir quelqu'un à blâmer.

Et les choses allaient très souvent mal. Dans la famille, il y en avait toujours un qui se trouvait au mauvais endroit au mauvais moment.

Stanley contempla par la fenêtre l'immense paysage vide. Il regardait la courbure des fils du 80 téléphone qui descendaient et remontaient régulièrement entre les poteaux, le long de la route. Dans sa tête, il entendait la voix rude de son père lui chantonner doucement :

«Si seulement, si seulement», soupire le pivert

«L'écorce des arbres était un peu plus tendre»,

Tandis que le loup est là à attendre,

85 *Affamé et solitaire,*

En hurlant à la luu-uuuuu-uuuune,

«Si seulement, si seulement. »

C'était une chanson que son père avait l'habitude de lui chanter. La mélodie était douce et mélancolique, mais le passage préféré de Stanley, c'était quand son père chantait le mot «lune» en 90 imitant le hurlement du loup.

Le car passa sur un nid-de-poule et le gardien se redressa aussitôt, les sens en alerte.

Le père de Stanley était inventeur. Pour réussir dans ce métier, il faut trois qualités : l'intelligence, la persévérance et un tout petit peu de chance.

Le père de Stanley était intelligent et possédait des trésors de persévérance. Une fois qu'il s'était 95 lancé dans un projet, il y travaillait pendant des années et passait souvent des jours et des nuits sans dormir. Mais il n'avait jamais de chance.

Et chaque fois qu'une de ses expériences ratait, Stanley l'entendait maudire son horrible-abominable-arrière-grand-père-voleur-de-cochon.

Le père de Stanley s'appelait également Stanley Yelnats. Son nom complet, c'était Stanley 100 Yelnats III. Notre Stanley, lui, s'appelle Stanley Yelnats IV.

Tout le monde dans sa famille avait toujours été très attaché au fait que «Stanley Yelnats» s'écrivait de la même façon de gauche à droite et de droite à gauche. Aussi était-il de tradition de prénommer tous les garçons Stanley. Stanley était fils unique, comme l'avaient été les autres Stanley Yelnats avant lui.

105 Ils avaient tous quelque chose d'autre en commun. En dépit de leur terrible malchance, ils gardaient toujours de l'espoir. Comme aimait à le dire le père de Stanley: «L'échec m'apprend beaucoup.»

Mais cela faisait peut-être partie du mauvais sort. Si Stanley et son père n'avaient plus eu d'espoir, ils auraient moins souffert chaque fois que leurs espoirs étaient anéantis.

«Les Stanley Yelnats n'ont pas tous connu l'échec», faisait souvent remarquer la mère de Stan-
110 ley lorsque son père ou lui se montraient si découragés qu'ils commençaient à croire véritablement à l'existence de ce mauvais sort. Le premier des Stanley Yelnats, l'arrière-grand-père de Stanley, avait fait fortune à la Bourse. «Ça prouve qu'il n'était pas si malchanceux», assurait sa mère.

Lorsqu'elle disait cela, elle omettait de mentionner le malheur qui avait frappé ce premier Stanley Yelnats. Il avait en effet perdu toute sa fortune en quittant New York pour aller s'installer
115 en Californie. La diligence dans laquelle il voyageait avait été dévalisée par Kate Barlow, une femme hors-la-loi surnommée «l'Embrasseuse».

Sans ce triste épisode, la famille de Stanley aurait vécu au bord de la mer, dans une somptueuse villa californienne. Au lieu de cela, ils étaient entassés dans un minuscule appartement qui sentait les pieds et le caoutchouc brûlé.

120 *Si seulement, si seulement…*

L'appartement avait cette odeur parce que le père de Stanley essayait d'inventer un moyen de recycler les vieilles chaussures de basket.

— Il y a des fortunes à faire dans le recyclage des vieilles baskets, disait-il souvent.

C'était ce dernier projet en date qui avait conduit à l'arrestation de Stanley.

125 La route n'était plus goudronnée et le car cahotait de plus en plus.

En fait, Stanley avait été très impressionné en découvrant pour la première fois que son arrière-grand-père avait été dévalisé par Kate Barlow «l'Embrasseuse». Il aurait préféré, sans aucun doute, habiter sur une plage de Californie, mais il était quand même appréciable de compter dans la famille quelqu'un
130 qui avait été attaqué par un célèbre hors-la-loi.

Kate Barlow n'avait pas embrassé l'arrière-grand-père de Stanley. Il aurait trouvé cela encore plus flatteur, mais Kate n'embrassait que les hommes qu'elle tuait. En l'occurrence, elle s'était contentée de lui voler tout ce qu'il
135 avait et de l'abandonner seul au milieu du désert.

— Il a eu de la chance de survivre, avait aussitôt fait remarquer la mère de Stanley.

Le car ralentissait. Le gardien s'étira en poussant un grognement.

140 — Bienvenue au Camp du Lac vert, dit le chauffeur.

Stanley jeta un coup d'œil à travers la vitre sale. Il ne voyait pas de lac.

Et il n'y avait pas grand-chose de vert.

Louis Sachar, *Le passage*, traduit de l'américain
par Jean-François Ménard, Paris,
© L'école des loisirs, 2000, p. 11 à 19.

REPÈRES CULTURELS

LOUIS SACHAR

(écrivain américain né en 1954)

Durant ses études universitaires en économie, Louis Sachar remarque un jour une fillette qui distribue des dépliants sur le campus. Il en prend un : «Aide recherchée. Notre école a besoin d'assistants professeurs.» Quelques jours plus tard, Louis Sachar côtoie des enfants de l'école primaire. Cette expérience le pousse à écrire un tout premier livre pour les jeunes lecteurs, *Histoires bizarres de l'école Zarbi* (1978). Suivront quatre autres romans de la série «École Zarbi». Sachar crée aussi une seconde série de romans axés sur un personnage, Marvin Redpost. Son ouvrage le plus célébré reste toutefois *Holes* (1998), l'histoire de Stanley Yelnats, un garçon injustement condamné à creuser des trous au Camp du Lac vert. *Holes* a valu à son auteur deux des plus prestigieux prix littéraires américains et le roman a été porté à l'écran en 2003.

Le fantôme de l'avare

— Vous connaissez tous, vieillards et jeunes gens, l'histoire que je vais vous raconter. La morale de ce récit, cependant, ne saurait vous être redite trop souvent, et rappelez-vous que, derrière la légende, il y a
5 la leçon terrible d'un Dieu vengeur qui ordonne au riche de faire la charité.

C'était la veille du jour de l'an de grâce 1858.

Il faisait un froid sec et mordant.

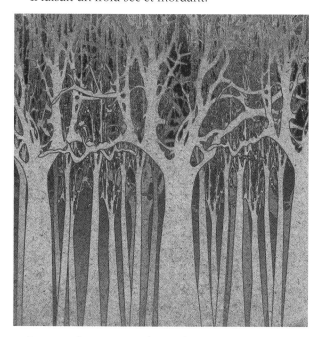

La grande route qui longe la rive nord du Saint-
10 Laurent de Montréal à Berthier était couverte d'une épaisse couche de neige, tombée avant la Noël.

Les chemins étaient lisses comme une glace de Venise. Aussi, fallait-il voir si les fils des fermiers à l'aise des paroisses du fleuve se plaisaient à «pousser» leurs
15 chevaux fringants, qui passaient comme le vent au son joyeux des clochettes de leurs harnais argentés.

Je me trouvais en veillée chez le père Joseph Hervieux, que vous connaissez tous. Vous savez aussi que sa maison, qui est bâtie en pierre, est située à mi-
20 chemin entre les églises de Lavaltrie et de Lanoraie. Il y avait fête ce soir-là chez le père Hervieux. Après avoir copieusement soupé, tous les membres de la famille s'étaient rassemblés dans la grande salle de réception.

Il est d'usage que chaque famille canadienne donne
25 un festin au dernier jour de chaque année, afin de pouvoir saluer, à minuit, avec toutes les cérémonies voulues, l'arrivée de l'inconnue qui nous apporte à tous une part de joies et de douleurs.

Il était dix heures du soir.

30 Les bambins, poussés par le sommeil, se laissaient les uns après les autres rouler sur les robes de buffle qui avaient été étendues autour de l'immense poêle à fourneau de la cuisine.

Seuls, les parents et les jeunes gens voulaient tenir
35 tête à l'heure avancée et se souhaiter mutuellement une bonne et heureuse année avant de se retirer pour la nuit.

Une fillette vive et alerte, qui voyait la conversation languir, se leva tout à coup et, allant déposer un baiser
40 respectueux sur le front du grand-père de la famille, vieillard presque centenaire, lui dit d'une voix qu'elle savait irrésistible :

— Grand-père, redis-nous, je t'en prie, l'histoire de la rencontre avec l'esprit de ce pauvre Jean-Pierre
45 Beaudry — que Dieu ait pitié de son âme — que tu nous racontas l'an dernier, à pareille époque. C'est une histoire bien triste, il est vrai, mais ça nous aidera à passer le temps en attendant minuit.

— Oh ! oui ! grand-père, l'histoire du jour de l'an,
50 répétèrent en chœur les convives, qui étaient presque tous les descendants du vieillard.

— Mes enfants, reprit d'une voix tremblotante l'aïeul aux cheveux blancs, depuis bien longtemps, je vous répète, à la veille de chaque jour de l'an, cette his-
55 toire de ma jeunesse. Je suis bien vieux et, peut-être pour la dernière fois, vais-je vous la redire ici ce soir. Soyez tout attention, et remarquez surtout le châtiment terrible que Dieu réserve à ceux qui, en ce monde, refusent l'hospitalité au voyageur en détresse.

60 Le vieillard approcha son fauteuil du poêle, et, ses enfants ayant fait cercle autour de lui, il s'exprima en ces termes :

— Il y a de cela soixante-dix ans aujourd'hui. J'avais vingt ans alors.

65 Sur l'ordre de mon père, j'étais parti de grand matin pour Montréal afin d'aller y acheter divers objets pour la famille; entre autres, une magnifique dame-jeanne de Jamaïque, qui nous était absolument nécessaire pour traiter dignement les amis à l'occasion du nouvel
70 an. À trois heures de l'après-midi, j'avais fini mes achats, et je me préparais à reprendre la route de Lanoraie. Mon «brelot» était assez bien rempli, et comme je

Marc-Aurèle de Foy Suzor-Côté, *Un coin de mon village, Arthabaska*, 1911.

voulais être de retour chez nous avant neuf heures, je
fouettai vivement mon cheval qui partit au grand trot.
75 À cinq heures et demie, j'étais à la traverse du bout de
l'île, et j'avais jusqu'alors fait bonne route. Mais le ciel
s'était couvert peu à peu et tout faisait présager une
forte bordée de neige. Je m'engageai sur la traverse, et
avant que j'eusse atteint Repentigny il neigeait à plein
80 temps. J'ai vu de fortes tempêtes de neige durant ma
vie, mais je ne m'en rappelle aucune qui fût aussi terrible que celle-là. Je ne voyais ni ciel ni terre, et à peine
pouvais-je suivre le «chemin du roi» devant moi, les
«balises» n'ayant pas encore été posées, comme l'hiver
85 n'était pas avancé. Je passai l'église Saint-Sulpice à la
brunante; mais bientôt, une obscurité profonde et une
poudrerie qui me fouettait la figure m'empêchèrent
complètement d'avancer. Je n'étais pas bien certain de
la localité où je me trouvais, mais je croyais alors être
90 dans les environs de la ferme du père Robillard. Je ne
crus pouvoir faire mieux que d'attacher mon cheval à
un pieu de la clôture du chemin, et de me diriger à

l'aventure à la recherche d'une maison pour y demander l'hospitalité en attendant que la tempête fût
95 apaisée. J'errai pendant quelques minutes et je déses-
pérais de réussir, quand j'aperçus, sur la gauche de la
grande route, une masure à demi ensevelie dans la
neige et que je ne me rappelais pas avoir encore vue. Je
me dirigeai en me frayant avec peine un passage dans
100 les bancs de neige vers cette maison que je crus tout
d'abord abandonnée. Je me trompais cependant; la
porte en était fermée, mais je pus apercevoir par la
fenêtre la lueur rougeâtre d'un bon feu de «bois franc»
qui brûlait dans l'âtre. Je frappai et j'entendis aussitôt
105 les pas d'une personne qui s'avançait pour m'ouvrir.
Au «Qui est là?» traditionnel, je répondis en grelot-
tant que j'avais perdu ma route, et j'eus le plaisir im-
médiat d'entendre mon interlocuteur lever le loquet.
Il n'ouvrit la porte qu'à moitié, pour empêcher autant
110 que possible le froid de pénétrer dans l'intérieur, et
j'entrai en secouant mes vêtements qui étaient cou-
verts d'une couche épaisse de neige.

— Soyez le bienvenu, me dit l'hôte de la masure en me tendant une main qui me parut brûlante, et en m'aidant à me débarrasser de ma ceinture fléchée et de mon capot d'étoffe du pays.

Je lui expliquai en peu de mots la cause de ma visite, et après l'avoir remercié de son accueil bienveillant, et après avoir accepté un verre d'eau-de-vie qui me réconforta, je pris place sur une chaise boiteuse qu'il m'indiqua de la main au coin du foyer. Il sortit en me disant qu'il allait sur la route quérir mon cheval et ma voiture, pour les mettre sous une remise, à l'abri de la tempête.

Je ne pus m'empêcher de jeter un regard curieux sur l'ameublement original de la pièce où je me trouvais. Dans un coin, un misérable banc-lit, sur lequel était étendue une peau de buffle, devait servir de couche au grand vieillard aux épaules voûtées qui m'avait ouvert la porte. Un ancien fusil, datant probablement de la domination française, était accroché aux soliveaux en bois brut qui soutenaient le toit en chaume de la maison. Plusieurs têtes de chevreuils, d'ours et d'orignaux étaient suspendues comme trophées de chasse aux murailles blanchies à la chaux. Près du foyer, une bûche de chêne solitaire semblait être le seul siège vacant que le maître de céans eût à offrir au voyageur qui, par hasard, frappait à sa porte pour lui demander l'hospitalité.

Je me demandai quel pouvait être l'individu qui vivait ainsi en sauvage en pleine paroisse de Saint-Sulpice, sans que j'en eusse jamais entendu parler. Je me torturai en vain la tête, moi qui connaissais tout le monde, depuis Lanoraie jusqu'à Montréal, mais je n'y voyais goutte. Sur ces entrefaites, mon hôte rentra et vint, sans dire mot, prendre place vis-à-vis de moi, à l'autre coin de l'âtre.

— Grand merci de vos bons soins, lui dis-je, mais voudriez-vous bien m'apprendre à qui je dois une hospitalité aussi franche ? Moi qui connais la paroisse de Saint-Sulpice comme mon «pater», j'ignorais jusqu'aujourd'hui qu'il y eût une maison située à l'endroit qu'occupe la vôtre, et votre figure m'est inconnue.

En disant ces mots, je le regardai en face, et j'observai pour la première fois les rayons étranges que produisaient les yeux de mon hôte; on aurait dit les yeux d'un chat sauvage. Je reculai instinctivement mon siège en arrière, sous le regard pénétrant du vieillard qui me regardait en face, mais qui ne me répondait pas.

Le silence devenait fatigant, et mon hôte me fixait toujours de ses yeux brillants comme les tisons du foyer.

Je commençais à avoir peur.

Rassemblant tout mon courage, je lui demandai de nouveau son nom. Cette fois, ma question eut pour effet de lui faire quitter son siège. Il s'approcha de moi à pas lents, et posant sa main osseuse sur mon épaule tremblante, il me dit d'une voix triste comme le vent qui gémissait dans la cheminée :

«Jeune homme, tu n'as pas encore vingt ans, et tu demandes comment il se fait que tu ne connaisses pas Jean-Pierre Beaudry, jadis le richard du village. Je vais te le dire, car ta visite ce soir me sauve des flammes du purgatoire où je brûle depuis cinquante ans sans avoir jamais pu jusqu'aujourd'hui remplir la pénitence que Dieu m'avait imposée. Je suis celui qui jadis, par un temps comme celui-ci, avait refusé d'ouvrir sa porte à un voyageur épuisé par le froid, la faim et la fatigue.»

Mes cheveux se hérissaient, mes genoux s'entrechoquaient, et je tremblais comme la feuille du peuplier pendant les fortes brises du nord. Mais le vieillard, sans faire attention à ma frayeur, continuait toujours d'une voix lente :

«Il y a de cela cinquante ans. C'était bien avant que l'Anglais eût jamais foulé le sol de ta paroisse natale. J'étais riche, bien riche, et je demeurais alors dans la maison où je te reçois, ici, ce soir. C'était la veille du jour de l'an, comme aujourd'hui, et seul près de mon foyer, je jouissais du bien-être d'un abri contre la tempête et d'un bon feu qui me protégeait contre le froid qui faisait craquer les pierres des murs de ma maison. On frappa à ma porte, mais j'hésitais à ouvrir. Je craignais que ce ne fût quelque voleur, qui, sachant mes richesses, ne vînt pour me piller, et qui sait, peut-être m'assassiner.

«Je fis la sourde oreille et, après quelques instants, les coups cessèrent. Je m'endormis bientôt, pour ne me réveiller que le lendemain, au grand jour, au bruit infernal que faisaient deux jeunes hommes du voisinage qui ébranlaient ma porte à grands coups de pied. Je me levai à la hâte pour aller les châtier de leur impudence, quand j'aperçus, en ouvrant la porte, le corps inanimé d'un jeune homme qui était mort de froid et de misère sur le seuil de ma maison. J'avais, par amour de mon or, laissé mourir un homme qui frappait à ma porte, et j'étais presque un assassin. Je devins fou de douleur et de repentir.

«Après avoir fait chanter un service solennel pour le repos de l'âme du malheureux, je divisai ma fortune entre les pauvres des environs, en priant Dieu d'accepter ce sacrifice en expiation du crime que j'avais commis. Deux ans plus tard, je fus brûlé vif dans ma maison et je dus aller rendre compte à mon créateur de ma conduite sur cette terre que j'avais quittée d'une manière si tragique. Je ne fus pas trouvé digne du bonheur des élus et je fus condamné à revenir, à la veille de chaque nouveau jour de l'an, attendre ici qu'un voyageur vînt frapper à ma porte, afin que je puisse lui donner cette hospitalité que j'avais refusée de mon vivant à l'un de mes semblables. Pendant cinquante hivers, je suis venu, par l'ordre de Dieu, passer ici la nuit du dernier jour de chaque année, sans que jamais un voyageur dans la détresse ne vînt frapper à ma porte. Vous êtes enfin venu ce soir, et Dieu m'a pardonné. Soyez à jamais béni d'avoir été la cause de ma délivrance des flammes du purgatoire et croyez que, quoi qu'il vous arrive ici-bas, je prierai Dieu pour vous là-haut. »

Le revenant, car c'en était un, parlait encore quand, succombant aux émotions terribles de frayeur et d'étonnement qui m'agitaient, je perdis connaissance…

Je me réveillai dans mon brelot, sur le chemin du roi, vis-à-vis l'église de Lavaltrie.

La tempête s'était apaisée et j'avais sans doute, sous la direction de mon hôte de l'autre monde, repris la route de Lanoraie.

Je tremblais encore de frayeur quand j'arrivai ici à une heure du matin et que je racontai aux convives assemblés la terrible aventure qui m'était arrivée.

Mon défunt père – que Dieu ait pitié de son âme – nous fit mettre à genoux et nous récitâmes le rosaire, en reconnaissance de la protection spéciale dont j'avais été trouvé digne, pour faire sortir ainsi des souffrances du purgatoire une âme en peine qui attendait depuis si longtemps sa délivrance. Depuis cette époque, jamais nous n'avons manqué, mes enfants, de réciter, à chaque anniversaire de ma mémorable aventure, un chapelet en l'honneur de la Vierge Marie, pour le repos des âmes des pauvres voyageurs qui sont exposés au froid et à la tempête.

Quelques jours plus tard, en visitant Saint-Sulpice, j'eus l'occasion de raconter mon histoire au curé de cette paroisse. J'appris de lui que les registres de son église faisaient en effet mention de la mort tragique d'un nommé Jean-Pierre Beaudry, dont les propriétés étaient alors situées où demeure maintenant le petit Pierre Sansregret. Quelques esprits forts ont prétendu que j'avais rêvé sur la route. Mais où avais-je donc appris les faits et les noms qui se rattachaient à l'incendie de la ferme du défunt Beaudry, dont je n'avais jus-

qu'alors jamais entendu parler ? M. le curé de Lanoraie, à qui je confiai l'affaire, ne voulut rien en dire, si ce n'est que le doigt de Dieu était en toutes choses et que nous devions bénir son saint nom.

•

Le maître d'école avait cessé de parler depuis quelques moments, et personne n'avait osé rompre le silence religieux avec lequel on avait écouté le récit de cette étrange histoire. Les jeunes filles émues et craintives se regardaient timidement sans oser faire un mouvement, et les hommes restaient pensifs en réfléchissant à ce qu'il y avait d'extraordinaire et de merveilleux dans cette apparition surnaturelle du vieil avare, cinquante ans après son trépas.

Le père Montépel fit enfin trêve à cette position gênante en offrant à ses hôtes une dernière rasade de bonne eau-de-vie de la Jamaïque en l'honneur du retour heureux des voyageurs.

On but cependant cette dernière santé avec moins d'entrain que les autres, car l'histoire du maître d'école avait touché la corde sensible dans le cœur du paysan franco-canadien : la croyance à tout ce qui touche aux histoires surnaturelles et aux revenants.

Après avoir salué cordialement le maître et la maîtresse de céans et s'être redit mutuellement de sympathiques bonsoirs, garçons et filles reprirent le chemin du logis. Et, en parcourant la grande route qui longe la rive du fleuve, les fillettes serraient en tremblotant le bras de leurs cavaliers, en entrevoyant se balancer dans l'obscurité la tête des vieux peupliers et en entendant le bruissement des feuilles, elles pensaient encore, malgré les doux propos de leurs amoureux, à la légende du « Fantôme de l'avare ».

Honoré Beaugrand,
Le fantôme de l'avare, 1875.

REPÈRES CULTURELS

HONORÉ BEAUGRAND (1848-1906)

C'est un pacte avec le diable qui aura assuré à Honoré Beaugrand une place dans l'histoire littéraire du Québec : son recueil de contes *La chasse-galerie et autres récits* (1900) fait en effet partie intégrante du folklore québécois. Ce qu'on sait moins, c'est qu'Honoré Beaugrand a aussi été soldat au Mexique, journaliste aux États-Unis, fondateur du journal *La Patrie* et maire de Montréal (1885-1887).

Le **Loup** et l'Agneau

La raison du plus fort est toujours la meilleure :
Nous l'allons montrer tout à l'heure.

Un Agneau se désaltérait
Dans le courant d'une onde pure.
5 Un Loup survient à jeun qui cherchait aventure,
Et que la faim en ces lieux attirait.
Qui te rend si hardi de troubler mon breuvage ?
Dit cet animal plein de rage :
Tu seras châtié de ta témérité.
10 — Sire, répond l'Agneau, que votre Majesté
Ne se mette pas en colère ;
Mais plutôt qu'elle considère
Que je me vas désaltérant
Dans le courant,
15 Plus de vingt pas au-dessous d'Elle,
Et que par conséquent, en aucune façon,
Je ne puis troubler sa boisson.
— Tu la troubles, reprit cette bête cruelle,
Et je sais que de moi tu médis l'an passé.
20 — Comment l'aurais-je fait si je n'étais pas né ?
Reprit l'Agneau, je tette encor ma mère.
— Si ce n'est toi, c'est donc ton frère.
— Je n'en ai point. — C'est donc quelqu'un des tiens :
Car vous ne m'épargnez guère,
25 Vous, vos bergers, et vos chiens.
On me l'a dit : il faut que je me venge.
Là-dessus, au fond des forêts
Le Loup l'emporte, et puis le mange,
Sans autre forme de procès.

Jean de La Fontaine,
Fables (extrait), 1668-1694.

LE LOUP ET L'AGNEAU

Gustave Fraipont, *Le Loup et l'Agneau*, 1888.

REPÈRES CULTURELS

JEAN DE LA FONTAINE (1621-1695)

« Tout parle en mon ouvrage, et même les poissons : ce qu'ils disent s'adresse à tous tant que nous sommes ; je me sers d'animaux pour instruire les hommes. » La Fontaine résume ainsi simplement le projet littéraire dont la poésie et la pensée ont traversé les siècles. Le recueil de ses fameuses *Fables* (1668-1694) est devenu un classique de la littérature française et quantité des « morales » qu'on y trouve font maintenant figure de proverbes.

DOSSIER
2

Sujets à controverse

SOMMAIRE

◄ Albert Laforêt, *Une soirée tumultueuse à la maison de la culture*, 1937.

L'art de la sieste

Préliminaire

D'une sieste l'autre

Je me lève lentement de mon bureau, j'éteins mon ordinateur, je m'avance vers mon lit, retire mon pantalon, ôte mes souliers et mes chaussettes, débranche le téléphone et mets, avec regrets, un terme au «Récital de harpe» de Martine Geliot. Puis, je m'allonge, ferme les paupières et je m'entends souhaiter à la cantonade, et à moi-même, un «dors bien», presque inaudible, comme
5 un murmure, une caresse. Quelques secondes après, je ne contrôle plus rien, je suis entièrement «ailleurs», au pays du sommeil… Quelle heure est-il? Presque treize heures trente. Le début de l'après-midi. Ce court moment si agréable où la sieste vous appelle et où vous ne savez comment lui répondre. Dormir? Mais, il y a tant de choses à faire! Dormir? Mais, ce n'est pas sérieux! Et si quelqu'un le savait, le répétait à mes proches, mes étudiants, mes collègues, mes chefs… Non,
10 non, ne me dérangez pas, c'est relâche. Je ne suis là pour personne: je dors! Quoi? Oui, oui. «Thierry Paquot fait dodo, comme un bébé!» Honte à lui: honte à tous ceux et toutes celles qui s'adonnent à cette pratique d'une autre époque, qu'il faudrait condamner, interdire, punir! Le jour c'est le jour, c'est fait pour travailler, nom de nom! Et la nuit… la nuit? On dort. Point final. Sans discussion. Sans faire d'histoires. C'est un excellent rythme, judicieux, rationnel, fonctionnel,
15 rentable pour tous, finalement. Chacun s'y retrouve: l'employeur et l'employé. Bref, il n'est pas raisonnable de s'absenter de la vie sociale, juste pour piquer un petit roupillon, comme si de rien n'était! Et pourtant, face à ces arguments de gens responsables, j'avoue, je confesse, je proclame: la sieste est un temps fort d'un art de vivre – oui, un art de vivre! – qu'il convient de défendre, de populariser, de pratiquer avec conviction, plaisir et sérieux. Siesteuses et siesteurs, de tous les âges,
20 de toutes les latitudes et fuseaux horaires, de toutes les professions, affirmez votre singularité et résistez aux temps planétaire, satellitaire, totalitaire! Ce n'est qu'un début, la sieste continue…

La sieste est un impératif. Elle s'impose à vous plus qu'elle ne vous sollicite. Elle est là, séduisante, aguicheuse, tendre, en un mot: irrésistible. Elle vous entoure de sa chaleur, vous cajole, vous câline. Vous la suivez, aveuglément. Vos yeux se ferment malgré vous, vous vous détendez
25 progressivement, votre corps, qui un instant plus tôt vous encombrait quelque peu, semble léger, invisible, inexistant. Le bonheur – une forme de bonheur – vous assaille. Vous vous laissez faire, vous vous laissez aller et avec étonnement vous vous abandonnez. À qui? Un nouveau maître? Une maîtresse? Petit cachottier… Une liaison interdite, à cacher? Oui, une relation – que la morale productiviste réprouve – avec la nuit en plein jour, avec Hypnos… La sieste consiste à pactiser
30 avec le sommeil diurne, à lui rendre hommage, en faisant une halte en sa compagnie, en laissant la porte ouverte à la rêverie… Siester est un bienfait.

Thierry Paquot, *L'art de la sieste*,
Paris, © Éditions Zulma, 2005, p. 5 à 7.

Dors, je le veux !

Réintroduire la méridienne, le roupillon, la siesta
ou encore la ronflette dans notre vie de tous les jours
serait bénéfique pour tout le monde.

Patrons, réveillez-vous !

La sieste améliore l'efficacité des travailleurs. L'autoriser pendant les heures de travail serait donc bénéfique tant pour ces derniers que pour les entreprises. Le petit roupillon piqué le plus souvent en début d'après-midi apporte de multiples avantages. Au niveau de la santé, il permet
5 de dissoudre le stress, de rééquilibrer le fonctionnement du système nerveux de même que de rééquilibrer le sommeil. Un petit somme réparateur en milieu de journée améliore la concentration, les capacités intellectuelles et physiques ou encore les réflexes. Il permet aussi de gagner du temps. «Faire 15 minutes de sieste par jour permet de gagner, en moyenne, une heure et demie sur la durée de sommeil nocturne», souligne Bruno Comby, auteur de l'*Éloge de la sieste*. Certains
10 dormeurs diurnes parviennent ainsi à ne dormir que 4 à 5 heures par nuit, alors que l'adulte «normal» a en moyenne besoin de 8 à 9 heures de sommeil par jour. Enfin, la sieste est aussi source de créativité. Selon Bruno Comby, beaucoup de grandes inventions ont ainsi été trouvées pendant ces petits sommes : Archimède, Newton ou encore Edison en témoignent. Pas encore convaincu ? Des personnages politiques comme Jacques Chirac, Margaret Thatcher, Churchill ou Napoléon
15 pratiquent ou pratiquaient l'art de la sieste. Leonard de Vinci ne dormait que très peu, mais il s'octroyait un quart d'heure de sieste toutes les deux heures.

Mode d'emploi

Comment s'y prendre ? Fermez les yeux, décontractez les muscles, détendez la nuque (en appuyant la tête sur un appui-tête ou en la penchant en avant) et ralentissez la respiration. Quant
20 au menu, vous avez le choix entre une sieste «flash», de moins de 5 minutes (pratique dans le train, au bureau, en attendant un rendez-vous…), une sieste standard, de 10 à 35 minutes ou encore la royale de plus de 40 minutes. Cette dernière n'est toutefois conseillée qu'en vacances ou lorsque le retard de sommeil accumulé est vraiment important. Elle provoque de fait un état de sommeil plus profond que les deux autres et le réveil est souvent plus difficile.

Géraldine Vessière, «Dors, je le veux !»,
Metro, Bruxelles, [en ligne].
(mai 2005; page consultée le 8 décembre 2008).

Rebelle sans cell

Mon meilleur ennemi

Josée Blanchette

Si jadis on me demandait «t'as un cell?», aujourd'hui la question s'est muée en «pourquoi t'as pas de cell?». Le cell, mon meilleur ennemi. Trois milliards d'utilisateurs depuis juillet dernier, soit la moitié de la planète. Nous sommes quelques-uns (l'autre moitié) à tergiverser, à fuir le cell, un peu rebelles sans cause véritable, un peu marginaux de masse, ringards romantiques, passablement réfractaires aux laisses, aux radars, à l'intrusion systématique d'une voix hors champ dans nos déambulations. Posséder un cell n'impressionne plus personne, c'est ne pas en avoir qui étonne.

Merveilleux outil, j'en atteste, surtout pour les nomades, mais ce n'est pas la façon dont on s'en sert qui me convaincra de rejoindre les hordes d'utilisateurs à la minute ou à la carte. Si le cell a remplacé la montre, la cigarette de l'ennui, le briquet dans les spectacles, l'appareil photo, le GPS, le hasard et la ponctualité (je t'appelle pour te dire que je ne suis toujours pas là!), il n'en demeure pas moins un incontournable et une bombe anomique qui explose régulièrement. Les codes sociaux qu'il impose sont à réinventer, à contenir, à museler aussi.

Le cell aboie, la caravane passe. Le gouvernement compte légiférer cet automne à propos de son utilisation au volant? Mais bien sûr, fallait y penser, je peste sans arrêt contre ces conducteurs aux facultés affaiblies. Mais pour le reste, pour le quotidien, il faudra y voir nous-mêmes, y aller avec le gros bon sens. Les restaurants, les transports en commun, finiront par l'interdire, comme le tabac. Et ce sera un petit pas pour l'homme et un grand pas pour la civilité.

Le cell est devenu un artéfact de civilisation, un cordon ombilical gorgé de sang. Je suis indispensable, donc je sonne. Je me relie, donc je suis. Et je réponds présent comme un bon petit soldat enrôlé dans la marche inextinguible du temps.

Vos gueules, les mouettes!

«Le silence de la foule solitaire effraie l'Homo connecticus. Téléphoner dans le métro ou dans la rue le rassure. Son babillage l'extrait, le temps d'une conversation, de l'anonymat en lui donnant un sentiment grisant de liberté et d'ubiquité (je suis là mais aussi ailleurs)», écrivait l'an dernier dans une analyse Bertrand Le Gendre, un des rédacs chefs du journal *Le Monde*. Il compare le «mobile» à la télévision, à un média de masse qui nous a changés. Et ce n'est pas fini.

Jamais seul avec son cell, avec sa gueule, l'utilisateur est accro, le consulte en moyenne une fois l'heure: messagerie vocale, horloge, SMS, MP3, peu importe. Et pour les Blackberry, c'est pire. Pour ma part, je ne saurais trop comment gérer le bidule: il sonne, ça me stresse. Il ne sonne pas, ça m'angoisse. La dépendance est inhérente et itinérante, presque inévitable. «Il a créé de nouvelles habitudes, certains disent des "addictions". Nombre d'accros le triturent, l'ouvrent et le referment, comme on mâchonne un chewing-gum ou un crayon», poursuit Bertrand Le Gendre.

60 Et on assiste à des conversations de demeurés échappés des urgences psychiatriques via Bluetooth, une greffe à l'oreille. Parce que tous les autres liens sociaux s'étiolent, on renforce le filon intime qu'on transporte dans l'extime. On rejette ce qui nous entoure en 65 trimbalant son univers avec soi.

«Ainsi, l'instrument de connexion par excellence devient en même temps celui de la déconnexion», écrit Umberto Eco, préfaçant l'ouvrage philosophique *T'es où ?* du professeur Maurizio Ferraris. «L'analyse de 70 Ferraris oscille entre les possibilités qu'ouvre le cellulaire et les castrations auxquelles il nous soumet, et, avant toute chose, la perte de la solitude, de la réflexion silencieuse sur nous-mêmes, et la condamnation à une présence constante du présent», écrit encore Eco.

75 Mon ex, l'Anglo, qui vit avec son cell au bout de la paume, me faisait remarquer cet été, alors que j'ergotais sur sa façon d'utiliser le bidule en public: «Wake up, kid. Everything is virtual !» Il préférait me parler au téléphone alors que ses amis l'attendaient au resto. Ses 80 amis ont fini par l'appeler sur son cell pour lui signaler que le repas était servi... Jusqu'à l'invention du cell, l'Anglo était l'homme le plus courtois que j'avais jamais croisé. L'Homo cellularis a encore besoin d'un mode d'emploi.

85 […]

Vivre dans l'urgence

Le cell est un piège à cons dont il faut apprendre à se servir intelligemment. Comme tant d'autres. Avec une identité propre, comme tous les objets. Il permet 90 la mouvance, la spontanéité, oppose sa sonnerie à l'angoisse mais en crée aussi de nouvelles. Rien de plus anxiogène qu'un cell auquel on ne répond pas. Et rien de plus insultant que cet interlocuteur qui vous plante là d'un: «Attends-moi, faut que je prenne l'appel.» Et 95 il faudrait aussi que je branle la queue en haletant ?

Le cell ne fait qu'exacerber l'urgence de vivre, cette sensation diffuse qu'il nous faut tout régler dans la seconde, que c'est une question de vie ou de mort. Alors que le temps charrie tant de réponses avec lui, 100 que les solutions viennent parfois d'elles-mêmes et que les rencontres font le reste. […]

Josée Blanchette, «Rebelle sans cell», *Le Devoir*, [en ligne].
(5 octobre 2007; page consultée le 8 décembre 2008).
Texte légèrement modifié à des fins pédagogiques.

Le téléphone portable stresse les tomates

Christophe Labbé et Olivia Recasens

C'est une expérience inquiétante. À l'université de Clermont-Ferrand, des chercheurs ont aspergé des plants de tomates avec des ondes électromagnétiques semblables à celles émises par le téléphone portable. 5 Après dix minutes de ce traitement, les «cobayes» se sont mis à produire des molécules de stress.

«*Nous ne nous attendions pas à une telle réaction. Les plantes se sont défendues comme si elles avaient été blessées ou abîmées par du gel ou par une forte canicule,* 10 commente Gérard Ledoigt, responsable de l'équipe de recherche sur la transduction et l'autosurveillance cellulaire, qui a piloté l'étude. *Jusqu'à présent, on n'imaginait pas que les ondes électromagnétiques pouvaient induire des modifications sur les cellules vi-* 15 *vantes. Seules étaient prises en compte les ondes thermiques, celles qui provoquent un échauffement quand vous collez votre portable à l'oreille.*»

Si la tomate a été choisie comme modèle, c'est parce que l'on connaît parfaitement son génome. 20 Mais, comme l'indique le chercheur, «*cellules végétales et humaines sont proches, nous avons eu une évolution parallèle*». Il y a quelques mois, l'Ertac a lancé une nouvelle étude, cette fois sur les cellules souches de la peau. Sauf que l'Agence d'évaluation 25 de la recherche et de l'enseignement a annoncé la dissolution du laboratoire... «*C'est aberrant, alors que nous sommes déjà très peu en France à nous intéresser aux effets des ondes électromagnétiques.*» En septembre 2007, les résultats français de l'enquête 30 Interphone, menée dans treize pays, pointaient chez les accros du mobile un risque deux fois plus élevé de cancer du cerveau. La ministre de la Santé, Roselyne Bachelot, estimait de son côté qu'il n'existe à ce jour «*aucune preuve scientifique de la dangerosité* 35 *du téléphone portable*», même si «*le risque ne peut être exclu. C'est la raison pour laquelle il faut utiliser le mobile d'une manière raisonnable*».

Christophe Labbé et Olivia Recasens,
«Le téléphone portable stresse les tomates», *Le point*, n° 1848,
[en ligne]. (14 février 2008; page consultée le 8 décembre 2008).

Le portable
de Monsieur Spitzweg

Monsieur Spitzweg n'a pas de répondeur sur son vieux téléphone. Personne ne l'appelle. Quelle idée l'a donc pris d'acheter un portable ? Dès son apparition sur les trottoirs parisiens, cet objet l'a fasciné. Un jour, tout près de lui, un *golden boy* a sorti l'appareil de sa poche, avec une désinvolture calculée. Il a tiré la petite antenne, pianoté sur les touches, puis s'est mis à
5 parler. Monsieur Spitzweg a senti aussitôt une grande bouffée de mélancolie le traverser. Quoi, en plein milieu de la rue de Rennes, à deux pas de la Fnac, on pouvait ainsi d'un seul coup

s'envoler, faire semblant de continuer à marcher au cœur de la foule pressée, et parler en même temps à quelqu'un,
10 dans un jardin, peut-être, ou au bord de la mer ?

Monsieur Spitzweg a songé aussitôt à Hélène Necker, ce qui ne lui était pas arrivé depuis longtemps –
15 oui, c'est Hélène qu'il aurait appelée. Il l'aurait surprise seule en plein silence du village au début de l'après-midi, ses enfants à l'école, son grand dadais de Wolheber sulfatant le
20 vignoble.

— Excuse-moi, Hélène, je t'entends moins bien. Ça doit être à cause de la tour Montparnasse.

Son prestige de Parisien serait de-
25 venu tangible et presque fantastique, un peu comme s'il venait à l'instant de quitter l'école primaire de Kinzheim pour épater enfin la petite fille aux nattes longues qui poussait son palet
30 sur la marelle sans le regarder. […]

Trois jours plus tard, monsieur Spitzweg s'est offert un portable. Au bureau de poste de la rue des Saints-Pères il n'en a parlé à personne. Un peu lâchement, il a même fustigé un jour devant ses collègues tous ces hommes d'affaires qui «se font voir» sur les trottoirs de la capitale. Depuis, la mode s'est tassée, la gloire du marcheur au portable a diminué. Mais pour mon-
35 sieur Spitzweg, la magie demeure. Il ne «se fait pas voir». Il se fait exister. Il rentre chez lui à pied. Arrivé sur la place de la Concorde, ou bien à la Madeleine, il sort son appareil d'un air gourmand, et tout à coup se sent en possession du monde. 08 36 68 02 75. Il appelle la météo. Monsieur Spitzweg aime savoir le temps qu'il va faire sur ses jours.

Philippe Delerm, *Il avait plu tout le dimanche*
Paris, © Mercure de France, 1998, p. 15 à 17.

Le paradoxe du portable

Philippe Geluck, *Et vous, chat va?*,
Paris, © Casterman, 2003, p. 47.

Comment se protéger
des radiations de son portable

Vous voulez vous protéger des radiations
électromagnétiques de votre portable, juste au cas?
Voici quelques suggestions, librement inspirées des recommandations
du psychiatre David Servan-Schreiber.

1 Limitez votre utilisation aux conversations de quelques minutes ou à l'envoi de messages texte. Privilégiez un téléphone fi-
5 laire pour les longs entretiens – pas le téléphone sans fil domestique, qui emploie le même genre d'ondes que le portable.

2 N'autorisez pas les enfants de
10 moins de 12 ans à se servir d'un cellulaire. Leurs organes en développement seraient plus sensibles aux effets éventuels des micro-ondes.

15 3 Privilégiez un système mains libres, comme un casque d'écoute ou une oreillette, qui éloigne l'appareil de votre tête. Sinon, changez d'oreille régulière-
20 ment pendant une communication.

4 Ne portez pas l'appareil à la ceinture, ce qui exposerait d'autres parties sensibles, en particulier chez les femmes enceintes.
25 On déconseille également de le laisser sur la table de chevet ou sous l'oreiller pendant le sommeil.

5 Attendez que votre interlocuteur ait décroché avant de
30 plaquer le combiné sur votre boîte crânienne. La puissance du signal est à son maximum pendant les premières secondes de la liaison téléphonique, puis elle diminue et
35 se stabilise.

6 Évitez d'utiliser votre portable lorsque le signal est faible, car votre appareil doit alors augmenter la puissance afin de se raccor-
40 der à une antenne plus distante.

7 Abstenez-vous d'appeler lors de déplacements rapides, en voiture ou en train, par exemple. Cela force votre téléphone à cher-
45 cher sans cesse une nouvelle antenne relais et donc à atteindre sa puissance maximale à répétition.

8 Prenez garde aux bidules vendus sur Internet […] qui pro-
50 mettent de vous protéger des radiations de votre téléphone. Aux États-Unis, la Federal Trade Commission a montré que certains de ces gadgets pouvaient au contraire
55 accroître l'intensité des radiations.

Noémi Mercier, «Comment se protéger selon Servan-Schreiber», *Québec Science*, novembre 2008, p. 21.

Doit-on réglementer les produits naturels?

André-Philippe Côté, *De tous les… Côté: 2007*, Montréal, © Les Éditions La Presse, 2007, p. 93.

Le don de postmonition

Les partisans des phénomènes paranormaux, ainsi que les sceptiques invétérés du CICAP (Comité italien pour le contrôle des affirmations sur le paranormal) qui les talonnent afin de montrer que ces phénomènes ne sont que l'effet d'illusions de natures diverses, se sont toujours souciés de la prémonition. Personne ne s'est jamais occupé de la postmonition, qui est pourtant un phénomène extraordinaire. Eh bien, j'en possède le don, ce que j'avais jusqu'à présent soigneusement dissimulé, par crainte de m'exposer à l'ironie et à la dérision. Ce n'est que maintenant, encouragé par la révélation du troisième secret de Fatima, que je suis disposé à dévoiler ce que je conservais jalousement au plus profond de mon cœur.

Il m'arrive parfois, saisi d'une sorte de transe, de voir, dans une clarté quasi eidétique, des événements qui se déroulent dans un temps étranger à celui dans lequel je vis. Mais je ne les perçois pas obscurément, au point d'être contraint de les exprimer à travers des allusions ambiguës, tel Nostradamus, dont les présumées vaticinations sont susceptibles de s'appliquer à des événements différents. Non, je vois ce que je vois de manière limpide, de telle sorte qu'aucune équivoque n'est possible. En voici quelques exemples.

¹⁵   Je vois une grande ville florissante des rives de l'Asie Mineure, assiégée par une armée imposante conduite par un héros à la longue chevelure blonde, et je vois dans cette ville un cheval en bois d'où surgissent les ennemis qui exterminent les habitants, dont un seul réchappe et
²⁰ fondera une nouvelle civilisation dans les terres ausoniennes.

Je vois une horde d'hommes barbus, à la chevelure graisseuse, qui envahissent la ville la plus puissante du monde connu et leur chef qui jette une épée sur une ba-
²⁵ lance en criant «malheur aux vaincus».

Je vois un Génois, aux cheveux plus courts que ses prédécesseurs, qui sillonne les mers avec trois caravelles jusqu'à ce que son gabier crie «terre, terre», et qui aborde les côtes de ce qu'il croyait être les Indes alors que ce sont
³⁰ celles d'un nouveau continent inexploré.

Je vois un homme aux cheveux encore moins longs qui fixe la lune avec un tube inédit, déclare que la terre tourne autour du soleil, qui subit un douloureux procès et en sort vaincu en murmurant «et pourtant, elle
³⁵ tourne».

Je vois un homme aux cheveux courts avec une mèche sur le front, qui naît dans une petite île, parcourt avec ses armées victorieuses l'Europe, triomphe des Alpes aux pyramides et du Manzanares au Rhin, jusqu'au moment
⁴⁰ de sa défaite dans une plaine belge et qui meurt abandonné de tous sur une île plus petite que celle où il naquit.

Je vois un homme aux cheveux encore plus courts, avec une mèche et une petite moustache, qui déclenche
⁴⁵ une guerre mondiale, commet un génocide atroce et s'ôte la vie dans un bunker.

Je vois un homme absolument chauve qui prend le pouvoir en marchant sur la capitale, bat le blé, embrasse les enfants et finit sur une place qui porte le nom d'un
⁵⁰ perroquet.

REPÈRES CULTURELS

UMBERTO ECO (écrivain italien né en 1932)

Umberto Eco est un philosophe, sémiologue et linguiste de réputation internationale. Dans *De Superman au surhomme* (1978) et *La guerre du faux* (1985), il se penche sur la culture populaire et la communication de masse pour «débusquer du sens là où on serait porté à ne voir que des faits». Le grand public le connaît toutefois mieux en tant que romancier: en 1980, il publie *Le nom de la rose*, un étonnant polar médiéval qui remportera un succès inespéré. Il est l'auteur de quatre romans et de très nombreux essais universitaires.

Que dois-je penser de ces visions ? Je jure que toutes se sont réalisées. En sorte que j'ai décidé de hasarder quelques prémonitions, jeu certes plus risqué, mais où il suffit de faire preuve de perspicacité. Ainsi, je vois que d'ici cent ans, un président des États-Unis sera victime d'un attentat, qu'un cyclone s'abattra sur les Caraïbes, qu'un avion d'une grande compagnie s'écrasera, qu'un homme
⁵⁵ d'une humble origine gagnera au loto […]

Umberto Eco, *À reculons, comme une écrevisse:
Guerres chaudes et populisme médiatique*,
traduit de l'italien par M. Bouzaher, M. Fusco, P. Laroche, D. Ménard et R. Nigro,
Paris, © Éditions Grasset & Fasquelle, 2006, p. 357 à 359.

Quelques stratégies
pour entretenir une attitude critique
par rapport aux médias

❶ FAITES-VOUS L'AVOCAT DU DIABLE. Face à une assertion ou une thèse, cherchez ce qu'on pourrait alléguer contre elle tout en vous demandant s'il existe un autre point de vue et des raisons de le soutenir.

5 **❷ SOYEZ RIGOUREUX.** Votre cerveau est un territoire qu'un ennemi veut occuper en vous persuadant de certaines choses. Ne prenez pas à la légère l'organisation de la résistance. Pratiquez une écoute et une lecture actives. Prenez des notes, enregistrez, découpez. 10 Prenez la saine habitude de noter soigneusement toutes les informations relatives à un événement dont vous voulez parler : Qui ? Quoi ? Quand ? Dans quel contexte ?

❸ COMPAREZ, par exemple à l'aide d'Internet, les 15 traitements qui sont proposés des mêmes événements dans deux pays différents.

❹ IDENTIFIEZ LES SOURCES QUI ALIMENTENT LES MÉDIAS que vous ne connaissez pas et cherchez à en savoir plus long sur elles. Si vous pratiquez une écoute 20 et une lecture actives, vous ne tarderez pas à repérer des sources citées de manière récurrente : l'institut Fraser, le FMI, le Conseil canadien des chefs d'entreprise, l'Institut économique de Montréal (IEDM), par exemple. De quoi et de qui s'agit-il ? Internet vous sera 25 sans doute utile pour le déterminer. Visitez les sites Internet de ces institutions. Lisez leurs publications. Repérez leurs traces dans les médias. Quand, par qui, à quelle fréquence, comment et à quelles fins ces études sont-elles utilisées ?

30 **❺ APPRENEZ CE QUE SONT LES LÉGENDES URBAINES** et ne tombez pas dans ces grossiers panneaux. (Voir *Légendes urbaines : Des histoires trop belles pour être vraies…*, page 149.)

❻ DEVANT CHAQUE INFORMATION, DEMANDEZ- 35 **VOUS :** Qui parle ? A-t-il un intérêt dans ce dont il est question ? Quelles sont ses valeurs et présuppositions ? Les autres points de vue possibles sont-ils présentés ? Le sujet est-il traité superficiellement ou en profondeur ? Quelles contre-manifestations his- 40 toriques et sociales (le cas échéant) sont proposées pour comprendre les causes et la complexité du phénomène ?

❼ LES SOURCES UTILISÉES sont-elles précisées ? Sont-elles multiples ? Fiables ? Il y a lieu de vous mé- 45 fier si on vous parle de «sources autorisées» ou «d'observateurs».

❽ LE SPECTACLE ET LE VÉCU. Ce qui est rapporté l'est-il avec le souci manifeste et presque exclusif de susciter l'intérêt, en particulier en s'en tenant au sensation- 50 nalisme, au divertissement, au spectacle et à l'«intérêt humain» ? En ce cas, méfiez-vous. Mieux encore : fermez la télé ou le journal – vous ne perdrez rien.

❾ LES EXPERTS. Il faut apprendre à reconnaître non seulement qui parle et d'où il parle, mais aussi quel 55 point de vue n'est pas représenté, n'est pas invité ou n'a pas droit de parole. Portez donc une grande attention à l'appartenance institutionnelle des experts, en particulier de ceux qui reviennent sans cesse dans les médias pour s'exprimer sur certains sujets donnés, ou 60 en temps de crise.

❿ LISEZ RÉGULIÈREMENT D'AUTRES SOURCES D'IN-FORMATION. […] Lisez et fréquentez non seulement la presse et les médias indépendants et alternatifs, mais aussi la presse et les médias spécialisés.

65 **⓫ MÉFIEZ-VOUS DE L'INFLUENCE DE VOS PROPRES VALEURS ET PRÉSUPPOSITIONS** sur ce que vous percevez. Rappelez-vous que vous n'êtes pas immunisé contre la perception sélective, la dissonance cognitive et ainsi de suite.

Normand Baillargeon, *Petit cours d'autodéfense intellectuelle*, Montréal, Lux Éditeur, 2005, p. 296 à 311.

Texte légèrement modifié à des fins pédagogiques.

LÉGENDES URBAINES
Des histoires trop belles pour être vraies…

Vous connaissez l'histoire de cette jeune fille à qui des parents ont demandé de garder leur bébé pendant leur sortie au restaurant et de mettre le poulet au four ? En revenant chez eux, quelques heures plus tard, les parents ont constaté avec horreur que la jeune fille, qui était complètement droguée, avait mis le bébé au four.

5 Ou encore cette histoire de l'étudiant arrivant en retard à son examen universitaire de mathématiques ? Trois problèmes sont inscrits au tableau. L'étudiant, qui est doué, résout assez facilement les deux premiers, mais il bute sur le troisième. Il y travaille d'arrache-pied et finit *in extremis*, juste avant de rendre sa copie, par trouver ce qu'il pense être une possible solution. Le lendemain, il reçoit un appel de son professeur. L'étudiant est convaincu que c'est parce qu'il a complètement

10 raté le troisième problème. Mais son professeur lui annonce que seuls les deux premiers problèmes constituaient l'examen ; le troisième, qui avait été inscrit au tableau à titre d'exemple, n'en faisait pas partie. C'était, explique le professeur, un problème resté irrésolu depuis un siècle, et qu'Einstein lui-même avait été incapable de résoudre. Or l'étudiant venait de le solutionner et d'entrer ainsi dans l'histoire des mathématiques.

15 Saviez-vous enfin qu'une chaîne de *fast-food* dont on taira le nom utilise des vers de terre au lieu de bœuf pour fabriquer ses hamburgers ? L'ami d'un ami l'a appris de la plus étrange manière…

Ces histoires sont ce qu'on appelle des légendes urbaines, puisque c'est désormais ainsi que l'on nomme l'intéressant et complexe phénomène social de ces mythologies contemporaines.

De tels récits circulent dans la culture populaire et sont répétés, parfois avec seulement quelques

20 variations. Souvent, l'amorce est que ce que le conteur va dire est arrivé à un ami d'un ami : ce trait revient d'ailleurs avec une si grande fréquence que les personnes qui, aux États-Unis, collectionnent et étudient les légendes urbaines, ont créé un acronyme pour les désigner : FOAF, *friend of a friend*.

Les légendes urbaines ne sont pas toutes nécessairement fausses ; d'ailleurs, on ne peut évidemment pas prouver que ce qui est affirmé n'est pas arrivé – puisqu'on ne peut pas, au sens strict,

25 prouver une proposition factuelle négative. Mais on ne dispose en général d'aucune preuve confirmant que ce soit réellement arrivé. Quiconque remonte la piste de ces histoires se heurte presque toujours à des impasses : c'est ainsi que l'ami de l'ami est inexistant, ou tenait lui-même l'histoire d'un ami qui disait la tenir d'un ami et ainsi de suite.

Tentons une définition qui réunira les caractéristiques courantes des légendes urbaines.

30 Les légendes urbaines sont des histoires apocryphes (c'est-à-dire douteuses et suspectes) mais au moins un peu plausibles, qui circulent le plus souvent oralement entre individus (même si on en trouve aussi sur Internet et dans des recueils) et qui sont racontées comme si elles étaient vraies. La personne qui raconte se réclame souvent d'une source proche et fiable à qui ce qui est conté est précisément arrivé. Toutefois, le conteur ne donne en général aucun nom ni donnée vérifiable.

35 Les légendes urbaines sont également de bonnes histoires, capables de susciter l'intérêt de l'auditoire et de permettre au conteur de déployer son talent. Elles ont en général une chute bizarre, surprenante ou inattendue. Des gens ordinaires y sont décrits dans des situations où ils vivent quelque chose d'horrible, d'ironique ou de gênant. Enfin, les légendes urbaines contiennent souvent une morale ou une mise en garde implicites qui concerne certaines peurs ou phobies répandues.

40 […]

Normand Baillargeon, *Petit cours d'autodéfense intellectuelle*, Montréal, Lux Éditeur, 2006, p. 304 et 305.

Pour que les CHIFFRES

Les mathématiques sont un puissant et indispensable outil d'autodéfense intellectuelle. Hélas ! Elles effraient aussi beaucoup de gens, au point où on a récemment créé un mot pour décrire ceux qui les
5 fuient et en ont peur: ce sont, dit-on aujourd'hui, des «mathophobes».

Nous ne pouvons pourtant pas nous permettre d'ignorer complètement les mathématiques, ne serait-ce que parce que nous sommes constamment bom-
10 bardés de données chiffrées qu'il nous faut comprendre et évaluer. […]

Avec de la patience, un brin d'humour et un peu d'attention, la mathophobie se guérit très bien. Voici deux problèmes et leur solution.

15 ▷ **Le problème:** souffrir d'une indigestion de nombres qui n'ont strictement aucun sens.

▶ **La solution:** compter soigneusement avant de décider de les consommer.

Lorsque des chiffres sont avancés, il est indispen-
20 sable de se demander s'ils sont plausibles. Pour cela, il faut connaître le sujet dont il est question, ce qui suppose parfois un savoir spécialisé. Si on ne possède pas un tel savoir, on ne peut pas évaluer l'affirmation. Si je n'ai pas les connaissances requises en physique, par
25 exemple, je ne suis pas en mesure d'évaluer des affirmations chiffrées concernant, disons, la vitesse du son (Mach 1, soit 331,4 mètres par seconde à 0 °C). Mais souvent, notamment dans des discours portant sur des questions sociales et politiques, le savoir requis est
30 sinon possédé par chacun, du moins relativement facile à obtenir. En général, des opérations arithmétiques élémentaires suffiront alors à montrer que ce qui est avancé est plausible ou non, sensé ou insensé. Il est donc extrêmement utile de conserver sa vigilance
35 critique devant des données chiffrées. Voici deux exemples des immenses bénéfices qu'on peut espérer tirer de l'adoption de cette simple maxime d'autodéfense intellectuelle: «Attendez un moment que je fasse le calcul.»

40 Un universitaire déclarait un jour devant moi et devant un auditoire d'intellectuels que 2000 enfants iraquiens mouraient chaque heure depuis dix ans à cause de l'embargo américano-britannique contre ce pays. Vous avez peut-être déjà entendu la même chose,
45 qui a souvent été répétée. Laissons ici de côté la question de savoir si cet embargo était ou non justifié et arrêtons-nous à l'affirmation proposée. Pour cela, nous utiliserons simplement l'arithmétique. Si 2000 enfants meurent chaque heure, vous ferez facilement
50 le calcul, cela fait 17 520 000 enfants par an, et ce, depuis dix ans; et cela se passerait dans un pays qui compte 20 millions d'habitants ?

Disons simplement que de telles données n'aident aucune cause, quelle qu'elle soit.

55 Voici un autre exemple. Cette fois, il est question du nombre de jeunes Américains qui ont été tués ou blessés par arme à feu en 1995.

Joel Best raconte l'anecdote suivante dans le superbe ouvrage qu'il a rédigé sur les mensonges statis-
60 tiques[1]. Il assistait en 1995 à une soutenance de thèse, durant laquelle le candidat soutenait que, depuis 1950, le nombre de jeunes tués ou blessés par arme à feu aux États-Unis avait doublé chaque année. Une référence à une revue savante était citée à l'appui de ce fait.

65 Chacun sait que la question des armes à feu est, pour dire le moins, très particulière aux États-Unis. Encore une fois, laissons de côté tous ces débats qui

1. J. Best, *Damned Lies and Statistics: Untangling Numbers from the Medias, Politicians, and Activists*, Berkeley, Presses de l'Université de Californie, 2001.

ne soient pas un écran de fumée

soulèvent la passion. Avec pour seul outil l'arithmétique, réfléchissons un peu à ce qui est avancé ici.

70 Posons généreusement qu'un seul enfant a été tué par une arme à feu en 1950. On aura donc, selon ce qui est affirmé, 2 enfants morts par le fait des armes à feu en 1951, puis 4 en 1952, 8 en 1953… Si vous poursuivez ce calcul, vous arriverez en 1965 à 32 768 morts, 75 ce qui est très certainement bien plus que le nombre total de morts par homicides (enfants aussi bien qu'adultes) aux États-Unis durant toute l'année 1965. En 1980, on aurait eu en gros un milliard d'enfants tués, soit plus de quatre fois la population du pays. En 80 1987, le nombre d'enfants morts par arme à feu aux États-Unis dépasserait ce qui constitue, selon les meilleures estimations disponibles, le nombre total d'êtres humains qui ont vécu sur la terre depuis que notre espèce y est apparue ! En 1995, le nombre auquel on 85 aboutit est si énorme qu'on ne rencontre de pareils chiffres qu'en astronomie ou en économie.

▷ **Le problème :** la donnée détachée ou semi-détachée.

▶ **La solution :** rattachez-moi ça à quelque chose !

Des données sont dites détachées ou semi-90 détachées quand elles ne réfèrent à rien ou lorsque leurs référents sont approximatifs et ne permettent pas de savoir précisément de quoi on parle. Ne sachant pas de quoi un nombre est la quantité, on ne sait plus bien ni de quoi on parle, ni ce qui est affirmé.

95 Prenez par exemple : « Plus de 80 % des personnes testées ont préféré le chocolat Talou. » Quelle conclusion peut-on tirer de cette affirmation ? Les fabricants du chocolat Talou voudraient qu'on conclue qu'il y a de fortes chances pour que nous préférions aussi leur 100 chocolat. Mais il y a d'excellentes raisons de ne pas céder à cette tentation, puisque cette donnée est détachée et que rien de ce qui est affirmé ne permet d'arriver à cette conclusion.

Tout d'abord, bien entendu, ce qui compte, c'est 105 *votre* goût et non pas celui de 80 % des gens. Ensuite, combien de gens ont été testés ? Comment l'échantillon a-t-il été réuni ? Et combien de fois a-t-on testé avant d'obtenir ce résultat ? Ce pourcentage, 80 %, signifie-t-il 800 personnes sur 1000, 80 personnes sur 100, 110 8 sur 10 ou même 4 sur 5 – ou autre chose encore ? Enfin, ces personnes ont préféré le chocolat Talou à quoi ? à une seule autre marque, immangeable ? à toutes les autres ? à quelques-unes ? lesquelles ? On le voit bien : 80 %, ici, c'est une donnée détachée.

115 « Deux fois moins de glucides », annonce fièrement cette tranche de pain qui veut faire le bonheur des diabétiques. Fort bien, mais avant de se réjouir, il faut savoir par rapport à quoi. Si on ne le précise pas, la donnée est détachée et ne dit donc rien – sinon le mes-120 sage que le margoulin veut faire passer (achetez-moi, je suis ce qu'il vous faut), mais qui repose sur du néant. Qu'a-t-on considéré comme référence ? Si c'est du pain très riche en glucides, le pain qui en contient deux fois moins reste peut-être très sucré. Si c'est une 125 moyenne, laquelle a-t-on choisie et à quel échantillon l'a-t-on appliquée ? Qu'est-ce encore qu'une tranche de pain ? Compare-t-on des comparables ? En écrivant ces mots, j'ai devant les yeux une tranche de pain qui prétend contenir 7 grammes de glucides, au lieu des 130 15 grammes habituels des pains de la même marque. Cependant, pour qui regarde attentivement, cela saute immédiatement aux yeux que ces nouvelles tranches sont beaucoup plus petites et plus minces que les autres : je dirais même, à l'œil, qu'elles sont environ… 135 deux fois plus petites !

Normand Baillargeon, *Petit cours d'autodéfense intellectuelle*, Montréal, Lux Éditeur, 2006, p. 88 à 92, 105 et 106.
Texte légèrement modifié à des fins pédagogiques.

Lettre de la prison de Birmingham

Martin Luther King dans sa cellule du Jefferson County Courthouse à Birmingham, Alabama.

C'est le 16 avril 1963, en prison,
que Martin Luther King a écrit cette fameuse lettre.
Il s'agit d'une réponse à la lettre ouverte
de huit ministres chrétiens et juifs d'Alabama,
tous Blancs, qui mettait en cause la stratégie
de Martin Luther King.

Chers confrères pasteurs,

Incarcéré à la prison municipale de Birmingham, je suis tombé sur votre récente déclaration qui tient nos activités actuelles pour «malavisées et inopportunes».
5 Il n'arrive jamais ou il arrive rarement que je prenne le temps de répondre à ceux qui contestent mon œuvre ou mes idées. Si je cherchais à répondre à toutes les critiques qui traversent mon bureau, mes secrétaires ne feraient rien d'autre du matin au soir et il ne me
10 resterait plus assez de temps pour travailler de façon constructive. Mais je pense que vous êtes véritablement des hommes de bonne volonté et que vos critiques sont exprimées avec sincérité, aussi aimerais-je

Un chant triste, triste

Pierre Foglia

GREENSBORO, ALABAMA – C'est un tout petit peu l'hiver, ici aussi. Sont pas habitués. Vous auriez dû voir la dame du bed emmitouflée
5 comme une Esquimaude quand elle est partie ouvrir sa quincaillerie, ce matin – elle tient une quincaillerie dans la ville voisine. Vous allez chasser le phoque,
10 Anne ?

On est partis en même temps, mais moi j'allais par la campagne, j'allais chez Annie Lee, qui est la femme de ménage d'Anne. Noire,
15 évidemment. C'est écrit dans le livre d'Obama, dans *Les rêves de mon père*, page 45 : «… des femmes noires viennent à domicile laver le linge des Blancs ou faire le mé-
20 nage. Les Noirs sont là sans être là, présences indistinctes, silencieuses». Indistincte et silencieuse, c'est exactement Annie Lee.

C'est pas des gens qui donnent
25 des grandes entrevues, les femmes de ménage. Je les connais bien: ma mère a été femme de ménage toute sa vie et, quand j'y repense, elle était un peu nègre aussi, ma
30 mère, en tout cas pas mal plus que celle d'Obama.

Bref, j'allais chez Annie Lee, à quelques milles du bed, par une campagne jadis toute de coton,
35 aujourd'hui creusée de lacs de pisciculture où l'on élève des bar-
botes. On est dans la capitale mondiale de la barbote.

Annie Lee, j'ai commencé par
40 l'amadouer un matin qu'elle s'exécutait chez Anne. Beau plancher ! Tu le fais à genoux ? Puis, une autre fois: t'as des enfants ? Sept, elle a dit. Puis je l'ai vue hésiter,
45 recompter mentalement. Euh, huit, a-t-elle corrigé. Je ne sais pas si ceci explique cela mais, quand elle s'est mariée à 17 ans, elle en avait déjà eu deux, un à 14 ans et
50 un à 15 ans. Curieusement, le bonhomme avec qui elle vit maintenant, Dayton – ils n'ont pas d'enfants ensemble – a hésité aussi à la même question: six ?

répondre à votre déclaration en des termes qui, je l'espère, seront empreints de mesure et de raison.

[…]

Nous avons douloureusement appris que la liberté n'est jamais accordée de bon gré par l'oppresseur; elle doit être exigée par l'opprimé. Franchement, je ne me suis jamais engagé dans un mouvement d'action directe à un moment jugé «opportun», d'après le calendrier de ceux qui n'ont pas indûment subi les maux de la ségrégation. Depuis des années, j'entends ce mot: «Attendez!» Il résonne à mon oreille, comme à celle de chaque Noir, avec une perçante familiarité. Cet «Attendez!» a presque toujours signifié: «Jamais!» […] Il nous faut constater avec les éminents juristes de jadis que «justice trop tardive est déni de justice». Nous avons attendu pendant plus de trois cent quarante ans les droits constitutionnels dont nous a doués notre Créateur. Les nations d'Asie et d'Afrique progressent vers l'indépendance politique à la vitesse d'un avion à réaction, et nous nous traînons encore à l'allure d'une voiture à cheval vers le droit de prendre une tasse de café au comptoir. Ceux qui n'ont jamais senti le dard brûlant de la ségrégation raciale ont beau jeu de dire: «Attendez!» Mais quand vous avez vu des populaces vicieuses lyncher à volonté vos pères et mères, noyer à plaisir vos frères et sœurs; quand vous avez vu des policiers pleins de haine maudire, frapper, brutaliser et même tuer vos frères et sœurs noirs en toute impunité; quand vous voyez la grande majorité de vingt millions de Noirs étouffer dans la prison fétide de la pauvreté, au sein d'une société opulente; quand vous sentez votre langue se nouer et votre voix vous manquer pour tenter d'expliquer à votre petite fille de six ans pourquoi elle ne peut aller au parc d'attractions qui vient de faire l'objet d'une publicité à la télévision; quand vous voyez les larmes affluer dans ses petits yeux parce qu'un tel parc est fermé aux enfants de couleur; quand vous voyez les nuages déprimants d'un sentiment d'infériorité se former dans son petit ciel mental; quand vous la voyez commencer à oblitérer sa petite personnalité en sécrétant inconsciemment une amertume à l'égard des Blancs; quand vous devez inventer une explication pour votre petit garçon de cinq ans qui vous demande dans son langage pathétique et torturant: «Papa, pourquoi les Blancs sont si méchants avec ceux de couleur?»; quand, au cours de vos voyages, vous devez dormir nuit après nuit sur le siège inconfortable de votre voiture parce qu'aucun motel ne vous acceptera; quand vous êtes humilié jour après jour, par des pancartes narquoises: «Blancs», «Noirs»; quand votre prénom est «négro» et votre nom «mon garçon» (quel que soit votre âge) ou «John»; quand votre mère et votre femme ne sont jamais appelées res-

Euh, sept. Non, attends: huit, j'en ai huit!

C'est un détail qui dit que ce ne sont pas les mêmes Noirs que d'habitude. Pas des Noirs journalistes, pas des Noirs artistes, pas des Noirs chauffeurs de taxi, pas des Noirs président des États-Unis. Des Noirs du Sud, comme il n'y en a même pas dans les livres d'Obama. Dans les livres d'Obama, les Noirs sont tous urbains. Ici, ils sont encore dans les champs de coton, même s'il n'y a plus de champs de coton. Je vais dire quelque chose de terrible: ils sont encore esclaves mêmes s'il n'y a plus d'esclaves. Sad, sad, song.

[…]

Les Blancs ne savent rien du racisme ordinaire du Sud, qui tire

William Gilbert Gaul, *La cueillette de coton*, 1890.

pectueusement «Madame»; quand vous êtes harcelé le jour et hanté la nuit par le fait que vous êtes un nègre, marchant toujours sur la pointe des pieds sans
70 savoir ce qui va vous arriver l'instant d'après, accablé de peur à l'intérieur et de ressentiment à l'extérieur; quand vous combattez sans cesse le sentiment dévastateur de n'être personne; alors vous comprenez pourquoi nous trouvons si difficile d'attendre. Il vient
75 un temps où l'on ne peut endurer davantage et où les hommes ne supportent plus de se trouver plongés dans des abîmes d'injustice où ils expérimentent la

noirceur d'un désespoir corrosif. J'espère, Messieurs, que vous pourrez comprendre notre légitime et inévi-
80 table impatience. [...]

Vôtre pour la Paix et la Fraternité,
Martin Luther King

Martin Luther King, «Lettre de la geôle de Birmingham», dans *Je fais un rêve: Les grands textes du pasteur noir*, traduit de l'américain par Marc Saporta, Paris, Éditions du Centurion, 1987, p. 26 à 34. Reproduit avec l'autorisation des héritiers de la succession de Martin Luther King Jr, a/s Writers House (agent pour l'ayant droit), New York, NY, © 1963 Dr Martin Luther King; © 1991 Coretta Scott King.
Texte légèrement modifié à des fins pédagogiques.

REPÈRES CULTURELS

MARTIN LUTHER KING (1929-1968)

L'élection de Barack Obama à la présidence des États-Unis en 2008 est en grande partie l'aboutissement des actions militantes du révérend Martin Luther King. Au cours des années 1950-1960, King est la figure de proue du mouvement en faveur des droits civiques des Noirs. Il dirige une série de manifestations non violentes pour dénoncer la discrimination raciale et défendre le droit de vote et le droit au travail des Afro-Américains. En avril 1963, King est arrêté lors d'une manifestation en Alabama. En prison, il rédige sa célèbre *Lettre de la prison de Birmingham*, dans laquelle il explique les motifs de sa lutte contre la ségrégation. Son combat le mène à Washington: le 28 août 1963, devant 250 000 personnes, il livre son discours «I have a dream», rêve d'une Amérique juste et fraternelle. Il obtient le prix Nobel de la paix en 1964 et meurt assassiné en 1968.

les Noirs du Sud par le fond et les maintient là. Qu'importe toutes les marches pour les droits. Dismoi, Dayton, qu'est-ce qui a
80 changé dans tes rapports avec les Blancs entre aujourd'hui et quand t'étais petit?

[...]

Ce qui a changé? Tout a
85 changé. Et rien n'a changé. Ce qui a changé, c'est qu'ils ne nous traitent plus comme des merdes. Ce qui n'a pas changé, c'est qu'ils pensent exactement comme avant
90 qu'on *est* des merdes. Ce qui n'a pas changé, c'est que tout est organisé exactement comme avant pour qu'on *reste* des merdes.

Tu crois qu'Obama peut chan-
95 ger ça?

Je ne sais pas. Tu sais ce que tu devrais faire? Le plus gros employeur de Greensboro, c'est une usine de poisson, la Heartland
100 Catfish, où toutes les piscicultures de la région vont porter leurs barbotes. Tu devrais aller la visiter.

Et je verrai quoi?

Tout.

105 J'y suis allé.

Les poissons sont transportés dans des camions-cuves jusqu'à l'usine, une goulotte les déverse sur un tapis mobile où ils avan-
110 cent, gueule ouverte, vers les couteaux mécaniques qui vont les fileter vivants un par un, pour finir, au bout de la chaîne, dans des bacs de glace concassée. Tout
115 le long du parcours, des ouvriers

trient, ôtent les scories, coupent à une vitesse affolante les bouts de nageoire oubliés par les couteaux mécaniques. Vous savez, le cinéma
120 des cuisiniers japonais? Ça, mais huit heures par jour. Les ouvriers se coupent souvent les doigts. Coupés nets.

Ils sont 150 sur la chaîne. Sauf
125 quelques Latinos, tous des Noirs. L'usine est une glacière au-dessous de zéro. De l'eau partout. À 6,25 $ l'heure, 40 heures, 250 $ brut par semaine.

130 Les quelques Blancs de l'usine sont contremaîtres, comptables, responsables de l'expédition. La même structure de travail que dans les champs de coton avant
135 l'abolition de l'esclavage.

Pierre Foglia, «Un chant triste, triste», *La Presse*, 17 janvier 2009, p. A5.

Je fais un rêve

(I have a dream)

Prononcé le 28 août 1963, lors de la Marche sur Washington, devant 250 000 personnes,
ce discours demeure le texte le plus célèbre de Martin Luther King.

Je suis heureux de participer avec vous aujourd'hui à ce rassemblement qui restera dans l'Histoire comme la plus grande manifestation que notre pays ait connue en faveur de la liberté.

Les participants de la Marche sur Washington massés autour du bassin réfléchissant le 28 août 1963.

5 Il y a un siècle de cela, un grand Américain qui nous couvre aujourd'hui de son ombre symbolique signait notre Acte d'Émancipation. Cette Proclamation historique faisait, comme un grand phare, briller la lumière de l'espérance aux yeux de millions d'esclaves noirs marqués au feu
10 d'une brûlante injustice. Ce fut comme l'aube joyeuse qui mettrait fin à la longue nuit de leur captivité.

Mais cent ans ont passé et le Noir n'est pas encore libre. Cent ans ont passé et l'existence du Noir est toujours tristement entravée par les liens de la ségrégation, les chaînes de la discrimination; cent ans ont passé et le Noir vit encore
15 sur l'île solitaire de la pauvreté, dans un vaste océan de prospérité matérielle; cent ans ont passé et le Noir languit toujours dans les marges de la société américaine et se trouve en exil dans son propre pays.

C'est pourquoi nous sommes accourus aujourd'hui en ce lieu pour rendre manifeste cette honteuse situation. En un sens, nous sommes montés à la capitale de notre pays pour toucher un
20 chèque. En traçant les mots magnifiques qui forment notre Constitution et notre Déclaration d'Indépendance, les architectes de notre république signaient une promesse dont hériterait chaque Américain. Aux termes de cet engagement, tous les hommes, les Noirs, oui, aussi bien que les Blancs, se verraient garantir leurs droits inaliénables à la vie, à la liberté et à la recherche du bonheur.

25 Il est aujourd'hui évident que l'Amérique a failli à sa promesse en ce qui concerne ses citoyens de couleur. Au lieu d'honorer son obligation sacrée, l'Amérique a délivré au peuple noir un chèque sans valeur; un chèque qui est revenu avec la mention «Provisions insuffisantes». Nous ne pouvons croire qu'il n'y ait pas de quoi honorer ce chèque dans les vastes coffres de la chance en notre pays. Aussi sommes-nous venus encaisser ce chèque, un chèque qui nous fournira sur simple
30 présentation les richesses de la liberté et la sécurité de la justice.

Nous sommes également venus en ce lieu sanctifié pour rappeler à l'Amérique les exigeantes urgences de l'heure présente. Il n'est plus temps de se laisser aller au luxe d'attendre ni de prendre les tranquillisants des demi-mesures. Le moment est maintenant venu de réaliser les promesses de la démocratie; le moment est venu d'émerger des vallées obscures et désolées de la ségréga-
35 tion pour fouler le sentier ensoleillé de la justice raciale; le moment est venu de tirer notre nation des sables mouvants de l'injustice raciale pour la hisser sur le roc solide de la fraternité; le moment est venu de réaliser la justice pour tous les enfants du Bon Dieu. Il serait fatal à notre nation d'ignorer qu'il y a péril en la demeure. Cet étouffant été du légitime mécontentement des Noirs ne se terminera pas sans qu'advienne un automne vivifiant de liberté et d'égalité.

40 Mil neuf cent soixante-trois n'est pas une fin mais un commencement. Ceux qui espèrent que le Noir avait seulement besoin de laisser fuser la vapeur et se montrera désormais satisfait se préparent un rude réveil si le pays retourne à ses affaires comme avant.

Il n'y aura plus ni repos ni tranquillité en Amérique tant que le Noir n'aura pas obtenu ses droits de citoyen. Les tourbillons de la révolte continueront d'ébranler les fondations de notre nation jusqu'au jour où naîtra l'aube brillante de la justice.

Mais il est une chose que je dois dire à mon peuple, debout sur le seuil accueillant qui mène au palais de la justice: en nous assurant notre juste place, ne nous rendons pas coupables d'agissements répréhensibles.

Ne cherchons pas à étancher notre soif de liberté en buvant à la coupe de l'amertume et de la haine. Livrons toujours notre bataille sur les hauts plateaux de la dignité et de la discipline. Il ne faut pas que notre revendication créatrice dégénère en violence physique. Encore et encore, il faut nous dresser sur les hauteurs majestueuses où nous opposerons les forces de l'âme à la force matérielle.

Le merveilleux militantisme qui s'est nouvellement emparé de la communauté noire ne doit pas nous conduire à nous méfier de tous les Blancs. Comme l'atteste leur présence aujourd'hui en ce lieu, nombre de nos frères de race blanche ont compris que leur destinée est liée à notre destinée. Ils ont compris que leur liberté est inextricablement liée à notre liberté. L'assaut que nous avons monté ensemble pour emporter les remparts de l'injustice doit être mené par une armée biraciale. Nous ne pouvons marcher tout seuls au combat. Et au cours de notre progression, il faut nous engager à continuer d'aller de l'avant ensemble. Nous ne pouvons pas revenir en arrière. Il en est qui demandent aux tenants des droits civiques: «Quand serez-vous enfin satisfaits?» Nous ne pourrons jamais être satisfaits tant que le Noir sera victime des indicibles horreurs de la brutalité policière.

Nous ne pourrons jamais être satisfaits tant que nos corps recrus de la fatigue du voyage ne trouveront pas un abri dans les motels des grand-routes ou les hôtels des villes. Nous ne pourrons jamais être satisfaits tant que la liberté de mouvement du Noir ne lui permettra guère que d'aller d'un petit ghetto à un ghetto plus grand.

Nous ne pourrons jamais être satisfaits tant que nos enfants seront dépouillés de leur identité et privés de leur dignité par des pancartes qui indiquent: «Seuls les Blancs sont admis.» Nous ne pourrons être satisfaits tant qu'un Noir du Mississippi ne pourra pas voter et qu'un Noir de New York croira qu'il n'a aucune raison de voter. Non, nous ne sommes pas satisfaits, et nous ne serons pas satisfaits tant que le droit ne jaillira pas comme les eaux et la justice comme un torrent intarissable.

Un adolescent proteste contre l'intégration scolaire des Noirs à Montgomery, Alabama, en 1963.

Je n'ignore pas que certains d'entre nous ont été conduits ici par un excès d'épreuves et de tribulations. D'aucuns sortent à peine de l'étroite cellule d'une prison. D'autres viennent de régions où leur quête de liberté leur a valu d'être battus par les tempêtes de la persécution, secoués par les vents de la brutalité policière. Vous êtes les pionniers de la souffrance créatrice. Poursuivez votre tâche, convaincus que cette souffrance imméritée vous sera rédemption.

Retournez au Mississippi; retournez en Alabama; retournez en Caroline du Sud; retournez en Géorgie; retournez en Louisiane, retournez à vos taudis et à vos ghettos dans les villes du Nord, en sachant que, d'une façon ou d'une autre, cette situation peut changer et changera. Ne nous vautrons pas dans les vallées du désespoir.

Je vous le dis ici et maintenant, mes amis: même si nous devons affronter des difficultés aujourd'hui et demain, je fais pourtant un rêve. C'est un rêve profondément ancré dans le rêve américain. Je rêve que, un jour, notre pays se lèvera et vivra pleinement la véritable réalité de son *credo*: «Nous tenons ces vérités pour évidentes par elles-mêmes que tous les hommes sont créés égaux.»

Quand les hommes vivront d'amour

Quand les hommes vivront d'amour
Il n'y aura plus de misère
Et commenceront les beaux jours
Mais nous nous serons morts, mon frère.

5 Quand les hommes vivront d'amour
Ce sera la paix sur la terre
Les soldats seront troubadours
Mais nous nous serons morts, mon frère.

Dans la grande chaîne de la vie
10 Où il fallait que nous passions
Où il fallait que nous soyons
Nous aurons eu la mauvaise partie.

Quand les hommes vivront d'amour
Il n'y aura plus de misère
15 Et commenceront les beaux jours
Mais nous nous serons morts, mon frère.

Mais quand les hommes vivront d'amour
Qu'il n'y aura plus de misère
Peut-être songeront-ils un jour
20 À nous qui serons morts, mon frère.

Nous qui aurons aux mauvais jours
Dans la haine et puis dans la guerre
Cherché la paix, cherché l'amour
Qu'ils connaîtront alors, mon frère.

25 Dans la grande chaîne de la vie
Pour qu'il y ait un meilleur temps
Il faut toujours quelques perdants,
De la sagesse ici-bas c'est le prix.

Quand les hommes vivront d'amour
30 Il n'y aura plus de misère
Et commenceront les beaux jours
Mais nous nous serons morts, mon frère.

«Quand les hommes vivront d'amour», paroles et musique
de Raymond Lévesque, © Éditions SEMI / Patricia, 1956.

REPÈRES CULTURELS

RAYMOND LÉVESQUE (chansonnier québécois né en 1928)

Connu avant tout pour sa célèbre chanson *Quand les hommes vivront d'amour*, Raymond Lévesque a légué une œuvre éclectique et imposante: plus de cinq cents chansons, une cinquantaine de revues humoristiques, sept recueils de poésie, cinq pièces de théâtre et quatre romans. C'est en 1956, alors qu'il tente sa chance en France, qu'il compose *Quand les hommes vivront d'amour*. Cet appel à la paix fera le tour du monde et sera repris par une panoplie d'interprètes au fil des ans. Selon un sondage réalisé par Radio-Canada en 2002, cette chanson est considérée comme la plus belle des cinquante dernières années.

Je rêve que, un jour, sur les rouges collines de Géorgie, les fils des anciens esclaves et les fils des anciens propriétaires d'esclaves pourront s'asseoir ensemble à la table de la fraternité.

Je rêve que, un jour, l'État du Mississippi lui-même, tout brûlant des feux de l'injustice, tout
95 brûlant des feux de l'oppression, se transformera en oasis de liberté et de justice.

Je rêve que mes quatre petits enfants vivront un jour dans un pays où on ne les jugera pas à la couleur de leur peau mais à la nature de leur caractère. Je fais aujourd'hui un rêve !

Je rêve que, un jour, même en Alabama où le racisme est vicieux, où le gouverneur a la bouche pleine des mots «interposition» et «nullification», un jour, justement en Alabama, les petits garçons
100 et les petites filles noirs, les petits garçons et les petites filles blancs, pourront tous se prendre par la main comme frères et sœurs. Je fais aujourd'hui un rêve ! […]

Martin Luther King, «Je fais un rêve», dans *Je fais un rêve: Les grands textes du pasteur noir*,
traduit de l'américain par Marc Saporta, Paris, Éditions du Centurion, 1987, p. 52 à 56.
Reproduit avec l'autorisation des héritiers de la succession de Martin Luther King Jr, a/s Writers House
(agent pour l'ayant droit), New York, NY, © 1963 Dr Martin Luther King ; © 1991 Coretta Scott King.

Un homme

Jean Dion

Ils nous l'ont d'abord montré avançant, le visage grave, vers l'Histoire. Impossible de ne pas se demander ce qui lui trottait alors dans la tête, ce que Dieu seul, qui selon des sources préside à ce genre de mani-
5 festations, sait. Peut-être répétait-il les phrases qu'il allait prononcer, pris d'un ultime doute quant au choix de ce mot, à l'emplacement de cette virgule. Peut-être avait-il une pensée pour sa grand-mère qui l'avait élevé, morte deux jours avant l'élection qui promettait
10 de changer le monde. Peut-être le cœur lui battait-il devant la solennité du moment. Peut-être songeait-il que c'en est beaucoup sur les épaules d'un homme, ces espoirs que sa quête a suscités, ces attentes si in-sensées, si déraisonnablement élevées que son par-
15 cours a semées chez des centaines de millions, chez des milliards de personnes. Peut-être ne pensait-il à rien, comme quand c'est trop, comme quand les pen-sées se bousculent à fond la caisse et qu'on pense telle-ment à tout qu'on finit au fond par ne plus penser à
20 rien. Peut-être fonçait-il en s'inspirant de sa propre formule au succès foudroyant et se disait-il simple-ment, sûr de lui, «Yes I can.»

L'Histoire, veut la boutade, est quelque chose qui n'est jamais arrivé, raconté par quelqu'un qui n'était
25 pas là. Hier, ils étaient très nombreux à être là, et ils passeront des années à le raconter. Mais à ce moment précis, avant qu'il ne s'adresse à la foule, ce n'est peut-être qu'une impression, Barack Obama a paru seul. Il avait beau avoir l'appui du monde entier, il restait seul.

30 Ça n'a pas duré. Dimanche, le spectacle en son honneur était intitulé *We Are One*. Un, mais nous. De la même manière a-t-il commencé sa première allo-cution de président: «I stand here today humbled by the task before us.» Je, mais humble. La tâche, mais
35 notre tâche. Il aurait pu s'arrêter là, tout venait d'être dit. Le reste était superflu.

La foule l'a écouté, tranquillement. Avec quelques applaudissements sobres, sans les débordements d'en-thousiasme qui marquent les campagnes électorales et
40 les soirées de victoire. Peut-être était-elle trop émue, ployant sous l'énormité des circonstances, peut-être

Dans la bouche d'à peu près n'importe qui d'autre, la nomenclature d'autant de défis, les promesses de
55 passer à l'action, l'évocation de jours meilleurs eurent passé pour d'épouvantables clichés, des paroles creuses mille fois entendues et toujours laissées en plan. Dans la sienne, il semble qu'il en aille autrement. C'en est parfois carrément ahurissant.

60 Y croyons-nous ? Nous voulons tellement y croire. Nous, les mécréants finis de la politique, même les plus sceptiques, parce que le sceptique doute alors que nous n'avons plus la force de douter, nous qui avions tout abandonné et avec raison, nous que plus per-
65 sonne ne pouvait toucher, nous voilà remués. Nous avions perdu jusqu'à la possibilité d'être déçus, parce que le déçu a forcément espéré, et il y avait longtemps que nous n'espérions plus rien. Mais nous voilà sérieusement remués. Même prêts, pour tout dire, à
70 nous exposer à la déception. Le frisson ressenti en attendant est à ce point agréable.

Certains qui affectionnent les repères clairs diront que le XXIe siècle a véritablement débuté hier. Qu'on ne pouvait faire mieux que de trouver Barack Obama
75 pour nous sauver collectivement, pour le remettre aux prochaines générations en commençant tout de suite à juguler la douleur qui les attend. Rarement autant aura pesé sur un seul homme.

Les miracles n'existent pas. La foi en eux, de toute
80 évidence, si.

Jean Dion, «Un homme», *Le Devoir*,
21 janvier 2009, p. A2.

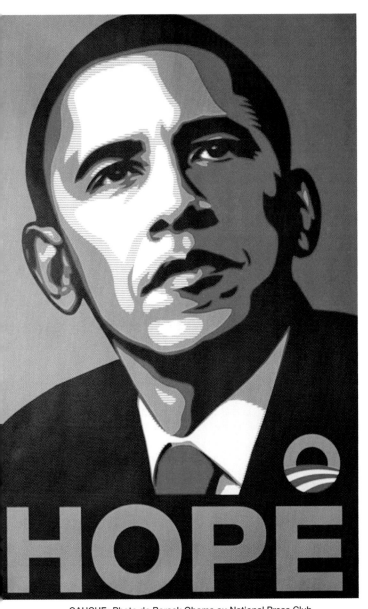

GAUCHE: Photo de Barack Obama au National Press Club, à Washington.
DROITE: Affiche électorale de Barack Obama créée par Shepard Fairey.

était-elle subjuguée par son talent d'orateur, l'un des plus impressionnants de sa génération. Il devait parler à la fois aux États-Unis et à la planète, il l'a fait en pré-
45 cisant la nature de la tâche, deux sales guerres et l'effondrement appréhendé d'un mode de vie, un monde croulant sous les inégalités, et en rappelant de même qu'il ne faut jamais perdre de vue l'ampleur du chemin parcouru, «comment un homme dont le père aurait pu
50 se faire refuser d'être servi dans un restaurant il y a soixante ans peut maintenant se présenter devant vous pour prêter le plus sacré des serments».

REPÈRES CULTURELS

BARACK OBAMA
(politicien américain né en 1961)

Le 4 novembre 2008, au terme d'une succession de victoires inouïes, Barack Obama est élu 44e président des États-Unis – le premier président d'origine afro-américaine. Né à Hawaii d'un père africain et d'une mère américaine, Barack Obama a été travailleur social, avocat en droit civil et professeur de droit constitutionnel avant d'être élu sénateur de l'État de l'Illinois en 2004. Dans le contexte de guerre et de crise financière qui a suivi la présidence contestée de George W. Bush, l'élection d'Obama a soulevé une immense vague d'espoir dans le monde. Le nouveau président a fait connaître son parcours et ses idées dans trois livres : *Les rêves de mon père*, *L'audace d'espérer* et *De la race en Amérique*.

L'empire de la honte

LA FAIM

Des gens affamés attendent en ligne pour un peu de nourriture à Baidoa, en Somalie.

Le massacre par la sous-alimentation et par la faim de millions d'êtres humains reste le principal scandale du début de ce troisième millénaire. C'est une absurdité, une infamie qu'aucune raison ne saurait justifier ni aucune politique légitimer. Il s'agit d'un crime contre l'humanité indéfiniment répété.

5   Aujourd'hui, je l'ai dit, toutes les cinq secondes, un enfant en dessous de dix ans meurt de la faim ou de maladies liées à la malnutrition. C'est ainsi que la faim aura tué en 2004 plus d'êtres humains encore que toutes les guerres réunies conduites au cours de cette même année.

Où en est la lutte contre la faim ? Eh bien, il est clair qu'elle recule. En 2001, un enfant en dessous de dix ans mourait de faim toutes les sept secondes[1]. Cette même année, 826 millions de personnes avaient été rendues invalides des suites d'une sous-alimentation grave et chronique. Elles
10 sont 841 millions aujourd'hui[2]. Entre 1995 et 2004, le nombre des victimes de la sous-alimentation chronique a augmenté de 28 millions de personnes.

La faim est le produit direct de la dette, dans la mesure où c'est elle qui prive les pays pauvres de leur capacité d'investir les fonds nécessaires pour le développement des infrastructures agricoles,
15 sociales, de transport et de services.

La faim signifie souffrance aiguë du corps, affaiblissement des capacités motrices et mentales, exclusion de la vie active, marginalisation sociale, angoisse du lendemain, perte d'autonomie économique. Elle débouche sur la mort.

[…]

---

1. FAO, *State of Food Insecurity in the World*, Rome, 2001 et 2004.

2. *Ibid*.

Éthanol = famine?

Garnotte, «Hé, mon jeune! Veux-tu faire ta part pour la planète?», *Le Devoir*, 11 juillet 2008.

[20] Dans le monde, environ 62 millions de personnes, soit 1 % de l'humanité – toutes causes de décès confondues – meurent chaque année. En 2003, 36 millions sont mortes de faim ou de maladies dues aux carences en micronutriments.

La faim est donc la principale cause de mort sur notre planète. Et cette faim est faite de main d'homme. Quiconque meurt de faim meurt assassiné. Et cet assassin a pour nom la dette.

Jean Ziegler, *L'empire de la honte*,
Paris, Librairie Arthème Fayard, 2005, p. 117 et 118.

REPÈRES CULTURELS

JEAN ZIEGLER (essayiste suisse né en 1934)

En tant que rapporteur spécial pour le droit à l'alimentation du Conseil des droits de l'homme de l'ONU, Jean Ziegler a étudié le niveau d'alimentation et de malnutrition des populations de divers pays sous-développés. Il est l'auteur de plusieurs livres dénonçant les dérapages du capitalisme et de la mondialisation, dont *L'Empire de la honte* (2005) et *La haine de l'Occident* (2008).

KEVIN CARTER (1960-1994)

Au début des années 1990, Kevin Carter fait partie du «Bang Bang Club», un collectif de quatre photographes de presse qui documentent, au péril de leur vie, les violences de l'apartheid en Afrique du Sud. Carter est le premier à prendre une photo du «supplice du pneu», une atroce technique d'exécution pratiquée à l'époque. C'est cependant le cliché d'une enfant soudanaise, agonisant sous l'œil d'un vautour, qui lui vaut le prix Pulitzer en 1994. Deux mois plus tard, bouleversé par l'assassinat de son proche ami et par la controverse entourant son rôle au Soudan lors de la prise de sa photo primée, Kevin Carter met fin à ses jours.

PRIX PULITZER

Les prix Pulitzer ont été créés en 1904 par Joseph Pulitzer, éditeur du journal *The New York World*. Ces prix prestigieux, attribués chaque année en avril, soulignent l'excellence en journalisme (reportage, éditorial, photographie), en littérature et en musique.

Idées noires

Lorsque après avoir lu une page d'*Idées noires* de Franquin on ferme les yeux, l'obscurité qui suit est encore de Franquin.

Sacha Guitry

Franquin, *Idées noires* – Tome 1, Paris, J'ai lu, © Franquin/Fluide glacial, 1986, p. 5, 51 à 53.

De l'unicité de l'homme

Je suis un anormal. On l'a dit, assez. Je l'ai senti. Les mouvements des yeux qui passent à l'examen chaque parcelle de mon être me l'apprennent : tel regard fixe le mien puis descend, là précisément où se trouve la preuve qu'il recherche : «il est handicapé». Parcours des yeux, quête insistante du talon d'Achille, de la faiblesse… Ce que la plupart des gens perçoivent, c'est l'étrangeté des gestes, la lenteur des paroles, la démarche qui dérange. Ce qui se cache derrière, ils le méconnaissent. Spasmes, rictus, pertes d'équilibre, ils se retranchent derrière un jugement net et tranchant, sans appel : voici un débile. Difficile de changer cette première impression, douloureux de s'y voir réduit sans pouvoir s'expliquer. Le dialogue est impossible car ce qui vient d'un débile est débile. Ainsi le cercle se ferme, le contact devient impossible.

Jusepe de Ribera, *Le pied-bot*, vers 1642.

Un nom suffit à qualifier la tare : «athétose». Ce mot grec me suivra-t-il donc toute ma vie ? Cette appellation d'infirmité contrôlée reste pour moi sans effet car elle est bien trop vaste et peu compréhensible. Pour d'autres, un diagnostic trop prompt constitue la perte de la liberté. Le mot représente une chaîne à laquelle est liée l'existence, la prison dans laquelle on enferme un individu. Le terme devient plus lourd que la réalité qu'il prétend désigner. Quand mon voisin disparaît sous l'étiquette de dépressif, quand autrui n'apparaît plus que comme le diabétique, le veuf ou le Noir, la réduction à l'œuvre dans maints regards pèse, meurtrit la personnalité et ouvre des plaies secrètes.

Le pire, c'est que j'ai longtemps cru que ces étiquettes étaient vraies, que l'équation : handicapé = malheureux est une loi établie, prouvée, incontestable. Même le médecin me certifia que je ne pourrais, par exemple, pas avoir accès à l'école officielle. L'étiquette, scientifiquement attestée, ne pouvait être décollée. Combien de diagnostics à l'emporte-pièce enferment, réduisent et condamnent tout espoir !

Or la fixité même du jugement réduit la richesse du réel, de l'être humain devant lequel on devrait au moins s'étonner, à défaut d'oser s'émerveiller. Car l'expérience quotidienne vient quelquefois délicieusement ruiner ces vérités établies. Le paralysé que tous (pré)disaient malheureux soutient le moral de qui le côtoie, cependant que l'élite intellectuelle, promise à une somptueuse carrière, sombre dans un mal-être sans mesure. Pourtant «il a tout pour être heureux». L'énoncé confine à l'ineptie. Le bonheur se confectionnerait-il comme une brioche ? Une pincée de santé, deux cuillerées de…

Y aurait-il des ratés ?

L'être humain, je le crois, s'inscrit dans une complexité qui force l'étonnement. Peut-on réellement le cerner avec des «dépressif», «blond», «à pieds plats», «Noir», «égoïste» ? Ces indications nous aident-elles vraiment à appréhender le mystère qui habite chaque individu ? J'y vois plutôt
50 un danger. Il ne s'agit évidemment pas de s'interdire tout jugement, mais d'éviter la blessure engendrée par des considérations trop hâtives, de s'astreindre au moins à regarder mieux, autrement... avec dépouillement.

Derrière les mots se cache un être, une personnalité riche, unique, irréductible que le poids des préjugés finit par recouvrir d'une couche fièrement catégorique. Ce vernis exclut une approche
55 simple et innocente. La chaise roulante, la canne blanche, voilà ce qui saute aux yeux. Mais qui, avec virtuosité, utilise le fauteuil roulant, qui manipule la canne ? Le voit-on, veut-on le voir ? Et pourquoi de tels accessoires seraient-ils nécessairement les signes du malheur ? C'est aussi la

L'obsession de la forme

L'obsession de la forme est en train de tuer tout le monde via la culpabilité de ne pas faire aussi bien qu'on le devrait. Les injonc-
5 tions à mieux vivre dans son corps et dans son esprit sont nombreuses et impitoyables. Nous sommes bien loin d'un véritable art de vivre, bien loin de la saine
10 préoccupation de prendre soin de son corps et de ce qui le nourrit. Nous sommes dans la compulsion. Le plaisir a été mis K.O. par l'obsession. «J'aimerais...» a été
15 balayé par une quantité phénoménale de «Il faut que» et de «Il faudrait que» un peu bêtes, basés sur des rumeurs qui se font passer pour de l'information et qui sont
20 contredites allègrement d'une école de «Il faut que» à l'autre. Il faut être en forme, faire de l'exercice, courir, marcher, dormir huit heures, prendre des vitamines; il
25 ne faut pas manger de sucre, d'œufs, de viandes rouges. Des radicaux iront jusqu'à boire leur urine (sans sucre, évidemment...). Qu'est-ce qu'on ne ferait pas pour
30 atteindre l'excellence du corps ? Qu'est-ce qu'on ne ferait pas pour oublier la vieillesse et la mort ?

Hélène Pedneault, *Pour en finir avec l'excellence*, Montréal, Boréal, 1992, p. 125 et 126.

REPÈRES CULTURELS

HÉLÈNE PEDNEAULT (1952-2008)

Féministe engagée, écrivaine et chroniqueuse, Hélène Pedneault a d'abord fait sa marque dans le magazine féministe *La vie en rose* au cours des années 1980. Elle a par la suite touché à une panoplie de genres avec un égal bonheur: biographie, chanson, roman, pamphlet, théâtre et télévision. Militante écologiste, Hélène Pedneault a cofondé la coalition Eau secours en 1997. En 2004, elle signait son «journal intime et politique», *Mon enfance et autres tragédies politiques*.

raison pour laquelle, puisqu'il faut se méfier des généralités et considérer l'individu dans sa vérité (toujours plus dense que ce qui est visible), ces signes extérieurs interdisent d'imaginer
60 l'aveugle… heureux.

La réflexion sur la normalité me hante jusqu'à la passion. Elle m'assure bien des tourments, bien des blessures. Au début, je brûlais d'être comme tous les autres. J'aurais tout donné pour devenir enfin normal. Je me précipitais ventre à terre hors de l'internat afin de voir, toucher, sentir, connaître un «individu normal».

REPÈRES CULTURELS

ALEXANDRE JOLLIEN
(philosophe suisse né en 1975)

Atteint d'une infirmité motrice depuis sa naissance, l'écrivain et philosophe Alexandre Jollien s'est inspiré de son handicap pour proposer une approche pragmatique de la philosophie, basée sur la relation de l'homme à son propre corps. Il a publié trois livres : *Éloge de la faiblesse* (1999), *Le métier d'homme* (2002) et *La construction de soi* (2006).

65 La tradition propose un large éventail de caractéristiques pour distinguer l'homme des autres créatures du monde. Vaste programme ! En voici quelques-unes, cocasses[1] : Descartes propose la parole, le fantasque Rabelais célèbre le rire, alors que Brillat-Savarin découvre, dans la
70 faculté de distiller des fruits pour en faire de la liqueur, le moyen de prouver qu'il est un homme. Beaumarchais suggère que boire sans soif et faire l'amour en tout temps nous différencient des autres bêtes. Enfin, Valéry écrit que celui qui sait faire un nœud appartient à la race humaine.
75 Par leur aspect déroutant, ces tentatives de définition ont tout simplement le mérite de mettre en évidence, non sans humour, la difficulté de cerner l'être humain. Selon le critère de Valéry, je ne suis pas un homme, le roi des animaux peut-être, mais pas un homme. Et que pourrait bien
80 faire Descartes d'un muet ?

Une définition par trop simpliste est donc dangereuse. Elle détermine abusivement ce qui est normal ou non et engendre une mise à l'écart, voire une exclusion. Toute réduction qui circonscrit l'homme en niant l'unicité de l'in-
85 dividu confond l'accident et la substance. Semblable méprise recouvre des formes souvent insidieuses. Un sourd me dit un jour qu'il était fier d'être sourd. Pour ma part, je ne me suis jamais senti fier ni de mes spasmes, ni de mon handicap. Une seule fierté m'habite : être un
90 homme avec des droits et des devoirs égaux, partager la même condition, ses souffrances, ses joies, son exigence. Cette fierté nous rassemble tous, le sourd comme le boiteux, l'Éthiopien comme le bec-de-lièvre, le juif comme le cul-de-jatte, l'aveugle comme le trisomique, le musulman
95 comme le SDF, vous comme moi. Nous sommes des Hommes !

Alexandre Jollien, *Le métier d'homme*,
Paris, © Éditions du Seuil, 2002, p. 31 à 35.

---

1. Tirées de Léon-Louis Grateloup, *Cours de philosophie*, Hachette, 1990.

Des jeunes sur la glace ou au front?

Les bagarres ont presque disparu de la Ligue de hockey junior majeur du Québec. Mais pourquoi avoir attendu 40 ans pour protéger nos gars de la violence gratuite? se demande Gilles Lupien, ex-joueur des Canadiens de Montréal.

En 1972, je jouais au sein des Castors de Sherbrooke. Devant tous mes coéquipiers, le *coach*, Ghislain Delage, m'a craché au visage parce que je refusais de me battre. J'avais 17 ans. Je ne l'oublierai jamais.

5 Cette équipe de la Ligue de hockey junior majeur du Québec (LHJMQ) ne m'avait pas recruté pour mon coup de patin et mes talents de marqueur, mais parce 10 que je mesurais 6 pieds 6 pouces et pesais 180 livres. Les entraîneurs avaient évalué qu'une fois à maturité, j'atteindrais 225 livres.

«Hé Lupien! Tu vas aller pogner 15 le 24 l'autre bord!» m'a lancé Delage durant la partie. Il n'en était pas question. Je n'avais pas été élevé comme ça: mes parents étaient contre toute forme de violence.

20 Qui sont ces entraîneurs qui encouragent la brutalité? Souvent, ils ont été eux-mêmes des athlètes talentueux… qui avaient peur de se battre. Inconsciemment ou pas, ils empêchent les bons joueurs de 25 s'accomplir en ayant recours à la stratégie qui a brisé leur carrière.

De retour dans le vestiaire entre la deuxième période et la troisième, j'ai essuyé, avec ma manche, le crachat de Delage qui coulait sur ma joue. J'ai défait mes patins 30 et je suis parti. Le hockey, pour moi, c'était fini.

Le printemps suivant, l'entraîneur du Canadien Junior de Montréal réussissait à me convaincre de joindre son équipe en disant: «Si je t'envoie te battre, ça voudra dire "Retourne chez vous."» J'ai tout de suite 35 accepté.

À la fin de l'été, pendant le camp d'entraînement de la nouvelle saison, les autres équipes me «testaient». Ça devait arrêter. J'ai donc demandé au *coach* de me faire jouer contre le plus gros joueur de l'équipe 40 adverse. Et je me suis mis à utiliser ma force physique pour leur montrer de quoi j'étais capable.

GILLES LUPIEN

Avec les batailles, les cauchemars ont commencé. La nuit avant les matchs, j'avais peur. Je rêvais à des loups qui voulaient me dévorer. Quand je sautais sur la 45 glace, j'entendais les partisans, les mères et les pères des joueurs crier encore plus fort dans les gradins parce qu'ils savaient que j'étais là pour tabasser les adversaires. J'ai souvent 50 imaginé me tourner vers eux et les interpeller pour qu'ils viennent le faire à ma place. Ils auraient arrêté bien vite de demander du sang… Pendant 55 l'hymne national, j'ai reçu des œufs, des écrous et des mégots. On m'a même fait des menaces de mort. Je n'avais que 19 ans.

Il y a une hypocrisie chez les 60 partisans. Au début de ma carrière chez le Canadien Junior, 1000 personnes tout au plus assistaient aux matchs. Tout à coup, je me sers de mes poings… et 65 ils sont 7000.

La violence au sein du hockey junior me fait mal. On ne réalise pas ce qu'on fait vivre aux jeunes en les envoyant se bagarrer. On ne peut imaginer leur souffrance.

70 La Ligue de hockey junior majeur du Québec existe depuis 40 ans: ses dirigeants ont incité les joueurs à la violence pendant tout ce temps. Le footballeur Michael Vick a organisé des combats de chiens et il a fait de la prison pour ça. Au Québec, on avait des combats entre 75 gars… Et on jugeait que c'était de maudites bonnes *games*!

Le seul bon côté d'être un fier-à-bras au hockey, c'est qu'en sortant de la patinoire tu es fin avec tout le monde parce que tu ne veux pas qu'on pense que tu es 80 un monstre.

L'EX-DÉFENSEUR GILLES LUPIEN A ÉTÉ L'HOMME FORT DU CANADIEN DE MONTRÉAL DE 1977 À 1980. IL EST AUJOURD'HUI AGENT DE JOUEURS DE HOCKEY PROFESSIONNELS. ET IL EST TRÈS GENTIL.

Gilles Lupien, «Des jeunes sur la glace ou au front?», *Châtelaine*, vol. 50, n° 2, février 2009, p. 27 et 28.